WARUM SIBIRIEN?

WARUM SIBIRIEN?

David G. Hathaway

Eurovision Publications
Dewsbury Yorkshire

Titel der englischen Ausgabe: „Why Siberia?“

Zur Information: „Eurovision“, wie es im Text beschrieben wird und auf den letzten Seiten dieses Buches vorgestellt wird, ist die Abkürzung für „Eurovision Mission in Europa“, eine eingetragene Hilfsorganisation in 41 Healds Road, Dewsbury, West Yorkshire WF13 4HU. Dieses Buch ist in Zusammenarbeit mit Eurovision Mission in Europa hergestellt, durch die David Hathaway den Hauptteil seiner Arbeit, die in diesem Buch beschrieben wird, organisiert.

Übersetzung: Friederun Harms
Korrektorat: Rainer Doering, Wetzlerstr. 12, D – 89312 Günzburg
Tel. 0 82 21/40 28, Fax 0 82 21/40 29,
Druckerei: Jaspis, Augsburg
Original Verlag: 1995 Eurovision Publications

ISBN 3-00-001328-8

Widmung

Ich widme dieses Buch
allen Menschen in Rußland,
für die Gott starb und für
welche ich mein Leben
einsetze, um ihnen seine
Liebe zu vermitteln.

INHALT

Die sibirischen
Evangelisationseinsätze
Finnland
Polen
Weißrußland
Europäischer
Teil Rußlands
Ukraine
Die GUS-Staaten
Westsibirien
Ostsibirien
SIBIRIEN
Sussuman
Jakutsk
Magadan
Der ferne
Osten
Aldan
Nerjungri
Ust-Kut
Bratsk
Sewerobaikalsk
Usolje
Tschita
Ulan-Ude
Duldurga
Krasnokamensk
Blagoweschtschensk
Amursk
Sowjetskaja
Gawan
Chabarowsk
Kasachstan
Iran
China
Mongolei
China
Maßstab
1600 km

Einleitung

GOTT HAT SIBIRIEN ERWÄHLT, UM ZU DEMONSTRIEREN, DASS WUNDER AUCH HEUTE GESCHEHEN

Warum hat Gott so viele Wunder getan in Sibirien? Warum bin ich trotz aller Härten und Schwierigkeiten nach Sibirien gereist? Warum werde ich wieder dorthin gehen?

Für meine Arbeit als Evangelist bei EuroVision bekomme ich keinen Lohn, denn meine Frau und ich sind Treuhänder dieser Missionsgesellschaft. Kein Gehalt geschweige irgend eine staatliche Unterstützung, würde man da nicht besser zu Hause bleiben als durch Rußland reisen?

Es wird in unseren Tagen viel gesprochen über das Säen in die Mission und in christliche Werke ganz allgemein – man sät Geldmittel in die Arbeit für Gott, um als Geber dafür letztlich von Gott wieder finanziell entlohnt zu werden. Ich säe nicht, um Reichtümer zu ernten, sondern aus zwei anderen Gründen: Erstens, weil ich den Herrn über alles liebe, und zweitens, weil meine Ernte nicht in Finanzmitteln besteht, sondern in der Herrlichkeit Gottes, die sichtbar wird in Wundern, Heilungen und der Errettung von Menschenseelen.

Ich glaube an das Prinzip des „Zehnten“, aber ich gehe dabei wahrscheinlich weiter als viele andere Menschen; ich gebe ihm den größten Teil und lasse mir von ihm so viel zurückgeben, wie ich zum Leben brauche. Auf diese Weise leide ich keinen Mangel und lebe nicht in Armut!

Also, warum bin ich gereist? Nun, der Herr gab mir ein prophetisches Wort, eine brennende Vision, und er hat zu mir persönlich durch sein Wort gesprochen.

Jedesmal, wenn ich eine größere Krise in meinem Leben zu bewältigen hatte, antwortete Gott auf meine Gebete, indem er mir zwei

Möglichkeiten zur Auswahl stellte. Als ich damals vor vielen Jahren an Kehlkopfkrebs erkrankt war, bat ich Gott um Heilung. Seine Antwort war einfach: „Vertraue mir, ich werde mit dir sein und dich nicht verlassen; laß dich operieren, und selbst wenn du deine Stimme verlieren solltest, werde ich dich versorgen – oder du kannst den schweren Weg wählen." Ich fragte ihn, was dieser schwere Weg sei, und er erwiderte: „Wenn du den Preis bezahlen kannst, werde ich ein Wunder tun und dich heilen." Meine Antwort kam ohne Zögern: „Ich will das Wunder, egal was es kostet." Daraufhin geschah ein außergewöhnliches Wunder der Heilung, über das die Ärzte staunten und das mich auf einen Weg führte, der mich schließlich bis nach Sibirien brachte.

Dasselbe geschah, als ich in der damaligen Tschechoslowakei im Gefängnis saß und verzweifelt auf meine Freilassung hoffte. Trotz meiner Gebete wurde ich zu zwei Jahren Haft verurteilt, und weitere fünf Jahre wurden mir angedroht. Ich habe sehr gebetet, und der Herr tröstete mich, ich sollte keine Angst haben. Egal wie lange die Haftzeit währte, wie schwierig die Bedingungen im Gefängnis seien, er würde mich niemals verlassen, er würde mir helfen und mich durchtragen durch Hunger, Folter und Leiden. Doch wieder kam die einfache Herausforderung: „Oder du kannst den schweren Weg wählen. Wenn du den Preis bezahlen kannst, bekommst du dein Wunder und wirst entlassen." Ich wählte den schweren Weg, und Gott tat ein mächtiges Wunder. Erst offenbarte er mir das exakte Datum meiner Freilassung, dann gebrauchte er den britischen Premierminister Harold Wilson, um es auszuführen.

Mit der Vision für Sibirien verbanden sich viele Verheißungen. Während der über 30 Jahre, die ich für Rußland und Osteuropa gearbeitet habe, hat Gott meinen Glauben bis zum Äußersten geprüft. 1986 gab er mir die Vision, daß der Eiserne Vorhang fallen würde. Doch als er mir diese Vision und Prophetie schenkte, forderte er mich gleichzeitig auf, sie auch zu erfüllen. Die Vision bestand darin, Gläubige aus Ost und West in einer großen Konferenz in Karlsruhe zusammenzubringen. Als ich diese Vision verschiedenen Leitern mitteilte, glaubten sie mir nicht. Ich stand damit fast alleine, aber Gott forderte mich heraus, sie zu erfüllen. So kündigte ich völlig ohne finanzielle Rückendeckung die erste Ost-West-Konferenz in Karlsruhe für August 1988 an. Gott stand zu seinem Wort, und 4000 Gläubige kamen zusammen, darunter mehr als 600 Menschen aus ganz Osteuropa und Rußland. Danach sagte Gott zu mir: „Das war noch nicht alles, sondern erst der Anfang.“ Also machte ich weiter. So wurde ich nach Bulgarien und speziell nach Ungarn geführt, später auch in die Ukraine.

Danach fastete und betete ich über der Frage, wohin ich nun gehen sollte. Wie David damals Gott fragte: „Soll ich gegen die Philister kämpfen?“, und später: „Wenn ich kämpfe, werde ich gewinnen?“, so begann ich Gott nach einer Strategie zu fragen. Gott gab mir den Abschnitt aus 2. Samuel 5,17–25, wo David den Herrn befragte und zur Antwort bekam, er solle die Philister angreifen, die in der Ebene Rephaim lagerten. In Vers 20 lesen wir dann auch, daß er sie dort schlug. Doch zwei Verse weiter heißt es, daß sie erneut aus der Ebene Rephaim gegen ihn heraufzogen. Da befragte David den Herrn noch einmal und erhielt zur Antwort, er solle sie nicht von vorne angreifen, sondern in den Hinterhalt ziehen und warten, bis er das Rauschen in den Wipfeln der Bakabäume hörte und ihnen dann in den Rücken fallen. Der Herr sagte mir deutlich: „Diesmal sollst du in den Osten Rußlands reisen, so weit wie du kannst. Dort warte auf ein Zeichen, dann greifst du an.“ Damit war natürlich Sibirien und der Ferne Osten gemeint.

Dann zeigte Gott mir in Prophetien aus 5. Mose 4,32 – 34, daß er etwas so Großes in Sibirien vorhatte, daß die Augen der ganzen Welt darauf gerichtet sein würden, um zu sehen und zu staunen. Die Zeichen und Wunder würden so überwältigend sein, daß Gott buchstäblich sagte, wir könnten vom Anfang der Zeiten bis heute, von einem Ende der Erde bis zum anderen, vom Osten bis zum Westen fragen: „Hat Gott schon jemals etwas so Großartiges getan wie dieses?“ Das, was geschehen soll, wird die größte Demonstration der Kraft Gottes in der gesamten Geschichte sein, und es wird in Sibirien stattfinden!

Ich fragte ihn: „Wie soll ich das machen? Niemand wird mir zuhören, man wird mir nicht glauben, und überhaupt, wie soll ich ganz Rußland gewinnen?“ Er antwortete mir, indem er mich an Moses erinnerte, von dem in 2. Mose berichtet wird, er habe Gott dieselben Fragen gestellt, und Gott hatte darauf geantwortet, es werde durch Zeichen und Wunder geschehen, also genau durch das, was in diesem Buch beschrieben wird.

Als ich ihn fragte: „Aber was ist, wenn keiner mitmacht, oder wenn nicht genügend Geld zusammenkommt?“ Da gab er mir 1. Chronik 29, wo David seinem Sohn Salomo alles Gold und Silber, das Material und die Männer gibt, um den Tempel zu bauen. Monatelang hatte ich mich als David gesehen und dieses Bild nicht verstanden, bis Gott mir zeigte, daß er in diesem Zusammenhang der David und ich sein Sohn Salomo sei. Seine Verheißung war, daß er mir die Männer, das Geld und das Material geben würde. Als ich mich schwach fühlte im Hinblick auf die Größenordnung dieses Auftrags, gab er mir 1. Chronik 28,20: „Sei getrost und unverzagt. Und richte es aus!“

1994 haben wir es ausgerichtet. In diesem Jahr, 1995, werden wir zurückkehren, um ein noch größeres Projekt in Sibirien durchzuführen. Gott hatte uns vorher mit Josua 13,1 gesagt: „Vom Lande bleibt noch sehr viel einzunehmen.“

Zu meinem großen Erstaunen offenbarte mir Gott die gesamte Strategie Satans, die er in Rußland über einen Zeitraum von 700 Jahren angewandt hatte, angefangen bei Dschingis-Khan bis heute. Dann zeigte er mir durch Visionen und Prophetien seinen Plan und seine Strategie für die Errettung Rußlands.

Ich habe mich Gott und dem russischen Volk verpflichtet. Mein Leben gilt Rußland – ich gebe alles, und ich werde von dem leben, was er mir zurückgibt.

David G. Hathaway

Kapitel 1

IN SIBIRIEN GESCHAHEN WIRKLICH WUNDER

Unsere Ankunft in Chabarowsk war ein Alptraum, der Wirklichkeit wurde. Hoch oben in der Abendsonne hatten wir die Wolken unter uns gesehen, die sich auftürmten zu einem Sturm von tropischer Größenordnung. Als wir landeten, sah die Landebahn aus wie ein See, und wir stellten fest, daß hier in Sibirien kein Flughafenpersonal kam, um uns zu helfen. Wir fünfzehn Leute mußten alles allein ausladen. Die Männer beförderten die schweren Lautsprecher, die Verstärker, das Gepäck und all die anderen Ausrüstungsgegenstände aus dem Laderaum und trugen alles bei strömendem Regen Stück für Stück über das überschwemmte Rollfeld zu dem schwülfeuchten Ankunftsgelände.

Wir waren überaus erleichtert, als wir schließlich den Pastor der dortigen Gemeinde trafen, der uns abholen sollte. Er half uns, alles in einen bereitstehenden Lkw zu verladen, ließ uns in ein Auto und einen Minibus einsteigen und brachte uns zu unseren Nachtquartieren, damit wir dort die noch verbleibenden Stunden bis zum nächsten Morgen verbringen konnten. Ich kam in einer Art Privatwohnung unter und wurde herzlich empfangen, aber die meisten Teammitglieder blieben völliger Dunkelheit ausgesetzt, weil es wegen des Sturms kein Licht gab. Sie verbrachten die Stunden bis Tagesanbruch entweder zusammengedrängt zu zweit in einem Bett oder auf dem Fußboden, ohne daß sie die Möglichkeit hatten, sich auszuziehen. Die Mücken waren die einzigen, die diese Nacht irgendwie genießen konnten!

An diesem Morgen waren wir früh aufgestanden, die sibirische Sonne schien gerade erst durch das Fenster des kleinen unwirtlichen Raumes, in dem ich geschlafen hatte. Dort war ich umgeben von Kisten und Papier, es gab praktisch keinerlei Bewegungsfreiheit, mein Gepäck stand gegen das enge Bett gepreßt, es war kein Platz gewesen, um irgend etwas auszupacken. Die Bettwäsche war nicht sauber, andere hatten vor mir schon darin geschlafen, aber bei meiner Ankunft am Abend vorher war ich zu müde gewesen, um noch Fragen zu stellen. Dennoch war ich richtig aufgeregt, als ich aufstand und mich anzog.

Am Tag vorher hatten wir unseren ersten Charterflug ausgehandelt. Nun sah ich in der Morgendämmerung den Lkw, der bereits auf uns wartete und in dem unsere gesamte Soundanlage und unsere Musikinstrumente verstaut worden waren. Die fünfzehn Teammitglieder quetschten sich in die wenigen Autos. Noch ein weiterer Wagen kam, und kaum war ich eingestiegen, befanden wir uns auch schon voller Erwartung auf dem Weg zum Flughafen, wo eine AN 24 für uns bereitstand, ein in Rußland gebautes Antonow Turbinenpropellerflugzeug mit 48 Sitzen, das uns die 2200 km bis zum äußersten Ende unserer Reiseroute zu unserem dritten evangelistischen Großeinsatz in Sibirien bringen würde.

Wir konnten keine Tickets für einen planmäßigen Flug von Ulan-Ude nach Chabarowsk bekommen, darum hatten wir ein Flugzeug chartern müssen. Der Hauptflughafen in Ulan-Ude hatte 10 000 Dollar für den fünfstündigen Flug verlangt. Ein Geschäftsmann, der zwar kein Christ war, uns aber dennoch sehr half, bot uns einen Charterflug mit einer Maschine gleichen Typs von einem kleineren Privatflughafen in der Nähe aus für nur 4500 Dollar an, also für weniger als die Hälfte. Natürlich sagte ich nur zu gerne zu!

Als ich dann mit dem Team im warmen Sonnenschein um 7.30 Uhr morgens wartete, hätte ich nur noch den Vertrag zu unterschreiben, den Betrag in US-Dollars bar zu bezahlen und in das Flugzeug zu steigen brauchen. Wir sollten um 8.00 Uhr morgens starten. Nun saß ich auf einem Stuhl in dem Büro und wunderte mich, warum es so lange dauerte und warum diese Geschäftsleute mein Geld nicht abholten. Schließlich teilte mir mein neuer Freund Thomas zu meinem Entsetzen mit, daß uns die Flugsicherung im Hauptflughafen die Starterlaubnis verweigerte und drohte, falls wir versuchten, dennoch zu starten, uns sofort entweder russische MIG-Kampfflugzeuge oder Bodentruppen abschießen würden, weil wir uns in einer Sperrzone in der Nähe der russisch-mongolischen Grenze befänden.

Wir erkannten jedoch als den eigentlichen Grund, der dahintersteckte, daß dieser kleinere private Flughafen die Preise des staatlich geführten Flughafens unterbot, der seinerseits wiederum den Luftraum kontrollierte. Das war also eine völlige Sackgasse. Es konnte bedeuten, daß wir Tage würden warten müssen, bis dieses Problem gelöst war. Doch sehr wahrscheinlich gab es überhaupt keine Flüge, darum rief ich meine Beter zusammen, die sehr wichtige Mitglieder unseres Teams waren. Ich selbst rang ebenfalls mit Gott. Ich wußte, er hatte uns berufen, und wir waren im Vertrauen auf ihn unterwegs. Ich spürte eine starke Sicherheit und Zuversicht in meinem Herzen, daß Gott gesprochen hatte und daß ich persönlich in ihm Macht hatte und die Oberhand gewinnen würde, nicht nur jetzt, sondern überall in ganz Sibirien.

Kurz darauf kam unser Geschäftsfreund Thomas aus dem Büro und teilte mit, daß es doch eine Möglichkeit gäbe, heute noch einen Flug zu bekommen – nämlich direkt persönlich vorzusprechen und zu erklären, was wir vorhatten. Er fuhr uns mit seinem Auto im Eiltempo zum Hauptflughafen. Dann ging er hinein, um mit den Direktoren zu verhandeln, während wir erneut betend zurückblieben. Dreißig Minuten später erhielten wir die Antwort: Okay, wir können fliegen, er hatte sie überzeugt, uns ziehen zu lassen! Aber als das Auto auf der Rückfahrt zu dem kleinen Flughafen einen Umweg machte, wurde mir ein neues Problem bewußt. Unsere Piloten waren schon vor vielen Stunden nach Hause geschickt worden, weil der Flug gestrichen worden war, und nun mußten wir sie finden und zurück zum Flughafen bringen. Als wir beim ersten zu Hause anfragten, erfuhren wir, daß er zum Angeln gegangen war, und der zweite war auch nicht auffindbar. Wir brauchten noch ein Wunder. Nun hatten wir die Erlaubnis zu fliegen, aber keine Piloten!

Schließlich gegen 14.30 Uhr Ortszeit erhielten wir die Erlaubnis, unsere gesamte Ausrüstung in das Flugzeug einzuladen. Es war schon spät, und wir hatten Hunger, zumal wir nur wenig gefrühstückt hatten. Also kaufte uns Thomas etwas Brot und Wurst als Reiseproviant. Inzwischen waren die verschwundenen Piloten gefunden worden, und der Flughafendirektor kam und bat mich, den Vertrag zu unterschreiben, um den Charterflug zu bestätigen. Ich zahlte die Dollars und wartete angespannt im Flugzeug, bis wir schließlich die allmählich vertraut gewordenen Geräusche der anlaufenden Triebwerke hörten und das Flugzeug zu unserer Erleichterung an den Anfang der Startbahn rollte. Die Triebwerke vibrierten mächtig, als das Flugzeug beschleunigte, und als wir endlich abhoben, war der Passagierraum erfüllt von Halleluja-Rufen und dem Lobpreis Gottes!

Schließlich konnten unsere wunderbaren Stewardessen, unser Lobpreis- und Anbetungsteam, anfangen, das einfache Mittagspicknick zu servieren. Gallya, Elena und Asja hatten mir schon die drei Jahre zuvor bei Einsätzen in der Ukraine geholfen. Als Mitglieder von Pastor Anatolis Gemeinde in Kiew hatten sie als Lobpreis- und Anbetungsleiter bei jeder einzelnen Evangelisation und Konferenz mitgemacht, die ich seit 1991 in Kiew gehalten habe. Anatoli hat mich wirklich beschenkt, als er die drei Frauen mit der vollen Unterstützung seiner Gemeinde ausgesandt hat, um mir während der gesamten Einsatzzeit von neun Wochen in Sibirien zu helfen. Es sind wunderbare junge Frauen, sie sind geistlich stark und ein wesentlicher Bestandteil unseres Dienstes, das gilt auch für Roma, die erst jetzt dazukam.

Zum ersten Mal waren wir nun in einem eigens für uns gecharterten Flugzeug geflogen, und es war eine wunderbare Erfahrung. Leider mußten wir mit ansehen, wie der Teufel versuchte, sogar dieses Versorgungswunder Gottes zu zerstören. Wegen all der Verzögerungen und der Tatsache, daß wir zwischen Ulan-Ude und Chabarowsk zwei Zeitzonen passieren mußten und so zwei Stunden verloren, kamen wir zu spät zur Evangelisationsveranstaltung an, die statt dessen von den Mitgliedern unseres wartenden Hilfsteams durchgeführt wurde. Jeremy Childs, der seit einigen Jahren Mitglied bei EuroVision ist, predigte das Evangelium mit Begeisterung. Viele Menschen, die gekommen waren, fanden Christus, und viele wurden geheilt.

Inzwischen lagen die Erinnerungen an unsere lange Reise und die traumatische Ankunft weit hinter uns. Der Sturm von gestern hatte sich völlig verzogen. Die Evangelisation am Samstag abend fand unter einer mächtigen Salbung des Heiligen Geistes statt. Viele Hunderte versammelten sich in dem Fußballstadion, während das Lobpreis- und Anbetungsteam spielte. Als ich einen Aufruf machte, kamen fast alle Besucher nach vorne. Es waren so viele Menschen, daß mit Sicherheit jeder, der an diesem Abend einsam, verloren, ohne Glauben oder Hoffnung und ohne Jesus ins Stadion gekommen war, ihn an diesem Abend kennenlernte. Die Hoffnungslosigkeit und Verzweiflung war der herrlichen Gewißheit gewichen, ihn zu kennen, ihn, der uns liebt bis in den Tod mit seiner unsterblichen Liebe.

Zu diesen Menschen sprach ich dann die folgenden Worte:

„Hier in Sibirien, im Fernen Osten Rußlands, seid ihr 70 Jahre lang gelehrt worden, es gäbe keinen Gott. Gott ist tot. Ich kann euch zeigen, ich kann es beweisen, daß er lebt. Seht her, ich habe aus mir selbst heraus keine Kraft, Kranke und Krüppel zu heilen. Wenn es keinen lebendigen Gott gäbe, wenn Jesus tot wäre, dann lege ich heute abend meine Hände auf die Kranken, und niemand wird geheilt oder befreit. Aber wenn Gott lebt, dann werden durch die Macht seines Namens plötzlich Zeichen und Wunder geschehen, und dieser Ort wird lebendig durch die Kraft Gottes. Aber nur, wenn Jesus lebt! Dies ist das Zeichen und der Beweis!

Ich möchte für die Kranken beten, damit ihr wißt, Gott liebt euch, und für ihn ist jede Menschenseele wirklich wertvoll. Manche Leute behaupten, Stalin hätte ungefähr 100 Millionen Menschen umgebracht, die meisten von ihnen starben hier draußen in Sibirien. Tatsache ist, wenn Stalin unmittelbar nach seiner Geburt begonnen hätte, die Namen all der Menschen aufzuschreiben, die unter seiner Herrschaft sterben mußten, wäre er mit dieser Liste nicht fertig geworden bis zu seinem Todestag. Unter einem solchen System haben Menschen als Geschöpfe keinen Wert.

Aber ich möchte euch von einem liebevollen himmlischen Vater erzählen, der einer menschlichen Seele so unendlich viel Wert beimißt, daß er bereit war, seinen eigenen Sohn nur für dich sterben zu lassen. Das ist die größte Offenbarung aller Zeiten, weil Gott so gefühlvoll und stark lieben konnte, wirst du befreit von Krankheit, Sünde und Tod – du erfährst eine Freiheit, die du niemals gekannt hast. Jesus Christus kennenzulernen ist der einzige Weg zum Leben. Er ist der lebendige Christus, der heute lebt und Wunder tun kann.

Ich möchte euch von einem netten fünfzehnjährigen russischen Mädchen erzählen, das sein Leben erst vor kurzem Jesus Christus übergeben hat. Ihr Name war Marscha, und sie sagte zu mir: „Wir haben alle so viel Böses getan. Wie kommt es dann, daß Gott uns so sehr liebt?“ Ich wünschte, ich könnte diese Frage beantworten. Wie kann er uns so sehr lieben? Selbst ich weiß nicht wie oder weshalb – aber ich weiß, er liebt uns wirklich. Er kümmert sich wirklich um uns – er kennt uns. Er weiß, wo wir sind, was wir machen, und er ist für uns da.

Ein Grund, warum ich hier bin, ist ein ganz persönlicher – es ist, weil ich weiß, wie sehr Gott mich liebt. Gott als Vater zu haben, seine große Liebe in meinem Herzen und Leben zu spüren, zu wissen, er liebt mich genug, um jede einzelne meiner Sünden zu vergeben und jede Krankheit zu heilen, eine solche Beziehung zu Gott zu haben, ist so wunderbar, und ich möchte, daß ihr auch solch eine Beziehung habt. Gott vergibt alle eure Fehler, alle eure Schwächen, er heilt alle eure Krankheiten. Gott wird absolut alles tun, um euch seine Liebe zu demonstrieren. Ihr braucht nur umzukehren zu ihm und ihn um Hilfe zu bitten. jedem, der ihn anruft, wird er antworten.“

Als ich begann für die Kranken und Verkrüppelten zu beten, geschahen tatsächlich die Wunder, die Gott verheißen hatte. Ein junger Mann in einem blauen Trainingsanzug schob sich beharrlich nach vorne. Man sah ihm die Schmerzen, die er hatte, nicht an, auch nicht seinen inneren Verzweiflungsschrei nach Heilung. Seine rechte Hand war durch einen Autounfall verkrüppelt worden. Die Ärzte konnten nichts mehr tun, sie hatten zwar die Hand gerettet, aber sie blieb völlig steif und leblos. Aber Gott …! Ich berührte ihn, brach die Grausamkeit und Macht Satans und nahm die Kraft und Autorität in Anspruch, die ich in Christus habe. In seinem Namen streckte ich die verkrüppelten Finger und brachte neues Leben und Kraft in diese zerstörte Hand. Welch eine Freude und Dankbarkeit war im Gesicht des jungen Mannes zu lesen, als er die Finger zu bewegen begann, die vorher steif gewesen waren! Sein Daumen brauchte etwas länger, doch auch er reagierte auf die Berührung des Herrn. Erst verharrte er unbeweglich in der Handfläche des Mannes, doch schließlich wurde auch dieser frei, und der Mann wußte, wer ihn angerührt hatte.

Wir sahen viele aufregende Wunder an den beiden Tagen, an denen ich in Chabarowsk evangelisierte. Ein anderer Mann mittleren Alters, dessen rechte Hand ebenfalls durch einen Autounfall gelähmt war, wurde völlig geheilt. Ein kleiner Junge, der seit einem Monat einen Knickbruch hatte und ein zehnjähriges Mädchen mit einer Deformation im Rückgrat, durch die ihre linke Schulter höher war als die rechte, wurden beide geheilt. Eine Frau mittleren Alters, deren Finger seit einem Jahr gelähmt waren, weil sie sich aus Versehen in die Hand geschnitten hatte, konnte sie wieder bewegen und gebrauchen. Ein fünfzehnjähriges Mädchen wurde von Rückenschmerzen befreit, die sie von Geburt an hatte; und ihre Mutter, die im Alter von siebzehn Jahren gestürzt war und sich ihr Rückgrat gebrochen hatte und seit zwanzig Jahren unter furchtbaren Schmerzen am ganzen Körper litt, – in ihrem Rücken, ihren Schultern, ihren Armen, Händen, Beinen und Füßen – wurde augenblicklich geheilt.

Ein kleiner Junge wurde von einem Knochenbruch im rechten Arm geheilt, der falsch zusammengewachsen war, und ein anderer kleiner Junge, der seit einer Operation taub war, konnte wieder hören. Eine junge Frau wurde von einem Fluch befreit, der über ihr ausgesprochen worden war, so daß sie permanent ein Klingeln in den Ohren hatte. Eine Mutter brachte ihre beiden kleinen Söhne – der ältere Sohn überwand einen Sprachfehler, und der jüngere Sohn wurde von einem Knochenbruch geheilt. Am letzten Tag drängelte sich eine alte Frau durch die Menge, um zu bezeugen, daß eine Geschwulst an ihrem Knie verschwunden war, nachdem ich gebetet hatte, und daß sie überhaupt keine Schmerzen mehr hätte. Augenprobleme durch „grauen Star" verschwanden, Blinde sahen, Arthritiker wurden geheilt, Taube hörten – es gab so viele Heilungen, große und kleine!

Ich betete für ein zweijähriges Mädchen mit dem Namen Anya. Sie hatte ein hübsches pinkfarbenes Kleidchen an und blickte schüchtern vom sicheren Arm ihrer Mutter aus zu mir herüber. Sie hielt ihre kleine Faust hoch mit ihrem steifen Daumen, er war von Geburt an gelähmt. Sie hätte operiert werden sollen. Doch als sie merkte, sie konnte mit ihm wackeln, lehnte sie sich zu mir herüber und gab mir tapfer einen zufriedenen Kuß! Eine andere Geschichte, an die ich mich gerne erinnere, ist die von dem elfjährigen Wladimir. Zu Beginn der Veranstaltung am Sonntag abend ging seine Mutter zu einem der Platzanweiser, um ihm mitzuteilen, daß ihr Sohn am Abend vorher von einer extrem starken

Sehschwäche geheilt worden war. Er war so voller Begeisterung über Jesus und seine Kraft zu heilen nach Hause gekommen, daß er sie und alle Bewohner des Wohnblocks dazu überredet hatte, mit ihm in das Stadion zu kommen und selbst zu sehen, was Gott tun kann. Wladimir selbst hat sich später nach vorne gedrängt, um seine Heilung zu bezeugen und Gott zu danken.

Da war noch eine recht merkwürdige Geschichte, die mich bewegte und die ich nie vergessen werde. Ein tauber Mann und eine taube Frau – Ehemann und Ehefrau – baten gemeinsam um Heilung. Sie waren voller Hoffnung, aber auch voller Unsicherheit. Solch eine Sehnsucht lag in ihren stillen Augen. Aber sie wurden nicht geheilt, nicht einmal durch anhaltendes Gebet. Da entdeckte ich ein Gewächs am rechten Handgelenk der Frau, und in meinem großen Wunsch, etwas für sie tun zu können, was ihren Glauben stärkt, legte ich meine Hand auf ihre. Augenblicklich verschwanden das Gewächs und die Schmerzen. Sie und ihr Mann waren völlig überwältigt und überrascht. Durch einen kleinen Jungen, der die Gebärdensprache konnte, gab ich ihnen zu verstehen: „Der Gott, der dich von diesem Gewächs geheilt hat, ist derselbe Gott, der euch auch von eurer Taubheit heilen wird!"

Kapitel 2

ULAN-UDE – DIE ERSTE GROSSEVANGELISATION

Unsere erste Großevangelisation in Sibirien hatte kurz zuvor in Ulan-Ude stattgefunden. Dort hatten wir auch unerwartet unser Basislager aufgeschlagen. Ursprünglich hätte unsere Basis in Tschita sein sollen, weil sich dort einerseits der wichtigste Flughafen der ganzen Region befindet und andererseits, weil unser Hauptorganisator Mischa zweiter Pastor einer sehr großen und erfolgreichen Gemeinde dort ist. Wir waren darauf angewiesen, während des ganzen Zeitraums unserer Sommerevangelisationen so viel wie möglich mit ihm zusammenzuarbeiten. Unglücklicherweise hatte die Flughafenleitung lange, nachdem wir unsere Planung gemacht hatten, und kurz bevor es tatsächlich losgehen sollte, beschlossen, den kurzen sibirischen Sommer zu nutzen, um die Teerdecke der Landebahnen in Tschita völlig zu erneuern. Dadurch konnten keine Düsenjets mehr landen, nur noch kleinere Propellermaschinen verkehrten, um den Nahverkehr aufrechtzuerhalten.

Daher kam der größte Teil der Mitglieder des Hauptteams mit mir erst einen Tag vor dem geplanten Beginn unserer Missionsreise durch Sibirien in Ulan-Ude an. Eine sehr ermüdende Reise lag hinter uns. Wir waren nach Moskau geflogen, einige waren in Paris, andere in Amsterdam zwischengelandet, aber wegen dieser vielen neuen Einschränkungen im Flugplan von Aeroflot konnte keiner von uns noch am selben Tag nach Ulan-Ude weiterreisen. Statt dessen mußten wir, so gut es ging, die Nacht im Internationalen Flughafen verbringen und entweder auf den Stühlen oder auf dem Fußboden schlafen. Hotelzimmer zu mieten kam wegen der astronomischen Preise nicht in Frage. Am folgenden Tag hatten Freunde aus dem entfernten Kiew private Busse organisiert, die unsere ganze Gruppe nach Domodedowo zu einem Privatflughafen brachten, eine Fahrt von eineinhalb Stunden über die Ringstraße in Moskau.

Nach einer vierzigstündigen Reise von England erreichten wir müde, aber doch voller Erwartung auf die erste Großevangelisation unser Ziel, und wir wurden nicht enttäuscht. Das Hilfsteam, das unter der Leitung von Richard Wood eine Woche früher in Ulan-Ude angekommen war, hatte gute Arbeit geleistet. Ihre Aufgabe war es, sieben Tage lang Straßenevangelisationen durchzuführen und die Großevangelisation vorzubereiten. Sie hatten auf der Straße gepredigt und Menschen für Jesus gewonnen, Einladungszettel für die Veranstaltungen und Traktate verteilt, die auffälligen Poster aufgehängt, die das Jesus-Fest ankündigten, und ihr Einsatz war sehr gesegnet worden.

Große Menschenmengen strömten in das Fußballstadion. In dem Moment, als ich das Wort Gottes verkündigt hatte und die Zuhörer aufrief, nach vorne zu kommen, um Jesus anzunehmen, wog der Anblick von Hunderten von Menschen, die nach vorne drängten, und der sich zugleich leerenden Ränge die ganze Müdigkeit und die harte Arbeit der vergangenen Monate mehr als auf. Nachdem ich mit den Neubekehrten gebetet und die Seelsorger der Ortsgemeinden mit ihnen gesprochen hatten, machten wir uns an die große Aufgabe, persönlich mit den einzelnen zu beten, wie ich es immer mit all den Kranken und Krüppeln tue. Unser Gott bestätigt sein Wort auf wunderbare Weise und erfüllt jede Verheißung. Sehr viele der unheilbar kranken und verletzten Menschen wurden geheilt und befreit durch die Kraft Gottes.

Fast hundert behaupteten, geheilt worden zu sein, nachdem ich sie aufgefordert hatte, ihre eigenen Hände auf ihre kranken Körperpartien zu legen und den Namen des Herrn anzurufen. Und viele weitere Wunder, die ich selbst gesehen habe und die protokolliert worden sind, geschahen, als ich in der Menge umherging und meine Hände jedem einzelnen auflegte. Durch die Hilfe meiner Übersetzerin Swetlana Souzko, die ursprünglich aus Kiew kommt, konnte ich mit jedem persönlich sprechen; später wurden die Ergebnisse von Katie protokolliert, und Dr. Joy Harrison, eine pensionierte Ärztin aus Bath, versuchte, die Heilungen zu überprüfen. Auf diese Weise sind sehr viele Heilungen dokumentiert worden. Zwar ist das keine Garantie für absolute Beweisbarkeit, aber es zeigt doch die wunderbare Kraft Gottes und daß er auch heute noch sein Wort bestätigt. An diesem Abend wurde mindestens vier Blinden das Augenlicht geschenkt, und zwei Taube hörten wieder. Es geschah darüber hinaus noch etliches mehr, zu viel, um es im einzelnen aufzuführen.

Am folgenden Abend, es war ein Samstag, waren noch viel mehr Menschen gekommen, und mir kam es so vor, als ob an diesem Abend jeder Ungläubige in dem Stadion nach vorne kam, um die Erlösung anzunehmen, nachdem dazu aufgerufen worden war. Der erste, der sich dabei nach vorne drängelte, um geheilt zu werden, war ein aufgeregter kleiner Junge. Bei ihm waren große undurchsichtige Gewächse über die Pupillen beider Augen gewuchert. Dieser Junge war sich völlig sicher, daß Jesus ihn heilen konnte, denn als ich ihn durch die Übersetzerin auf russisch fragte: „Glaubst du denn?", rief er „Ja" auf englisch! Nach dem Gebet konnte er als erstes in fünf Meter Entfernung die Videokamera erkennen, dann die Bänke in zehn Meter Entfernung und schließlich sogar die Bäume seitlich des Stadions, die 20 oder 30 Meter entfernt waren! Seine Mutter sagte uns, daß er vor dem Gebet nur einen halben Meter weit hatte sehen können, und selbst das nur mit Mühe!

Als nächstes kam eine kleine, abgearbeitete, zahnlose Frau; sie war taub und stumm und konnte ihre Beine kaum noch bewegen. Ich betete, Gott erhörte, und sie konnte nicht nur hören und sprechen, sondern sie sprang auch herum, um ihre Heilung zu demonstrieren! Überwältigt von Glück umarmte und küßte sie uns und war voller Freude.

Nach diesen Wundern wuchs bei den Menschen der Glaube, so daß noch viele andere geheilt wurden. Dr. Joy überprüfte noch eine andere Frau, die von Taubheit, Wadenschmerzen und von grauem Star geheilt worden war. Unter den Geheilten waren viele, die vorher taub oder herzkrank gewesen waren oder Schmerzen in ihren Beinen oder im Rücken gehabt hatten. Ein kleines Mädchen, das von Geburt an stumm gewesen war, begeisterte uns restlos, indem es plötzlich auf russisch anfing zu sagen: „Jesus liebt mich!"

Ebenso freuten wir uns über die Frau, deren Gesicht durch eine Gehirnoperation völlig starr geworden war: Ihre Nerven wurden augenblicklich geheilt, und das Gefühl kehrte zurück. Katie versuchte alles zu protokollieren, aber es waren so viele Menschen, wenigstens acht Taube, zwei Blinde, mehrere Personen mit Brustkrebs (was jedoch immer schwierig nachzuprüfen ist) und viele Frauen mit frauenspezifischen Beschwerden. Andere hatten ernsthafte Beinschäden, meistens Arthritis oder Rheuma, sie wurden sofort befreit und konnten laufen und rennen. Mich bewegte besonders die Begegnung mit einem Mann, der starke Schmerzen in seinem Bein hatte, die von einer Schußverletzung herrührten. Die Schmerzen im Bein und im Rücken verschwanden augenblicklich!

Am nächsten Tag, es war ein Sonntag, konnte ich in der örtlichen Gemeinde predigen, die uns unterstützte. Ich schätze solche Gelegenheiten, weil sie mir die Möglichkeit geben, die ganze Gemeinde mit dem Feuer des Heiligen Geistes zu entfachen. Mein Ruf von Gott ist nicht allein zu evangelisieren, sondern vor allem die Gläubigen am Ort herauszufordern, die Kraft des Heiligen Geistes zu erbitten und ihm zu erlauben, ihre Gemeinde zu erneuern, damit sie die Arbeit fortsetzt und nach meiner Abreise eine Erweckung in die ganze Region hineinträgt.

Abends waren wir wieder im Fußballstadion und stellten fest, daß inzwischen wohl die ganze Stadt von uns gehört haben mußte. Noch mehr Menschen strömten durch die Tore, und wieder antworteten fast alle auf den Aufruf zur Errettung. Es schien eindeutig so zu sein, daß nur die Gläubigen sitzenblieben, die anderen drängten sich vor mir auf dem Grasboden und waren begierig, in ihren Herzen zu erfahren, daß Gott wirklich alle Sünden vergeben kann und wird. Das Wort sagt klar und so predige ich auch: „Wenn du mit dem Munde den Herrn Jesus bekennst und in deinem Herzen glaubst, daß Gott ihn von den Toten auferweckt hat, dann wirst du gerettet“ (Römer 10,9).

Als wir am letzten Abend das Stadion durch das Tor verließen, hielt mich ein Mitglied des Mitarbeiterteams der Gemeinde in Ulan-Ude auf und bat mich, für ihn und seine Frau um eine Salbung des Heiligen Geistes zu beten und darum, daß Gott ihnen gemeinsam einen Dienst anvertraut. Seine Augen strahlten, als er über all die Zeichen und Wunder sprach, die er im Stadion miterlebt hatte, und er sagte: „Solche Dinge sind noch nie zuvor in Ulan-Ude geschehen!“ Das war ein programmatischer Einstieg für die neun Wochen, die sich anschließen sollten. Aber es beantwortet nicht die Frage, warum wir hier waren.

Kapitel 3

WARUM WAREN WIR HIER?

Mein Kommen war das Resultat einer Vision, die sich mehr und mehr entfaltet hatte. Lange bevor es allgemein üblich wurde, daß jemand als Evangelist oder Missionar nach Osteuropa ging, hatte ich Gottes Ruf mit meinem Leben beantwortet. Vor mehr als 33 Jahren fing ich an, hinter den Eisernen Vorhang zu gehen, damals war es noch mit meiner christlichen Reisegesellschaft „Crusader Tours". Aber in meinem Herzen brannte die Vision einer Erweckung, die größer wäre als alles, was die Welt je gesehen hat. Schließlich haben die Völker Osteuropas und Zentralasiens niemals seit Christi Lebzeiten die wirkliche Kraft Gottes erfahren. Fast 2000 Jahre lang wurden sie entweder durch Religionen oder Ideologien versklavt.

Der nächste Schritt für mich war eine Einladung, in einer Untergrundgemeinde in Jugoslawien zu sprechen. Zwar mußte ich fast ganz Europa durchqueren, nur um in einer einzigen Veranstaltung zu predigen, aber dann ergab es sich, daß ich dort in der Gegend an mehreren verschiedenen Orten gesprochen habe, bevor ich nach England zurückgekehrt bin. Ich kam mit sehr vielen Menschen in Kontakt und erfuhr von ihren Problemen aus erster Hand. Nach den Gottesdiensten bin ich so häufig um Bibeln gebeten worden, daß die wenigen, die ich mitgebracht hatte, praktisch sofort weg waren. Die Menschen baten mich, wiederzukommen und mehr mitzubringen, weil sie in ihrem eigenen Land keine Chance hatten, Bibeln zu bekommen. Ich wollte diesen Menschen, meinen Geschwistern in Christus, unbedingt helfen und dabei sogar meine Reisegesellschaft und die Mitarbeiter, soweit sie dazu bereit waren, mit einbeziehen. Es schien mir auf der Hand zu liegen, daß sich meine Busflotte, die regelmäßig in diesen Ländern verkehrte, phantastisch für Bibel- und andere Gütertransporte eignete.

Wenn noch irgendwo ein Zögern in meinem Herzen war, ob ich wohl wiederkommen sollte, so wurde es von den rührenden Worten, mit denen sich einige junge Leute der ersten Gemeinde von mir verabschiedeten, endgültig zerstreut: „Wir haben gebetet, daß du kommst", sagten sie, „und du bist gekommen. Nun werden wir weiterbeten, daß du wiederkommst, und du wirst wiederkommen.“

Damit begann das Bibelschmuggeln, aber ich konnte nie genug transportieren. Ich wollte ein besonderes Geheimfach in einem Bus einbauen, jedesmal mehrere tausend Bibeln mitnehmen, Teams haben, die mit mir zusammenarbeiteten, und vor allen Dingen jemanden, der die vielen tausend Bibeln, Neuen Testamente, Evangelien, Liederhefte und guten christlichen Bücher beschaffte. Es war ein zu großes Projekt, um von mir alleine bewältigt werden zu können. Ich bat Gott, mir den Weg zu zeigen und die Türen zu öffnen. Gott erhörte meine Gebete! Innerhalb weniger Jahre gelang es mir, mehr als 150 000 Bibeln und Neue Testamente hinüberzuschaffen, bevor ich an der tschechischen Grenze am Mittsommertag 1972 festgenommen wurde, – es war in der Tat der längste Tag meines Lebens.

Selbst nach meiner wunderbaren Freilassung aus dem Gefängnis, der Erfüllung einer Vision, bei der mir das exakte Datum meiner Entlassung offenbart worden war, brannte ich weiterhin für Osteuropa, und die letzten Worte eines meiner Mitgefangenen hallten in meinen Ohren nach: „Niemand weiß, was hier los ist, keiner im Westen kümmert sich um uns.“ Darum bin ich zwei Jahre um die Welt gereist und habe meine Geschichte erzählt, die so überwältigend war, daß sich dadurch mehr als eine viertel Million Menschen zu Jesus bekehrt haben. Darum habe ich auch 1976 erfolgreich die weltweite Kampagne zur Befreiung von Georgi Vins geleitet, einem bekannten russischen Pastor aus Kiew, der wegen seines Glaubens zum fast sicheren Tod verurteilt worden war. Darum besuchte ich weiterhin Untergrundgemeinden, um dort zu predigen, und habe schließlich immer öffentlicher Evangelisationen und Konferenzen abgehalten.

Im Jahr 1986 hat Gott dann erneut sehr klar zu mir gesprochen. Damals sagte er mir, daß der Eiserne Vorhang, der Ost- und Westeuropa so lange getrennt hatte, durch die Kraft des Heiligen Geistes schmelzen würde, und daß eine neue große Bewegung des Heiligen Geistes über ganz Europa kommen würde, um den Osten mit dem Westen zu vereinigen. Dies würde nicht von Menschen vollbracht werden, sondern das souveräne Handeln Gottes sein, der sich so offenbaren würde, daß wir es allein seiner Macht zuschreiben würden.

Immer wenn mir Gott etwas sagt, erwartet er, daß ich „statt meines Mundes meine Füße bewege“ und etwas unternehme. Diese Vision und Prophetie begann sich zu erfüllen, als ich 1988 eine große Ost-West-Konferenz in Karlsruhe organisierte und durchführte. 4000 Menschen kamen dabei zusammen, aber das eigentliche Wunder bestand in den 600 Delegierten, die es tatsächlich geschafft hatten, den Eisernen Vorhang zu überwinden und teilzunehmen! Dies war in der Tat prophetisch im Hinblick auf das Kommende. Ich dachte, ich hätte meine Schuldigkeit getan, aber Gott forderte mich auf, 1989 eine weitere Ost-West-Konferenz in Karlsruhe durchzuführen und noch einmal öffentlich den Fall des Vorhangs zu prophezeien. Innerhalb von Wochen nach dieser Konferenz stürzte die Mauer. Gott hatte sein Wort erfüllt!

Doch noch mitten in der weltweiten Euphorie über dieses große Ereignis sprach Gott erneut zu mir. Diesmal war es eine Warnung. Die Zeit sei knapp. Ein anderer „Vorhang“ wird über Europa fallen, erstens durch den Zusammenbruch der Wirtschaft, zweitens durch militärische Macht und drittens durch geistliche Gewalt. Der Leib Christi muß jetzt eintreten in Fürbitte und geistlicher Kampfführung, um Satans Macht lange genug zurückzuhalten, damit ganz Europa gerettet werden kann. Denn Satan ist bereits besiegt, weil Christus den ganzen Sieg errungen hat. Gottes Verheißung ist Erweckung. Er sagte: „In den letzten Tagen werde ich meinen Geist ausgießen.“ Ich stehe fest in diesem Glauben, weil ich, wie Paulus, Gott glaube.

Nach dem Fall der Mauer hielt ich noch mehr Evangelisationen und Konferenzen in Osteuropa als vorher. Überall sahen wir die Kraft Gottes wirken, genau wie er verheißen hatte, in Ungarn, in der damaligen Tschechoslowakei, in Bulgarien, Polen, Rumänien und in der Ukraine. Eines der denkwürdigsten Ereignisse in diesen ersten Jahren war die Konferenz von EuroVision im Mai 1990 in Debrecin, Ungarn. Zum ersten Mal erlebten wir dort die Unterstützung aller Ortsgemeinden – es waren Reformierte, Pfingstler, Baptisten, Katholiken und Freie Gemeinden. Delegierte aus Rumänien, Bulgarien, der Ukraine und anderen Teilen der damaligen UdSSR, aus der vormaligen Tschechoslowakei, Polen, Ostdeutschland, Westdeutschland, Amerika, England und anderen Ländern nahmen teil. Zu den Sprechern gehörten außer mir Dr. Lester Sumrall aus Amerika, Ray McCauley aus Südafrika, John Angelina aus München; Jugend mit einer Mission (JmeM) schickte eine Pantomimengruppe, und Vinesong diente in wunderbarer Weise musikalisch. Der Leib Christi wurde auferbaut, Tausende wurden errettet, und viele Wunder und Heilungen geschahen im Namen Jesu!

Niemals werde ich diese dramatische und aufregende Großevangelisation vergessen, die wir noch im selben Jahr in Bulgarien durchführten, kurz bevor dort schließlich der Kommunismus zusammenbrach. Sogar schon vor der Eröffnung der Evangelisation erhielten wir die Erlaubnis, einen Freiluftgottesdienst auf dem großen Platz vor dem Hauptquartier der kommunistischen Partei in Jambol zu veranstalten. Noch nie zuvor hatte in dieser Stadt mit ihren 100 000 Einwohnern etwas Vergleichbares stattgefunden. Vinesong gestaltete gemeinsam mit anderen Musikgruppen ein Programm, das die Menschen in der Abenddämmerung mächtig anzog, so daß der große Platz gerammelt voll wurde. Als Vinesong auf bulgarisch sang: „Ich beuge meine Knie vor Jesus", kniete die ganze Menge im Gebet nieder, es waren um die 10 000 Menschen. Mit erhobenen Händen priesen sie Gott und nahmen Christus an. Sogar die diensthabenden Polizisten nahmen ihre Mützen ab, und die Flagge der kommunistischen Partei, die bis dahin tapfer im Winde flatterte, hing bewegungslos herab, als ob sie sich auch vor dem Namen Jesu beugte!

Welch ein überwältigender Auftakt für unsere Großevangelisation! Die Sporthalle war nicht nur zu den Abendveranstaltungen mit 7000 Menschen voll besetzt, so daß es nur noch Stehplätze gab, sondern auch morgens und nachmittags war die Halle voller Menschen, die Hunger nach dem Wort Gottes hatten. Tagsüber lehrten wir biblische Grundlagen, und abends folgten evangelistische Einsätze, bei denen wir 2000 Entscheidungen zählten, mit diesen Menschen seelsorgerlich sprachen und ihnen Hilfestellung gaben, um den Herrn kennenzulernen. Vier Tage lang waren wir Augenzeugen der großen Kraftwirkungen Gottes, die sich nicht nur in Bekehrungen widerspiegelten, sondern auch in mächtigen Heilungswundern; jeden Abend wurden Krücken auf die Bühne geworfen, die Menschen gehörten, die geheilt worden waren und wieder frei laufen konnten – die Blinden, die Tauben, die Kranken, alle wurden geheilt.

Vier Jahre lang war ich unermüdlich in ganz Europa unterwegs, um über Gottes Feuer der Erweckung zu predigen – so hatte er es mir aufgetragen. Doch er hatte mir ebenso versprochen, daß sich am Ende dieses vierten Jahres bedeutsame Veränderungen ereignen würden. Und so geschah es auch im Sommer 1993.

Es bewegte mich ganz besonders, daß ich in diesem Jahr nach Tschita und Duldurga in Sibirien reisen konnte. Dort lernte ich ein Volk kennen, das Gott fast überhaupt nicht kannte. Sibirien ist eines der am wenigsten evangelisierten Gebiete der Erde. 65 Millionen Menschen leben dort auf einer Landmasse, die 52mal so groß ist wie England, so riesig, daß über eine Million Quadratmeilen übrig blieben, würde man die Vereinigten Staaten genau in die Mitte plazieren, 6500 Kilometer sind es von Osten nach Westen, 3000 Kilometer von Norden nach Süden. Sibirien ist ein Land, in dessen Vergangenheit sich schon unter den Zaren und dann unter den Kommunisten Verbannung, Straflager, Folter und Tod aneinanderreihten. Dennoch entstanden dort Städte mit über 500 000 Einwohnern. Es ist an Bodenschätzen potentiell reicher als Amerika, und doch sterben seine Bewohner in Armut. Es ist ein warmherziges, liebevolles, gastfreundliches, fürsorgliches Volk, das lange gefoltert, gefangen und umgebracht wurde.

Jetzt begann Gott, eine größere Vision zu entfalten und verband sie mit einer beispiellosen Herausforderung – in zwei Jahren sollte ganz Sibirien mit dem Evangelium erreicht werden, bevor jener andere Vorhang fallen würde, der das Evangelium fernhält. Eine Aufgabe, die so groß und gewaltig ist, daß sie nur durch eine mächtige Demonstration der Kraft des Heiligen Geistes erfüllt werden kann. Aber weil Gott Herr der Berufung und der Vision ist, wird er sie erfüllen! Als Gott mir sein neues Konzept offenbarte – seine Strategie für Sibirien –, erkannte ich, es würde eine Armee von Fürbittern und Straßenmissionaren erfordern, die entflammt von Begeisterung für Gott mit mir zusammenarbeiten müßten. Einige würden aus England kommen, einige aus Deutschland, doch hauptsächlich würden es russisch sprechende Männer und Frauen aus den Ländern Osteuropas sein, wo ich so lange gearbeitet und geerntet hatte.

Die Reaktion der Osteuropäer begeisterte mich. Allein in einer einzigen Gemeinde in Kiew kamen 100 Menschen nach vorne, um dieser Vision zu folgen, Rußland zu evangelisieren und in Sibirien zu beginnen. Ich erklärte ihnen, wie schwierig es sein würde, in Jugendherbergen zu übernachten, wo es nur Kohl oder Kartoffelsuppe zu essen gibt und keine ordentlichen Waschgelegenheiten. Sie antworteten: „Kein Problem, so leben wir hier auch!“ Dann erinnerte ich sie daran, wie Jesus in Lukas 9 und 10 seine Jünger aufforderte: „Predigt das Evangelium, heilt die Kranken, weckt die Toten auf!“ (vgl. auch Matthäus 10,7+8). Sobald ihr aus dem Flugzeug steigt, müßt ihr auf den Straßen, in den Schulen, Krankenhäusern, Gefängnissen, Kinos, und indem ihr von Tür zu Tür geht, dasselbe tun! Alle sagten auf Russisch einstimmig: „Da!“ (Ja!).

Dann erklärte ich ihnen, daß wir sie für zwei Monate bräuchten, „Da!“, sie müßten ihre Häuser, Frauen und Familien verlassen, „Da!“, selbst Geld für ihre Verpflegung bereithalten, „Da!“, diejenigen, die zurückblieben, müßten die Familien derer versorgen, die gehen, „Da!“. Wir würden nur ihre Flugtickets bezahlen. Ich weinte fast, als ich begriff, wie bereit sie waren, dem Herrn zu gehorchen und den Preis zu bezahlen. Für sie bedeutete Sibirien Bestrafung, Gefängnis, Exil, möglicherweise der Tod ihrer eigenen Verwandten, – aber welch eine große Liebe war es, mit der diese Ukrainer die Russen so sehr lieben konnten!

Ich sprach mit ihnen darüber, wie Gott mir durch 2. Samuel 5,23 – 24 gesagt hatte, daß wir im fernen Osten Sibiriens beginnen müßten – dem „Ende der Welt“ –, daß die Erweckung, die Rußland erfassen werde, dort anfangen würde. An dieser Stelle unterbrach ich meine Rede, weil drei Pastoren aufstanden, um zu bestätigen, was ich gesagt hatte. Sie sagten mir, daß viele Prophetien über eine Erweckung, die aus dem Osten komme, ausgesprochen worden seien. Sie hatten nicht daran geglaubt – ganz sicher würde eine Erweckung aus Amerika, England, Deutschland, aus dem Westen kommen. „Heute abend verstehen wir, wie diese Prophetien erfüllt werden sollen, und darum werden wir gehen.“

Kapitel 4

DIE ERSTE BEGEGNUNG MIT DEM SAWTRA-GEIST

Mit diesem Zeitpunkt wurde die Vision Realität. Träume sind zwar gut und schön, doch worauf es ankommt, ist ihre Verwirklichung. Gott hatte mir in all den Jahren eingeschärft, wie wichtig es ist, niemals etwas auszusprechen, so lange ich nicht vorhatte, es durch die Kraft des Geistes auch in die Tat umzusetzen. Dies war einer der Gründe für all meine Abenteuer während jener frühen Expeditionen nach Jerusalem. Sie machten für Gott den Weg frei, mich als Bibelschmuggler zu gebrauchen.

Und daher kam auch, was mich auf so dramatische Weise hinter den „Eisernen Vorhang“ brachte, wie zum Beispiel damals nach Bulgarien. Ich hatte während einer Großevangelisation in Nordirland im Jahr 1959 gesagt, ich würde über Land nach Jerusalem fahren, um an einer Weltkonferenz teilzunehmen, die dort im Jahr 1961 stattfinden sollte. Weil ich das öffentlich angekündigt hatte, machte Gott dieses Unternehmen möglich. Doch derselbe Hunger meines Herzens, der mich all die Jahre zuvor nach Jerusalem getrieben hatte, stand auch jetzt, im Jahr 1994, hinter der gesamten Vision, die Gott im Hinblick auf Sibirien so tief in mein Herz hineingebrannt hatte: Nämlich der Wunsch mitzuerleben, wie die Kraft Gottes in unserer Zeit in größerem Maße ausgegossen würde als zu Pfingsten.

Der Grund, weshalb ich 1961 nach Jerusalem fahren wollte, war die Ankündigung der ersten weltweiten Pfingstkonferenz. Ich war ein junger Evangelist und Pastor, jung verheiratet, hatte zwei Kinder – und kein Geld! Aber ich hatte Hunger danach, die Realität der Kraft Gottes zu schauen. Ich wollte unbedingt an diesem Tag dabeisein. Doch ich hatte kein Geld für den Flug, darum schaute ich mir eine Weltkarte an und sagte einfach: „Es gibt fast überall Straßen von hier bis nach Jerusalem, darum werde ich mit dem Auto fahren.“ Und das tat ich auch. Doch obwohl Gott dies benutzte, um die Tür zu vielen Wundern zu öffnen und meinen Ruf für Osteuropa und Rußland zu bestätigen, war die Konferenz selbst leider eine große Enttäuschung. Weil ich mich jedoch nicht geschlagen geben wollte, begann von diesem Tag an meine lebenslange Suche nach der Erfüllung meines Traumes, all das zu sehen, was Gott in seinem Wort versprochen hat. Auf diese Weise kam ich schließlich an den Punkt, an eine Erweckung selbst im weiten, fernen Sibirien glauben zu können.

Jetzt war ich in Sibirien, und die erste Großveranstaltung in Ulan-Ude war ein fantastischer Auftakt, der bewies, daß Gott wirklich handelte und auf wunderbare Weise sein Wort und jede Verheißung bestätigte, die er mir in den letzten Monaten gegeben hatte. Es war Montag nachmittag, und man hatte uns gesagt, wir seien für den täglichen 15.00-Uhr-Flug nach Sewerobaikalsk vorgemerkt. Die Vorhut war bereits mit der Soundausrüstung zum Flughafen gefahren und erfuhr dort, daß es montags eine Ausnahme gab. Der 15.00-Uhr-Flug ging schon um 11.00 Uhr – wir hatten ihn verpaßt! Halb so schlimm, wir konnten auch am nächsten Tag fliegen und trotzdem noch rechtzeitig zur Abendveranstaltung ankommen, denn es war nicht sehr weit entfernt.

In der Zwischenzeit nahmen wir Thomas Einladung zum Grillen an. Er konnte uns auch helfen, einen Charterflug auszuhandeln, den wir für Ende der Woche brauchten, um nach Chabarowsk zu kommen. Bei dieser ersten kleinen Verzögerung bemerkten wir kaum, daß wir unsere erste Begegnung mit dem Sawtra-Geist hatten, der uns furchtbar plagen sollte und mit dem wir in ganz Sibirien zu kämpfen hatten: Sawtra ist das russische Wort für „morgen“, aber wir gebrauchten es wie das spanische Wort „mañana“, weil buchstäblich morgen niemals kommt! Egal, was wir brauchten, ob Visa oder Flugtickets, die Antwort lautete meistens nicht „niet“ = nein, sondern „sawtra“ = morgen.

So brachen wir recht unbeschwert trotz unserer kleinen Krise auf und fuhren mit Thomas in seinem Minibus und mit zwei weiteren Autos in den sibirischen Wald. Wir hatten Thomas am Abend vorher im Stadion kennengelernt. Ich hatte gepredigt und anschließend über drei Stunden für die Kranken gebetet und wollte nun endlich weg von den vielen Menschen, um mich auszuruhen. Aber da stand ein Mann, der schon recht lange sehr geduldig und abseits von den anderen wartete und aussah, als hätte er Wurzeln geschlagen. Das Ungewöhnliche daran war, daß dieser Mann im Gegensatz zu den gebrochenen Menschen, für die wir beteten, stark und gesund aussah.

Als wir uns schließlich ihm zuwandten, war seine Bitte, ob wir die Mutter seines Freundes im Krankenhaus besuchen können, die schwer krebskrank war. Weil wir sie tatsächlich besucht hatten, sogar nicht nur einmal, sondern dreimal, und ihr Liebe und Anteilnahme entgegengebracht hatten, und weil sich ihr Zustand dramatisch besserte, hatten wir in Thomas einen Freund fürs Leben gewonnen.

Da waren wir nun, ein Team gestrandeter Evangelisten, die mit Thomas und seinen drei dunkelhäutigen georgischen Freunden auf einem wunderschönen Grillplatz Schaschlik aßen. Als Mitglieder des Hauptteams genossen dieses unbeschwerte Vergnügen jener kurzen Einlage: Rick, Phil, Alex, Dr. Joy, Katie, Swetlana, Olga und ich. Richard, der Team A leitete und gleichzeitig für die Gesamtorganisation mitverantwortlich war, konnte auch dabeisein. Es sollte sich als eine der äußerst seltenen Gelegenheiten erweisen, die ich in Sibirien zur Entspannung fand.

Im Gegensatz zu dem langen, ermüdenden Flug aus England war unsere Reise am Dienstag von Ulan-Ude hierher angenehm gewesen. Mit einem Linienflugzeug waren wir in die unbeschreibliche Schönheit von Sewerobaikalsk gebracht worden, das nur 500 Kilometer entfernt war. Als mich der Pastor am nächsten Tag zu einer Rundfahrt einlud, erinnerte mich die Landschaft sehr an die Schweiz, es war alles nur sehr viel größer. Wir fuhren mit dem Auto auf staubigen Straßen einen Berg hinauf, der nahe der Stadt gelegen war, und hielten hinter einer Kurve an, um das Panorama zu bewundern.

Wir waren völlig überwältigt von der Schönheit der schneebedeckten Berggipfel und des Baikalsees, der unglaublich groß ist. Er mißt ungefähr 650 Kilometer in der Länge und ist zwischen 50 und 75 Kilometern breit, also 55 mal so groß wie der Bodensee, der an seiner breitesten Stelle gerade nur mal 14 Kilometer breit ist. Er ist der kälteste und tiefste Binnensee der Welt und enthält ein Drittel des gesamten weltweit vorhandenen Frischwassers. Auf dieser Seite wurde er ringsum von steilen Felswänden, Wäldern und Bergen mit schneebedeckten Gipfeln eingefaßt, aber auf seiner anderen Seite befand sich eine Ebene, und viele Flüsse mündeten dort in den See. Swetlana oder Swieta, wie wir sie liebevoll nennen, meinte, falls wir jemals ein Büro in Sibirien eröffnen sollten, dann wäre Sewerobaikalsk einer der allerschönsten Orte dafür. Sie stammt aus Kiew und ist die Tochter eines weißrussischen Vaters und einer sibirischen Mutter. Bevor sie anfing, in unserem Büro in England mitzuarbeiten, hatte sie eine mehrjährige Bibelschulausbildung in der Ukraine, in Kroatien und in England absolviert.

Als wir wieder zurückfuhren in die Stadt, zeigte uns der Pastor sein neues Gemeindehaus, das von den Mitgliedern seiner Gemeinde aus dem Nutzholz der Wälder erbaut worden war. Bald würde es fertiggestellt sein, um den Neubekehrten zur Verfügung zu stehen, die Christus während dieser beiden kurzen Tage annehmen würden. Seine Einladung wiederzukommen, habe ich dankbar aufgenommen und innerlich mit dem persönlichen Wunsch verbunden, noch einmal hier sein zu dürfen, um mich auszuruhen, wie Jesus es während seines eigenen Dienstes auch häufig tat.

Der Segen Gottes lag auf Sewerobaikalsk, auf dem Pastor und auf unserem eigenen Hilfsteam, Team B, das im Gegensatz zu uns siebzehn Tage hier verbrachte. Der Segen Gottes war natürlich auch auf der Großevangelisation selbst. Sogar in dieser kleinen Stadt kamen über 1000 Menschen an den beiden Abenden nach vorne, um Christus anzunehmen. Auch hier bestätigte Gott sein Wort durch mächtige Heilungswunder. Einer der ersten, die nach vorne kamen, war ein bärtiger Mann mit Rücken- und Kopfschmerzen, die von einem Wirbelsäulenbruch ein Jahr zuvor verursacht wurden. Als ihn die Kraft Gottes berührte, strahlte sein Gesicht vor Freude, und er bückte sich tief, alle Schmerzen waren verschwunden – ein absolutes Wunder, das ihn heilte.

Eine junge Mutter von 23 Jahren mit zwei kleinen Kindern war die nächste, die sich in der großen Menge nach vorne drängelte, um Gebet zu empfangen. Ihr linkes Bein war von Geburt an gelähmt, aber als ich sie mit dem unerschütterlichen Glauben an Jesu Macht anrührte, wurde sie augenblicklich geheilt. Sie zeigte uns das, indem sie niederkniete und dann ohne Hilfsmittel davonschritt. Unter den vielen Menschen, die ich in der Autorität des Namens Jesu freisetzen durfte, war auch ein kleines neunjähriges Mädchen mit blonden Haaren. Sie bat um Gebet, weil sie sehr schlecht sehen konnte und Schmerzen in den Augen hatte. Sie wurde völlig geheilt, und sogar ihr Stottern verschwand, so daß sie ganze Sätze klar und sicher aussprechen konnte – ohne einen Sprachfehler. Eine alte Frau, die seit 25 Jahren unter chronischen Rückenschmerzen gelitten hatte, wurde augenblicklich geheilt, ebenso wie ein Mann mittleren Alters, der in seiner Hüfte und Seite seit neun Jahren und in seinem Rücken seit vier Jahren Schmerzen hatte, beides lag an einer Wirbelsäulendeformation. Nachdem die Deformation sich völlig korrigiert hatte, verließen ihn auch die Schmerzen, die er so lange erduldet hatte.

In diesem Gebiet gibt es eine große Anzahl Burjaten. Sie sind von mongolischer Abstammung und haben sich vor vielen Jahrhunderten als Deserteure der mongolischen Armee Dschingis-Khans in Sibirien angesiedelt. (Der Name Burjat bedeutet „Feigling".) In unserer Versammlung kam eine hübsche und gut gekleidete Burjatin voller Erwartung nach vorne, daß sie von akuter Taubheit geheilt würde. Als ich sie im Namen Jesu berührte, konnte sie nach ihrer eigenen Aussage erst 50%, dann 75% und schließlich 100% hören!

Es wurden noch viele andere Menschen bei diesen wunderbaren Veranstaltungen geheilt und befreit, aber an diese dort erinnerten wir uns am meisten. Auf diese Weise wurde die Schönheit der Umgebung von Sewerobaikalsk übertroffen durch die Schönheit des Einen, der selbst unsere Krankheiten an seinem eigenen Leibe trug. Seine Liebe und sein Erbarmen überstrahlt sogar die Schönheit seiner Schöpfung.

Auf unserer Reise von Ulan-Ude nach Sewerobaikalsk waren wir dem Sawtra-Geist zum ersten Mal begegnet. Wir kamen einen Tag später an, aber waren immer noch pünktlich. Unsere zweite und ernstere Begegnung hatten wir, als wir von Sewerobaikalsk nach Chabarowsk weiterreisen wollten – wir kamen wenige Stunden zu spät zu unserer ersten Veranstaltung. Unsere dritte Begegnung sollte jedoch mit einem phantastischen Sieg enden.

Kapitel 5

ES WAR UNMÖGLICH, NACH ALDAN ZU KOMMEN, DOCH DANN ...

Das Auto holperte über die Schlaglöcher, als wir die Gebirgsstraße hinauffuhren, die als einziger Verbindungsweg zwischen Nerjungri und Aldan dient. Der kleine in Rußland gebaute Lada war nur zwei Jahre alt, aber er machte den Eindruck, als habe er schon zehn Jahre hinter sich. Er war völlig überladen mit dem Fahrer, meiner Übersetzerin Swieta und mir, dem Gepäck und der gesamten Soundausrüstung, die wir uns für diese Evangelisationsreise geliehen hatten. Die Straße war eine typische ungeteerte, rauhe Schotterpiste mit tiefen Schlaglöchern von den schweren Fahrzeugen und den extremen Wetterbedingungen mit Temperaturen, die zwischen +30° C und – 40° C schwanken. Die fünfstündige Fahrt war ein einziger Alptraum: Neben uns Schnee und Eis auf den Hängen, die plötzlichen Schlenker, um wenigstens einzelnen Löchern auszuweichen, die geplatzten Reifen in kurzen Abständen am Straßenrand, die drohend an die Schicksale erinnerten, die andere vor uns erlitten hatten, die diese Straße bezwangen.

Doch für mich war es zugleich eines der größten Wunder auf meinem sibirischen Abenteuer. Erst gestern morgen hatte ich vier Stunden verzweifelt versucht, in Chabarowsk die Tickets für den Flug zu bekommen, die rechtzeitig vorher für alle fünfzehn Mitglieder unseres Hauptteams gebucht worden waren, damit wir über Nerjungri zu der Großevangelisation nach Aldan fliegen konnten.

Wir waren alle sehr gespannt auf diese Veranstaltungen, weil wir wußten, daß es eine „geschlossene“ Stadt war, niemand durfte ohne Visa einreisen. Es gab keine Gemeinde bis auf eine kleine Gruppe Baptisten. Nicht einmal die Russisch-Orthodoxen hatten es geschafft, dort eine Kirche zu gründen. Wir wußten das von Anfang an und hatten uns darum gründlich vorbereitet. Ein Pastor aus Nerjungri war lange im voraus beauftragt worden, für unsere Gruppe Visa zu beschaffen und sogar die gesamten Tickets für unseren Flug zu buchen. Trotzdem griff uns der Teufel an. Die Visa waren nicht eingetroffen und schienen immer noch bei dem Pastor in Nerjungri zu liegen, und alle Versuche, ohne die Visa die schon gebuchten Tickets zu erhalten, schlugen fehl. Wir hatten alles probiert in den Büros von Aeroflot und bei der Polizei, die für die Erteilung der Visa verantwortlich ist, aber nichts hatte Erfolg. Beide Stellen sagten nachdrücklich „Niet".

Ermattet ging ich zurück zum Quartier, wo die 14 anderen aus der Gruppe beisammensaßen und mit gepackten Koffern auf das Signal zum Aufbruch warteten. Letztendlich war es Gott, der mich beauftragt hatte zu gehen, und er versagt niemals, aber der Ausdruck ihrer Gesichter, als ich ihnen die Situation erklärt hatte, war schwer zu ertragen. „So, aber nun laßt uns intensiv beten", sagte ich. „Gott wird einen Weg finden." Nach wenigen Minuten unterbrach ich sie. „Gott hat deutlich zu mir gesprochen, daß ich genau ein Visum bekommen werde, wenn ich jetzt zurückgehe." Doch das war unmöglich, uns waren alle Visa verweigert worden. Und obwohl wir zwei Hilfsteams in Aldan hatten, eines mit 20 Ukrainern und das andere mit zwölf Bulgaren – ohne meine Übersetzerin konnte ich nicht predigen! Folglich wäre nicht einmal ein Visum genug.

Wahrscheinlich stellten es einige Teammitglieder in Frage, ob ich in diesem Augenblick wirklich Gott gehört hatte oder ob es nur meine eigene Phantasie war. Dennoch bat ich Swieta, Gottes Stimme folgend, mit dem Pastor und mir zurück zur Polizeiwache zu fahren, wo wir kurz zuvor vergeblich wegen der Visa vorgesprochen hatten. Als ich hereinkam, sah ich eine junge Polizeibeamtin, die offenbar im Moment allein Dienst tat, wahrscheinlich war gerade Mittagspause. Als der Pastor ihr meinen Paß aushändigte mit der Bitte um ein Visum, willigte sie sofort ein, stempelte es in meinen Ausweis, und das sogar, bevor sie uns offenbar in Folge ihrer Unerfahrenheit dazu aufgefordert hatte, die umständlichen Formulare auszufüllen. Um diese Situation noch weiter auszunutzen, baten wir dann auch um ein Visum für Swieta. Die junge Beamtin zögerte und sagte, daß sie nicht wisse, welch ein Visum für eine Ukrainerin auszustellen sei und ging in einen Nebenraum, um ihren Chef zu fragen. Der verweigerte sofort und ärgerlich das Ansuchen und erklärte nachdrücklich, daß überhaupt kein Visum auszustellen sei. Doch meines hatten wir bereits!

Eiligst verließen wir die Wache, und ich verstand genau, was der Herr zu mir gesagt hatte, nämlich daß ich nur ein Visum erhalten würde.

Aber das löste nicht das Problem mit meiner Übersetzerin. Schnell kehrte ich in das Quartier zurück, wo die anderen warteten, teilte ihnen die gute Nachricht vom Erhalt meines Visums mit, organisierte, daß die anderen Mitglieder des Hauptteams schon im voraus zum nächsten Einsatzort nach Blagoweschtschensk reisen sollten und nahm Swieta mit zum Flughafen. Mit dem Visum in meinem Paß hatte ich kein Problem, mein Ticket zu bekommen. Erstaunlicherweise gaben sie uns auch ein Ticket für Swieta, ohne zu fragen, warum sie kein Visum habe. Merkwürdig, offenbar machten unsere Engel hier gerade Überstunden!

Der Flug ging nicht direkt nach Aldan, sondern nach Nerjungri. Wir flogen mit einer YAK 40, einem ziemlich kleinen Flugzeug mit nur 38 Sitzen, das jedoch drei große Düsentriebwerke hatte, die es recht schnell machten; daher brauchten wir für die Flugstrecke von ungefähr 1500 km nur zweieinhalb Stunden. Später sahen wir noch oft solche Flugzeuge, die recht gebräuchlich für den Flugverkehr mit kleineren Flughäfen waren. Viele Städte, die wir besuchten, hatten keine Straßen- oder Schienenanbindung, und die einzige Möglichkeit, dorthin oder von dort weg zu kommen, war der Luftweg. Als wir sahen, wie abhängig man in Sibirien und im Fernen Osten vom Flugverkehr ist und wie viele Flugzeuge im Einsatz sind, um weite Distanzen zu überbrücken, änderte sich unsere ursprüngliche Einstellung immer mehr zugunsten der offiziellen Fluggesellschaft Aeroflot, die wir im Anfang „Aeroflop" benannt hatten.

Sobald unsere Maschine aus Chabarowsk auf dem Flughafen von Nerjungri gelandet war, kam Militär an Bord. Gleichzeitig fingen sie von vorne und hinten an, sorgfältig jeden Passagier zu überprüfen, um zu sehen, ob er ein Visum hatte, und ob es in Ordnung war. Mit einigen waren die Soldaten offenbar nicht zufrieden, und die Betroffenen wurden grob behandelt, ihre Pässe wurden beschlagnahmt, und sie wurden abgeführt und eingesperrt, bis sie nach Chabarowsk zurückgeschickt werden konnten. Schließlich kamen sie zu mir und verlangten schroff meinen Paß. Swieta versicherte ihnen auf russisch, weil sie kein Englisch verstanden, daß mein Visum in Ordnung ist, und daß wir nach Aldan weiterreisen würden. Der Offizier fragte Swieta weiter auf russisch, ob sie meine Übersetzerin sei, und dann geschah das allerunglaublichste Wunder, sie nahmen an, weil wir gemeinsam reisten und ich ein Visum hatte, daß sie ebenfalls eines habe und sahen sich nicht einmal ihren

Ausweis an. Halleluja! In diesem Moment hatte Gott ihre Augen blind gemacht. Ich dachte daran, daß der Herr mir zwar eindeutig gesagt hatte, daß nur ein Visum nach Aldan ausgestellt werden würde, doch hatte er natürlich genau gewußt, daß zwei von uns reisen mußten!

Als wir das Flugzeug mit unserem Gepäck verließen, stellten wir und die anderen Reisenden fest, daß wir uns sehr weit entfernt vom Flughafengebäude befanden, und tatsächlich mußten wir zwanzig Minuten lang über steinige Gebirgsstraßen fahren, bis wir schließlich das entlegene Terminal erreichten. Dort holten uns zu unserer Erleichterung zwei Männer der örtlichen Gemeinde ab und brachten uns in einer weiteren 30minütigen Autofahrt in die Stadt und zu dem Quartier, wo wir die Nacht verbringen konnten. Wir hatten einen anstrengenden Tag gehabt und befanden uns jetzt sehr viel nördlicher, in einer rauheren Gegend, die charakteristisch ist für diesen Teil Nordsibiriens.

Nach einer wunderbaren Mahlzeit, die Mitglieder eines Hauskreises der örtlichen Gemeinde für uns zubereitet hatten, hörten wir, daß unsere Gastgeberin als Flüchtling mit ihrem Mann und ihrem Sohn nach der Atomkatastrophe von Tschernobyl 1986 in der Ukraine aus der zerstörten Gegend evakuiert worden war. Sie hatte erst vor zwei Monaten Christus angenommen. Im Laufe des Abends kam auch der Pastor dazu, und wir konnten alle nötigen organisatorischen Absprachen für die Großevangelisation treffen, die einen Monat später in Nerjungri stattfinden sollte, und bekamen schließlich sogar die fehlenden Visa, die unserem ganzen Hauptteam hätten ermöglichen sollen, nach Aldan zu reisen!

Am nächsten Morgen schien es keine andere Möglichkeit zu geben, als unsere Reise nach Aldan zu der Großevangelisation, die am selben Nachmittag beginnen sollte, mit dem Auto fortzusetzen. In Aldan erwartete uns eine bulgarische Gruppe, die von unserem langjährigen Freund Milcho Totew geleitet wurde, den wir als Pastor und Evangelist kennen. Er war der erste bulgarische Gast, der an der wunderbaren prophetischen Ost-West-Konferenz in Karlsruhe in Westdeutschland teilnehmen konnte, jener Konferenz, die 1988 von mir organisiert worden war, als der Eiserne Vorhang noch geschlossen war. Er war so begeistert, daß er im nächsten Jahr mit 40 Mitgliedern seiner Gemeinde wiedergekommen war. Ich habe mit Milcho zusammen viele Jahre evangelistisch gearbeitet, und gemeinsam haben wir die Erweckung vorbereitet und miteinander erlebt, wie sie 1990 in Bulgarien begann. Jetzt, 1994, hatten er und seine Gemeinde mit Eifer auf meinen Ruf reagiert, uns diesmal bei unserer Arbeit für die beginnende Erweckung in Rußland zu unterstützen. Erst war er im Mai mit uns nach Weißrußland gekommen, und jetzt sahen wir uns hier in Aldan wieder.

In Aldan trafen wir auch ein ukrainisches Team, das hauptsächlich aus Mitgliedern einer bestimmten Gemeinde und ihrem dynamischen Pastor bestand, der witzigerweise den Namen Gorbatschow trug. Seine Gemeinde war erst zwei Jahre zuvor von vier Leuten gegründet worden, doch inzwischen war sie auf 150 Mitglieder angewachsen. Weil sich seine Gruppe dafür einsetzte, uns in Sibirien zu helfen, forderte mich Gorbatschow auf, als Gegenleistung seine Stadt Makejewka in unsere Serie von 17-Tage-Großevangelisationen in der Ukraine miteinzubeziehen, die für den Herbst geplant war. Ich antwortete: „Wenn du hierher kommen kannst, um uns zu helfen, kann ich natürlich auch zu euch kommen", – und Ende September war ich tatsächlich dort.

In den drei Tagen, in denen wir dort im Stadion evangelisierten, haben 4500 Menschen zu Christus gefunden, und fast 100 besondere Heilungswunder wurden registriert. Seine eigene Gemeinde wuchs nach den ersten beiden Veranstaltungen bereits auf 500 Personen an. Bei einem Festmahl nach der letzten Veranstaltung sagte Gorbatschow: „Wir haben unser Bestes in Sibirien gesät, unsere besten Leute haben wir in diesem Sommer dem Herrn zur Verfügung gestellt, meine Verwaltungskraft, meinen Lobpreisleiter, und sogar ich als Pastor bin gegangen, und meine sehr junge Gemeinde blieb zurück und mußte damit fertig werden. Aber Gott hat die Saat gesegnet, und jetzt fahren wir die Ernte hier in unserer eigenen Stadt ein!" Dann fügte er hinzu: „Nächstes Jahr gehen wir wieder mit dir nach Sibirien, David; bitte komm du auch wieder zu uns!"

Trotz der Schwierigkeiten dieser Pioniersituation so hoch oben im Norden und Problemen, weil unsere Werbeplakate nicht angekommen waren, wurde diese Evangelisation ein großer Erfolg. Die gut ausgebildeten Teams aus Bulgarien und der Ukraine haben mit großem Einsatz Straßenevangelisationen durchgeführt und sich um das Wohlwollen des Bürgermeisters der Stadt und der Polizei bemüht.

Dadurch konnten sie erwirken, daß die Eröffnungsveranstaltung, die im Kulturhaus geplant war, statt dessen im Freien stattfinden durfte.

Direkt vor der Halle war alles wunderbar organisiert worden; die Polizei sperrte für die Menschen, die sich versammelten, die Straßen ab, und gegenüber befand sich ein Park, wo sich alle hinsetzen und zuhören konnten. In den beiden Teams befanden sich einige große Talente – Musiker und Sänger –, so verliefen die beiden Veranstaltungen sehr gesegnet, trotz der Tatsache, daß unser eigenes Lobpreis- und Anbetungsteam fehlte. Wir zählten mindestens 1500 Besucher, die kamen und zuhörten, und soweit wir das erkennen konnten, kamen alle nach vorne, um Christus anzunehmen. Wie großartig: Alle Ungläubigen, die das Evangelium hörten, fanden zu Christus! Das war für mich der eigentliche Start für die Wunder, die von da an bei jeder Evangelisation weiter zunahmen.

Die Heilungen waren zu zahlreich, um sie im einzelnen wiederzugeben, zumal auch meine treue Fürbitterin Katie zurückgeblieben war, deren Aufgabe in jeder Veranstaltung darin bestand, all die Wunder zu protokollieren, die geschahen, wenn ich für die Kranken betete. Doch habe ich selbst einige besondere Wunder schriftlich festgehalten, zum Beispiel wurde ein Mann mit einem gebrochenen Bein unmittelbar geheilt. Auch zwei Mädchen mit deformiertem Rückgrat wurden von ihren Müttern an verschiedenen Abenden gebracht. Als ich ihnen im Namen Jesu die Hände auflegte, wurden beide völlig geheilt. Eines der beiden wurde gleichzeitig von einer sehr starken Sehschwäche befreit.

Doch am meisten bewegte mich ein Mann, der nach vorne kam und uns nicht nur um Gebet bat, sondern förmlich anflehte. Er war in einem der vielen Gefängnisse gewesen, die wir hier in Sibirien sahen und besuchten, und hatte deswegen sehr lange von seiner Familie getrennt leben müssen. Während seiner Gefängniszeit hatte er bewußt und ohne Zögern zwei seiner Mitgefangenen ermordet. Er erzählte uns sogar die schrecklichen Einzelheiten seiner Verbrechen. Er hatte ein Stück Elektrokabel genommen und an einem Ende die beiden Drahtstränge freigelegt und gespitzt, so daß zwei Elektroden entstanden, wie er es nannte. Dann schloß er das Kabel an den Hauptgenerator an, stach sein erstes Opfer mit den Elektroden und verpaßte ihm einen tödlichen

Stromschlag. Weil das so einfach war, tötete er später auf dieselbe Weise auch sein zweites Opfer.

Keiner weiß, warum er das tat. Aber als er mit uns sprach, war er völlig verzweifelt. Inzwischen war er aus dem Gefängnis entlassen worden und litt unter schrecklichen Schuldgefühlen. „Ich kann nachts nicht schlafen", sagte er. „Wenn ich mich hinlege, sehe ich immer wieder ihre Gesichter, wie sie mich anschauen, obwohl es schon zwanzig Jahre her ist. Ich habe seit Jahren nicht geschlafen, sie kommen immer wieder und verfolgen mich. Ich wünschte, ich hätte sie nicht umgebracht, sie waren unschuldig, es war alles meine Schuld. Wenn ich ihnen doch nur sagen könnte, daß es mir leid tut und daß ich sie gar nicht töten wollte, aber es geht nicht. Sie sind tot für immer. Wenn ich sie doch nur zurückholen könnte, um mit ihnen zu reden, aber es ist zu spät. Bitte, helfen Sie mir, wenn Sie können." Wir halfen ihm wirklich und zeigten ihm den Weg der Vergebung, und daß sogar ein Mörder von Gott begnadigt wird, wenn er wirklich aufrichtig und mit ehrlicher Reue darum bittet.

Dieser Mann war einer der Gründe, warum es so wichtig war, daß in Aldan eine neue Gemeinde entstand. Wir gründeten eine richtig lebendige, mit dem Feuer des Heiligen Geistes erfüllte Gemeinde mit einem guten Grundstock Neubekehrter, die Christus angenommen hatten, und mit einigen geisterfüllten Gläubigen, die bereits in der Stadt lebten und die wir entdeckt hatten. Hier erwies sich unsere Nacharbeitsstrategie als sehr effektiv. Die Evangelisationseinsätze in jeder Stadt waren so angelegt, daß sie mit sieben Tagen Vorbereitung durch unser Hilfsteam begannen, dann kam ich, um die Hauptveranstaltungen in den Stadien oder Kulturhäusern zu halten.

Danach fanden sieben Tage Nacharbeit statt – biblische Unterweisung und Einführung für die Neubekehrten; sie wurde ebenfalls von unseren Hilfsteams in Zusammenarbeit mit der Ortsgemeinde durchgeführt. In diesem Fall, hier in Aldan, gab es keine Gemeinde. Darum verlängerten wir die Sieben-Tage-Nacharbeitszeit, um eine Gemeinde zu gründen. Unser bulgarisches und ukrainisches Team blieben nach meiner Abreise dort. Sie mieteten ein Kino für die Veranstaltungen und begannen, die Neubekehrten täglich zu lehren, während sie gleichzeitig die Evangelisationsarbeit fortsetzten. Diese neue Gemeinde ist jetzt stark und wächst als Zeugnis für die Kraft Gottes.

Doch wir selbst machten uns wieder auf die Reise. Allerdings war es sogar noch schwieriger, Aldan wieder zu verlassen, als es für uns war, dorthin zu kommen! Wir brauchten ein weiteres Wunder.

Swieta und ich mußten so schnell wie möglich nach Blagoweschtschensk weiterreisen, um dort gemeinsam mit dem Hauptteam die nächste Evangelisation durchzuführen. Sie hatten keine weiteren Probleme mehr gehabt, außer daß sie zwei Tage und eine Nacht unterwegs waren, um von Chabarowsk aus mit dem Zug zu fahren. Unser Fahrer, der uns hergebracht hatte, wollte direkt nach der Abendveranstaltung aufbrechen und uns bei Nacht nach Nerjungri zurückfahren. Von Nerjungri aus hofften wir einen Flug nach Blagoweschtschensk zu bekommen. Sollten wir keinen Flug buchen können, sei es auf jeden Fall nur eine zehnstündige Zugfahrt, so hatte man uns versichert.

Aber! So einfach ist das nicht, denn erstens befanden wir uns in Rußland und zweitens, was schlimmer war, in Sibirien, dem „Sawtra-Land". Das erste Problem war, daß Swieta und ich nach dem vierstündigen Gottesdienst zu erschöpft waren, um die Rückfahrt nach Nerjungri mit dem Auto zu verkraften, die bei Tageslicht fünf Stunden gedauert hatte und bei Nacht wesentlich länger sein würde. Noch ernster war Swietas glatte Weigerung, diese gefährliche Strecke bei Nacht zu befahren, und meine eigene Einsicht, daß der Vorschlag des Fahrers, wir könnten ja im Auto schlafen, ein russischer Witz war. Einmal wegen der starken Erschütterungen durch die vielen Schlaglöcher auf der ohnehin rauhen Gebirgspiste, und weil wir wie die Ölsardinen in der Konservenbüchse zwischen unserem Gepäck und der Soundausrüstung eingezwängt sein würden.

Zu Swietas – und meiner – großen Erleichterung konnten wir uns Plätze in einem Flugzeug sichern, das am nächsten Morgen in der Frühe, einem Donnerstag, von Aldan nach Nerjungri fliegen sollte, wie wir herausgefunden hatten. Kein Problem, von dort aus konnten wir versuchen, einen Anschlußflug nach Blagoweschtschensk zu bekommen oder mit dem Zug weiterreisen. Wir flogen tatsächlich und fuhren mit dem klapperigen Bus zwanzig Minuten lang den inzwischen vertrauten Weg von der Landebahn zum Flughafengebäude. Swieta ging hinein und erkundigte sich nach Anschlußflügen, doch man sagte ihr, daß es keine Flüge von Nerjungri nach Blagoweschtschensk gäbe. Was den Zug betraf, so dauerte die Reise, falls es Plätze gäbe – was in der kommenden Woche nicht mehr der Fall war – zweieinhalb Tage und nicht zehn Stunden!

Das war das Ende! Keine Züge und keine Flüge, das hieß keine Evangelisation! Jetzt mußte ich beten. Wieder einmal versuchte der Sawtra-Geist, in Sibirien die Kontrolle zu übernehmen und die Kraft Gottes daran zu hindern, Jesus zum Herrn über das Land zu machen. Aber ...! Jesus ist Herr!

Ich sehe immer noch Swietas Gesichtsausdruck, als ich sie aufforderte, doch noch einmal zu der Frau am Informationsschalter hinzugehen, die uns gerade auf die übliche unfreundliche Weise mitgeteilt hatte, daß es keine Flüge gab. „Frage noch einmal nach", sagte ich.

„Es gibt keine Flüge", wiederholte die Frau ihre Antwort. Doch wenige Minuten später rief sie Swieta zurück: „Wenn Sie allerdings mit dem Hubschrauber reisen möchten, in einer halben Stunde fliegt einer ab!" Nach einiger Zeit wurden wir durch den Hintereingang des Gebäudes nach draußen geführt und gingen über ein Gelände, das ich nur als Flugzeugschrottplatz bezeichnen kann. Flugzeugteile lagen herum, teilweise reparierte Flugzeuge, manche hatten entweder keine Triebwerke oder keine Tragflächen – hier konnte sich jeder nehmen, was er brauchte! Aber wenn Gott die Dinge in die Hand nimmt und wenn wir wirklich ein Wunder erleben wollen, dann müssen wir im Glauben gehen.

Da sah ich ihn! Ein richtiger Hubschrauber im sowjetischen Militärstil, ein 26sitzer, der im Innern noch die Sprungleinen für die Fallschirmspringer hatte. Noch wundersamer war, daß die Sitze aus dem Inneren des Hubschraubers entfernt und zwei große Langstrecken-Treibstofftanks eingebaut worden waren, so daß es nur noch zwei harte Holzbänke gab. Wollten wir darin nach Blagoweschtschensk fliegen? Aber sicher! Ich war so entschlossen, dorthin zu reisen, daß, wenn ein

Engel gekommen wäre und mir Federn an die Arme gebunden hätte, ich nur noch gefragt hätte: „Und wer transportiert das Gepäck?“

Eine ganze Stunde später schließlich – im „Sawtra-Land“, gibt es keine Pünktlichkeit – wurden wir und unser Gepäck verladen, und die vier Passagiere, außer uns noch zwei Frauen, warteten irgendwie angespannt, daß die Rotoren dieser schnellen und kraftvollen Maschine dröhnend zum Leben erwachten. Langsam bewegten wir uns noch am Boden von diesem Schrottplatz weg und hin zu der eigentlichen Rollbahn. Dann heulte die Maschine gewaltig auf und erhob sich stetig, während wir zusahen – was meinen Glauben noch ein wenig stärker auf die Probe stellte –, wie der Boden unter uns verschwand.

Die Maschine war schnell, und wir legten die Flugstrecke von 1000 km in nur vier Stunden und ohne Zwischenlandung zurück. Bei einer Flughöhe von 300 bis 500 Metern hatten wir eine wunderbare Aussicht auf das Land. Wir konnten alles sehen, die Bäume der Wälder, die Berge, die uns zwangen, höher aufzusteigen, um sie zu überfliegen, die Seen und Flüsse, alles war deutlich erkennbar. Sogar einige Goldminen ließen sich aus der Luft ausmachen, ebenso wie andere menschliche Eingriffe in die Natur, die leider die sonst makellose Schönheit der sibirischen Landschaft beeinträchtigten.

Durch ein Wunder waren wir nach Aldan gelangt, aber durch ein noch größeres Wunder kamen wir auch von dort wieder weg. Warum flog der Hubschrauber ohne erkennbaren Grund nach Blagoweschtschensk? Warum war er auf so geheimnisvolle Weise mit Langstrecken-Treibstofftanks ausgerüstet worden? Wer hatte entschieden, daß er an diesem Tag und zu genau der Zeit flog, wie wir es brauchten? Und warum saßen wir später tagelang in Blagoweschtschensk ohne einen weiteren offensichtlichen Grund fest? Doch Gott tut wirklich Wunder.

Jetzt verstanden wir natürlich, warum die anderen Mitglieder des Hauptteams nicht mit nach Aldan reisen konnten. Sie wären nicht wieder von dort weggekommen! Es war nur Platz für uns beide in dem Hubschrauber, nicht mehr. Bevor uns Gott nach Aldan aufbrechen ließ, hatte er schon genau gewußt, welches besondere Wunder uns von dort auch wieder fortbringen würde.

Sogar die Ankunft in Blagoweschtschensk selbst war ein Wunder. Unser lautes Gefährt war nach der Ankunft endlich verstummt, doch weil wir so überstürzt aufgebrochen waren, hatten wir keine Gelegenheit mehr gehabt, uns mit dem Pastor telefonisch zu verabreden. Weil wir außerplanmäßig geflogen waren, konnte eigentlich niemand mit unserer Ankunft rechnen. Wer hat also dem Pastor gesagt, er solle sich ins Auto setzen, zum Flughafen fahren und dort genau in dem Moment ankommen, wo auch wir eintrafen? Als ich vom Hubschrauber aus zum Flughafengebäude lief, kam er einfach auf mich zu und sagte: „Halleluja!“

Kapitel 6

EIN LOSER KONTAKT ZU CHINA

Sehr erleichtert war ich über die Tatsache, daß wir schon einen Tag früher in die Stadt kamen, in der die nächste Evangelisation stattfand. Auch hatte man uns als ganzes Hauptteam gemeinsam in einem „Hotel" einquartiert. Hotel bedeutete natürlich nicht gleich Hotel – bei diesem erinnerte daher auch gar nichts an ein westliches Hotel. Wir schliefen zu viert in einem Raum. Das Zimmer war sehr kahl, der Boden war mit brüchigem Linoleum ausgelegt, und an jeder Seite des Bettes lag ein schmutziger Vorleger. Wir hofften, daß es unseren Vorgängern irgendwie gelungen war, die meisten Schaben zu töten, von denen diese Hotels bevölkert werden. Glücklicherweise schienen die Mücken tagsüber zu schlafen, doch hatten sie dadurch mehr Energie für die Nacht, um ihren Blutdurst zu stillen. Hatten sie wirklich eine besondere Vorliebe für unser warmes englisches Blut, oder waren sie immer so gierig?

Die Freude über den Anblick eines eigenen Badezimmers wurde sogleich gedämpft von den zerbrochenen Kacheln auf dem Fußboden und dem primitiven, fast nicht vorhandenen Sitz auf dem zerbrochenen Porzellan jenes Gebrauchsgegenstandes am hinteren Ende des Raumes, dessen Bestimmung mehr durch den Geruch als durch den Anblick erkennbar war. Das Waschbecken war nur lose mit der Wand verbunden, an die sich sein Sockel bedenklich schief lehnte, während die Duschwanne mit ihren abgeschlagenen Kacheln im ersten Moment die Hoffnung aufkommen ließ, wir könnten endlich mal wieder den Luxus einer Dusche genießen. Diese Hoffnung zerschlug sich schnell, als wir versuchten, die beiden Wasserhähne über der offenen Wanne auszuprobieren. Nur aus dem Kaltwasserhahn kam eine Flüssigkeit, und wenn man wagte zu fragen, warum es offenbar weder in den Hotels noch in den Wohnungen jemals heißes Wasser zu geben schien, bekam man als Entschuldigung zu hören, daß die Heizungen und das heiße Wasser von einem zentralen System aus gesteuert würden, an dem offenbar während des ganzes Sommers „Reparaturarbeiten" durchzuführen waren. Man erzählte uns, daß dieselbe Entschuldigung wohl auch dann gegeben würde, wenn die Temperaturen auf –20° C bis –50° C absinken und es immer noch kein heißes Wasser gibt.

Damals teilte ich das Zimmer mit Rick und Phil. Das bedeutete, daß unser Raum von allen anderen Teammitgliedern fast pausenlos bevölkert wurde. Wie man sieht, hatte Gott Rick gesegnet, denn neben seinen vielen anderen Gaben hatte er einen Kocher erworben, den man an einer Steckdose in der Wand anschließen konnte – zumindest an eine, die nicht ganz so gefährlich war, denn es gab ohnehin nur sehr wenig sichere. Die meisten Steckdosen waren höchst riskant, sie hatten lose Drähte, zerbrochene Plastikeinfassungen und manche, die funktionierten, waren nicht einmal an der Wand befestigt.

Rick hatte zusätzlich die Gabe, die Geschäfte am Ort herauszufinden, wo wir echten russischen Tee kaufen konnten. Wir brauchten nur noch alle verfügbaren Gläser aus unseren verschiedenen Räumen zu sammeln, dann war Rick in der Lage, für uns alle mit Hilfe des Wasserkochers geduldig einen hervorragenden Tee zuzubereiten. Wir lernten dieses flüssige Gold wirklich sehr schätzen. Ich persönlich mag ihn sogar lieber als den starken bitteren englischen Tee. Der schwache, aber süße „Nektar" ohne Milch war unsere häufigste Stärkung, preiswert und wohltuend, und es wurde bald zu einem angenehmen „Ritual", uns abends zum Abschluß eines anstrengenden Tages noch kurz vor dem Schlafengehen oder morgens gleich als erstes nach dem Aufstehen zu einer Tasse Tee zu treffen. Man bedenke, daß es in diesen sogenannten Hotels keine Restaurants gab, daher bekam man nicht einmal etwas zu trinken. Es sei denn, man kaufte sich auf dem Flughafen, wo wir uns so häufig aufhielten, eine Flasche Cola oder Limonade, die je Flasche zwischen 3 und 5 Dollar kostete.

Das Stadion in Blagoweschtschensk war eines der größten und besten, das wir bei unserem sibirischen Abenteuer zu Gesicht bekamen. Doch war es nicht voll, trotz des großen Einsatzes, den sowohl unsere Hilfsteams als auch die Gemeinde am Ort geleistet hatten. Hier, wie auch anderswo, wurden unsere Bemühungen von der Tatsache beeinträchtigt, daß die Ortsgemeinde, die uns eingeladen hatte, nicht genügend Unterstützung durch die anderen Gemeinden am Ort erfuhr.

Trotzdem verlief der erste Gottesdienst sehr gesegnet. Wir sahen, daß hier eine wirkliche Bewegung Gottes begann. Unser Lobpreis- und Anbetungsteam hatte wie üblich in der Vollmacht des Heiligen Geistes gedient, unter der Leitung von Gallja, Elena und Asja, die das Keyboard spielte. Die Mädchen wurden von Roma unterstützt, einer ehemaligen Drogensüchtigen und Dealerin, die sich erst kurz vorher bekehrt hatte und die Gitarre spielte und sang. Alle hatten etwas ganz Besonderes mit Gott erlebt, und davon gaben sie zwischen den Liedern Zeugnis. Danach spürte ich große Vollmacht bei der Verkündigung, und Hunderte strömten nach vorne, nachdem ich dazu aufgerufen hatte, Christus anzunehmen. Auch diesmal waren wir wieder überzeugt, daß jeder Ungläubige in dem Stadion nach vorne gekommen war, um gerettet zu werden.

Im Anschluß daran pflege ich mit den Neubekehrten zu beten und ihnen ihre Beziehung zum Herrn zu erklären, daß er sie liebt und daß sie ihn lieben und ihn ehren sollen durch ihr Gebet und durch ein persönliches und öffentliches Bekenntnis zu Christus. Ich bitte den Pastor der Ortsgemeinde, mit ihnen zu sprechen, dann bete ich für die Kranken. Zuerst bete ich kollektiv für alle, gebiete allen Dämonen, falschen und religiösen Geistern sowie der überall gegenwärtigen Macht der Zauberei zu weichen, und dann proklamiere ich die Herrschaft Christi. Anschließend widme ich mich der gewaltigen Aufgabe, für jeden einzelnen persönlich zu beten, der diesen Dienst und Heilung braucht – das sind Hunderte jeden Abend, manchmal sogar Tausende. Deshalb ist es gut, wenn der örtliche Pastor mit Mitgliedern seiner Gemeinde uns dabei hilft.

An diesem Abend aber sollten wir anfangen, neue Wunder zu sehen. Es schien, als ob Gott allein aus diesem Grund meinen Glauben so hart auf die Probe gestellt hatte, nach all diesen Schwierigkeiten – erst um Aldan zu erreichen und später, um von Aldan zurück nach Blagoweschtschensk zu kommen. Aufgrund der Wunder im Zusammenhang mit den Flügen zuvor sah ich jetzt eine gewaltige Steigerung bei den Heilungswundern. Wir konnten das sehr genau feststellen, weil Katie so gewissenhaft jede einzelne Person beschrieb, die geheilt wurde, wenn ich betete. Ich lese mir das nach dem Gottesdienst immer durch, um die bedeutsamsten auszuwählen und am folgenden Abend den Zuhörern mitzuteilen, damit ihr Glaube an Gottes Kraft gestärkt wird und um Gott die Ehre zu geben. In Blagoweschtschensk waren wir Gott und der Erfüllung all seiner Worte, die er über Sibirien verheißen hatte, nähergekommen.

Als erstes kam eine Frau mittleren Alters zu mir nach vorne, die einen roten Schottenrock trug. Ich erinnere mich genau an sie. Sie war so durch Arthritis verkrüppelt, daß ihr Ehemann sie tragen mußte. Als ich im Namen Jesu Autorität in Anspruch nahm, wurde sie von ihren Schmerzen befreit und begann ohne Hilfe zu laufen. Ihre Heilung war so dramatisch, daß wir sehen konnten, wie sie am nächsten Abend allein ohne jegliche Hilfe nach vorne ging, um zur Ehre Gottes Zeugnis zu geben. Und als sie mich predigen hörte, wurde sie schon durch die Predigt noch weiter gestärkt. Als nächstes kam an diesem ersten Abend eine junge, blonde Frau vor. Sie hatte eine Verletzung an ihrem linken Auge erlitten, dadurch war es erblindet und entstellte sie zudem sehr. Durch den Namen Jesu verschwand der „blinde Punkt", dann ging das „Verschwommene" weg, wie sie uns sagte. Halleluja, sie war geheilt!

Und nie werde ich den nächsten in der Reihe vergessen, einen kleinen neun- oder zehnjährigen Jungen! Sein rechter Fuß war von Geburt an verkrüppelt, darum betete ich für ihn. Aber er glaubte nicht so recht, und obwohl ich ihn darum bat, versuchte er nicht zu laufen. Natürlich wußte er besser als ich, daß er so geboren war, aber ich wußte in meinem Geist, daß er geheilt war. Ich mußte ihn buchstäblich dazu zwingen, seinen verkrüppelten Fuß auf den Boden zu stellen. Völlig ohne Glauben tat er es schließlich sehr zögernd. Zu seinem Erstaunen konnte er laufen, und dann begann er voller Freude auf dem Grasboden im Stadion herumzurennen, nichts konnte ihn jetzt noch aufhalten. Sogar sein rechter Arm, er war ebenfalls recht schwach, war von der Heilung betroffen. Und als er am nächsten Tag kam, um Gott die Ehre zu geben, führte er seine Heilung vor, indem er auf seinem rechten Bein herumsprang und dann, indem er mich mit seinem rechten Arm kräftig boxte. So wunderbar ist Gottes Liebe und seine Kraft!

Ich kann gar nicht von allen Wundern berichten, die an diesem Abend geschahen! Aber ich möchte noch ein paar erwähnen, wie die taube Frau, der Mann in den Dreißigern mit dem Rückenproblem, die junge Frau mit den Kopfschmerzen und dem starken Druck auf den Augen – alle wurden augenblicklich geheilt; auch der taubstumme Junge mit dem Namen Roma – er konnte wieder hören und sprechen – und die alte Frau, deren blindes rechtes Auge unmittelbar geöffnet wurde. Das waren nur einige der Wunder, die wir sahen.

Am Samstag morgen war es klar und warm, die Sonne ließ die Temperaturen ziemlich ansteigen. Wegen der Wunder am Abend zuvor kamen noch mehr Menschen in das Stadion. Wieder fiel die Salbung des Heiligen Geistes auf uns alle herab. An diesem Abend leiteten die jungen Leute aus der dortigen Gemeinde von Pastor Sascha das Singen. Die jungen adretten Mädchen waren enorm inspirierend, sie waren der Stolz und die Freude von Pastor Sascha, der sie eigens ausgebildet hatte. Der Geist Gottes wirkte sehr kraftvoll in ihrem Gesang! Sie tanzten voller Freude über den Herrn, während sie sangen. Und dann geschah es! Ihr letztes Lied lautete: „Poi Hallelujah Gospadu", was übersetzt heißt: „Sing Halleluja zu dem Herrn", ein Lied über die kommende Erweckung in Rußland. Ich war so bewegt, als der Geist Gottes über die Menschen kam, daß ich vor dem Herrn weinte.

Nachdem ich aufgestanden und der Menge vorgestellt worden war, bat ich die Mädchen zu bleiben und das Lied zu wiederholen, und alle im Stadion sollten mit einstimmen, vor allem die Ungläubigen. Das ganze Stadion sang, Gläubige und Ungläubige gleichermaßen, und der Heilige Geist fiel auf die versammelte Menge. Wieder war ich tief bewegt, und als ich anfangen wollte zu sprechen, war ich noch immer überwältigt. Dann sagte ich: „Wenn ich in den Himmel komme, werde ich überall suchen und nach dem Klang dieses Liedes forschen. Dann weiß ich, daß ich euch alle gefunden habe, die ihr heute im Stadion von Blagoweschtschensk Christus begegnet seid."

Auch an diesem Abend gab es außergewöhnliche Wunder. Viele, die am Abend vorher geheilt worden waren, kamen nach vorne, um Zeugnis zu geben und den Herrn zu preisen. Dann kam die Kraft buchstäblich auf die ganze Versammlung herab. Eine kräftig gebaute Frau mittleren Alters, deren rechtes Bein an zwei Stellen gebrochen war, hinkte auf Krücken heran. Sie wurde augenblicklich geheilt und warf die Krücken weg. Ein Mann mittleren Alters, dessen linkes Auge blind war von Geburt an, wurde auf dramatische Weise geheilt und konnte in einer Bibel lesen, die wir ihm gaben. Eine Frau wurde von Taubheit geheilt, und ein junger Mann zwischen 20 und 30, spastisch gelähmt, dessen linker Arm von Geburt an unbrauchbar war, empfing Heilung für seinen Arm und seine verkrüppelten Finger. Liebe und Vertrauen spiegelten sich in den freudestrahlenden Augen seiner Mutter wider.

Einem zehnjährigen Jungen wurde das rechte Augenlicht geschenkt und sein Stottern beseitigt; eine alte Frau, die einen Herzinfarkt erlitten hatte und deren rechte Gesichtshälfte dadurch gelähmt war, wurde völlig geheilt. Ein kleiner Junge mit einer Beinverletzung rannte geheilt über die Rennbahn im Stadion. Als nächstes kam eine alte Frau, die von Blindheit und Schmerzen in den Beinen geheilt wurde, dann ein Mann, dessen linkes Auge blind war. Er wurde völlig geheilt. Ein junger Mann, der eine Diagnose wegen Krebs gehabt hatte, empfing Heilung. Er fühlte, wie neue Kraft seinen geschwächten Körper durchströmte. Und eine Frau, die Swetlana auf dem Weg zum Stadion im Bus getroffen und eingeladen hatte, wurde geheilt und gab ihr Leben Christus.

Aber am allermeisten beeindruckend war ein Wunder, das nicht nur die ganze Stadt, sondern auch den Bürgermeister segnete und einen unauslöschlichen Eindruck in uns hinterließ. An diesem Abend war ein Mann mittleren Alters nach vorne gekommen. Durch Swieta fragte ich ihn nach seinem Anliegen. Erst kurz zuvor hatte er Christus angenommen, und jetzt wollte er vom Rauchen befreit werden. Doch als ich ihn anschaute, sah ich, daß er verkrüppelt war. Sein linkes Bein war unter dem Knie gebrochen und sein rechter Fuß war gelähmt. Als ich ihm die Hände auflegte und betete, reckte er sich, zog seine Zigaretten aus der Tasche, zertrat sie auf der Erde, und zum größten Erstaunen aller Anwesenden einschließlich meiner selbst, rannte er über den riesigen Fußballplatz im Stadion davon, sprang über eine hohe Hürde und rannte die ganze Strecke wieder zurück. Man bedenke, dieser Mann hatte ein gebrochenes linkes Bein und einen gelähmten rechten Fuß gehabt!

Das geschah am Samstag abend. Am Montag wurde das Wunder sogar noch größer. Pastor Sascha besuchte den ungläubigen Bürgermeister, der ihm durch den ganzen Raum entgegenrief: „Halleluja!“ Er war im Stadion gewesen, als ich gesagt hatte, ich würde überall im Himmel suchen, bis ich ihren Halleluja-Gesang hörte! Also war auch er zum Glauben gekommen! Dann sagte der Bürgermeister: „Was haben Sie mit diesem Mann am Samstag abend im Stadion gemacht? Ich habe ihn am Sonntag wiedergesehen, und er war total verändert! Er gehörte zu den arbeitslosen und obdachlosen Problemfällen in meiner Stadt, er wusch sich nicht und lief in Lumpen herum. Aber nach dem Wunder sah ich ihn gestern im Stadion wieder. Er war sauber, trug einen Anzug und sogar seine Haare waren geschnitten. Was haben Sie mit ihm gemacht?"

Welch ein Wunder … für uns bestand es darin, daß der verkrüppelte Mann rennen konnte; für den Bürgermeister war es die Tatsache, daß ein Obdachloser seinen Lebenswandel änderte!

Das Wunder von Blagoweschtschensk war auch deshalb so gewaltig, weil Pastor Sascha mir erzählte, daß dieser Bürgermeister anfangs die Genehmigung für die Evangelisation verweigert hatte. Nachdem Sascha sehr viel gebetet hatte, willigte er schließlich zögernd ein: „Gut, einen Abend. Freitag reicht aus, wenn ihr evangelisieren wollt." Nach weiterem Fasten und Beten hatte Sascha mutig noch einmal den Bürgermeister aufgesucht, der schließlich die Erlaubnis für die Großveranstaltungen im Stadion gab, aber nur für Freitag und Samstag. Die offizielle Genehmigung war für diese beiden Tage abgestempelt worden, aber nicht für Sonntag. Das war auch nie geändert worden, doch ich hatte mit Sascha vereinbart, daß wir uns darüber hinwegsetzen würden, selbst wenn wir Gefahr liefen, Ärger mit den Behörden zu bekommen. Aber nun hatte der Bürgermeister zugegeben, daß er, der die Sonntagsversammlung verboten hatte, selbst am Samstag abend teilgenommen hatte, Christ geworden war, das Wunder gesehen hatte, und trotz seines eigenen Verbots der Versammlung am Sonntag selbst daran teilgenommen hatte! Denn dort hatte er den obdachlosen Krüppel in sauberer Kleidung gesehen! Und nun fragte er Sascha sogar, warum wir die Veranstaltungen am Montag nicht fortsetzten!

Aber noch einmal zurück zu dem Sonntag. Eine kleine Gruppe von uns hatte vor der Nachmittagsveranstaltung mit Pastor Sascha einen Ausflug zu einem nahe gelegenen See gemacht. Er erzählte uns, daß er in einer strengen Baptistenfamilie aufgewachsen war und sich immer danach gesehnt hatte, die Realität der Bibel zu erleben, die Veranschaulichung des Evangeliums, dieselbe Vollmacht und die Wunder, die Jesus tat. Aber er erlebte gar nichts. Schließlich rebellierte er und wurde so kriminell, daß er nur durch die Gnade Gottes nicht bis zum heutigen Tag im Gefängnis saß. Seine ursprüngliche Verurteilung reicht bis in das Jahr 2004!

Nachdem er zwölf Jahre eingesessen hatte, gelang ihm 1989 die Flucht, und er kam nach Riga in Litauen, wo er sein Leben dem Herrn übergab. Danach lieferte er sich natürlich den Behörden aus und begann sofort im Gefängnis das Evangelium zu verkünden. Gnädigerweise wurde er bereits 1991 unerwartet entlassen und besuchte danach die Bibelschule in Riga. Schließlich war er vor einem Jahr erst nach Blagoweschtschensk gekommen und hatte eine Gemeinde gegründet, die noch keine neun Monate alt war! Welch ein erstaunliches Zeugnis der Liebe und Allmacht Gottes! Trotz seiner schlimmen Vergangenheit durfte Sascha jetzt selbst die Realität des Evangeliums Jesu Christi erleben, nach der er sich als Junge so gesehnt hatte.

Er erzählte uns auch, daß der Name der Stadt Blagoweschtschensk auf russisch „Die Gute Nachricht verkünden" heißt, aber daß es auch eine Stadt irgendwo in Sibirien gab, deren Name bedeute „Tal des Todes". Wir sollten mehr darüber erfahren, als wir später selbst in dieses „Tal des Todes" reisten, um dort eine unserer Großevangelisationen durchzuführen.

Am Sonntag nachmittag war es im Stadion sogar noch besser als an den beiden vorangegangenen Tagen. Es kamen mehr Menschen, die Mädchen sangen sogar mit einer noch stärkeren Salbung, die Kraft Gottes kam mit größerer Macht, und es geschahen viele Wunder.

Die Frau mit mehreren Brüchen im linken Bein, die am Samstag abend nach vorne gekommen war, kam zurück, völlig ohne Schmerzen und ohne ihre Krücken, um Gott die Ehre zu geben. Und sie brachte gleich auch ihren Ehemann mit, damit er vom Alkoholismus befreit würde! Die nächste Frau, für die wir am Abend vorher gebetet hatten, kam, um ihre vollständige Befreiung von Nierensteinen zu bezeugen. Und noch eine Frau, die im Krankenhaus lag und unter furchtbaren Kopfschmerzen, einem schlechten Gehör und von Nierensteinen verursachten Schmerzen litt, wurde von allem geheilt! Ebenso eine Frau, die auch Nierenschmerzen hatte und so stark an der Hüfte verkrüppelt war, daß sie nur mit Hilfe eines Gehstocks laufen konnte. Sie warf ihren Stock fort! Verschiedene andere wurden dann von den unterschiedlichsten Krankheiten geheilt, besonders Nierenschmerzen; ein junger Mann, der ein Herz- und Nierenleiden und schlechte Augen hatte, wurde unmittelbar von allen Schmerzen befreit, und er konnte sogar zum ersten Mal richtig sehen.

Ein kleiner Junge kam zu uns mit einem deformierten Rückgrat und einem kürzeren linken Bein. Sein Rücken wurde geheilt, so daß er sich bücken und seine Zehen berühren konnte, und sein Bein wurde zwei Zentimeter länger! Seine Mutter war so bewegt, daß sie schluchzte und weinte, als sie Gott für das Wunder pries. Eine andere Frau, die von Problemen mit ihrer Stimme geheilt worden war, bat mich nach Blagoweschtschensk zurückzukehren und alle ihre Verwandten zu heilen! Ich betete für einen Mann mit einer Geschwulst an der linken Seite seines Halses. Er war dreimal operiert worden und hatte eine künstliche Luftröhre in seine Kehle eingepaßt bekommen, seine Stimme hatte er verloren, und nun löste sich die Geschwulst unter der Kraft Gottes vor unseren Augen auf.

Eine Mutter kam mit ihrem kleinen Sohn. Beide hatten furchtbar deformierte Beine aufgrund von Kalziummangel. Gott befreite sie völlig von ihren Schmerzen. Ein anderer kleiner Junge mit Leberschmerzen, schlechten Augen und einer Verkrüppelung im linken Bein, weil ihm eine Arterie fehlte, rannte schmerzfrei herum und konnte augenblicklich besser sehen. Ein Mann mittleren Alters, der sein Rückgrat vor anderthalb Jahren gebrochen hatte und nur an Stöcken laufen konnte, ging schmerzfrei und ohne Hilfsmittel davon.

Mitten unter all diesen Wundern kam ein behinderter Mann in einem Rollstuhl, der von Geburt an verkrüppelt war. Seit drei Jahren hatte er so starke Schmerzen im Rücken, daß er überhaupt nicht mehr aufstehen und herumlaufen konnte, nicht einmal mit Krücken. Ich bat ihn zu laufen, aber er war unerbittlich, er wollte nicht ohne seine Krücken laufen, nur die Schmerzen im Rücken sollten aufhören, damit er aus seinem Rollstuhl herauskönnte! Er bekam genau das, worum er gebeten hatte, nicht mehr; die Rückenschmerzen ließen nach, und er stand auf mit seinen Krücken, total begeistert und zufrieden. Aber wir wunderten uns sehr über seine Entscheidung, nur teilweise geheilt zu werden.

Jeden Abend waren sehr viele Menschen in das Stadion gekommen, Hunderte waren nach vorne geeilt, um Christus anzunehmen – auch hier, so nehmen wir an, haben sich alle Ungläubigen im Stadium bekehrt –, und wir erlebten außergewöhnliche Wunder zur Bestätigung des Evangeliums.

Kapitel 7

GOTTES STIMME WAR SO DEUTLICH

So ging die Evangelisation in Blagoweschtschensk für das Hauptteam zu Ende, und wir mußten uns wieder auf die Reise machen. Ich war entschlossen, daß diesmal mit unseren Reisearrangements nichts schiefgehen sollte. Ich kannte den Pastor und die Leute sehr gut, in deren Stadt unsere nächste Evangelisation stattfinden sollte. Es war eine der Städte, die ich im letzten Jahr besucht hatte. Genaugenommen war es sogar in Duldurga, wo ich ursprünglich die Idee für den Plan dieses sibirischen Evangelisationsfeldzugs bekam.

Damals saß ich am Eßtisch und sprach mit Pastor Sergej über die Möglichkeit, 1994 wiederzukommen. Ich sagte, ich würde ein komplettes Team mitbringen. Wir sprachen dann über die Größe solch einer Gruppe, und ich erinnere mich genau, wie Pastor Sergej sagte: „Wie viele willst du mitbringen? Wenn die Gruppe groß ist, müssen alle eine ganz bestimmte Aufgabe haben. Wir wollen hier nicht einfach Touristen, denen wir Unterkunft und Verpflegung zur Verfügung stellen müssen!“

Diese Aussage hat mich während der gesamten Vorbereitungsphase begleitet und mir geholfen, den endgültigen Plan für den Einsatz der Teams festzulegen. Obwohl Duldurga eigentlich nicht viel mehr als ein Dorf war, wollte ich auf keinen Fall eine Panne riskieren. Gott hat die Menschen dort wirklich gesegnet; im letzten Jahr war ein sehr schönes Gemeindehaus fertiggestellt worden, und sie hatten dort ihre Bibelschule zur Ausbildung von Pastoren etabliert, die dringend in den neuzugründenden Gemeinden gebraucht würden.

Man hatte uns in Duldurga mit großer Freundlichkeit aufgenommen, nicht nur von seiten der Gläubigen, sondern auch von seiten des Direktors des Elektrizitätskraftwerks, der praktisch die Stadt regierte. Er war ganz anders als die normalen „kommunistischen“ Funktionäre; er war ein freundlicher Wohltäter geworden, der hübsche Spielplätze für die Kinder anlegte und spezielle Geschäfte betrieb, in denen seine Mitarbeiter bessere Lebensmittel und andere Waren zu subventionierten Preisen erhalten konnten. Sein Einfluß war überall zu spüren. Dieser Direktor hat guten Kontakt zu Heinrich Buller, Pastor des Missionswerks Jesus Christus in Augsburg.

Buller war in der Gegend am Schwarzen Meer in der Ukraine geboren und während der Regierungszeit Stalins in die Asbest-Region nach Sibirien deportiert worden, weil er deutscher Abstammung war. Weil auch seine Frau und seine Kinder in Rußland geboren sind, arbeitet seine Mission besonders in Rußland, aber auch an anderen Orten. Durch Heinrich bekam ich die ersten Kontakte, die mich nach Sibirien zu Pastor Sergej und zu Mischa führten, der mich enorm während der ganzen Planungsphase für die Großevangelisationen in Sibirien unterstützte.

Ich dachte an die Kette all jener Ereignisse zurück, die mich so weit gebracht hatten. Ungefähr vor drei Jahren, 1991, hatte mich Heinrich eingeladen, bei einem evangelistischen Einsatz in Augsburg zu sprechen. Dann bat er mich, am Montag morgen in seiner Bibelschulklasse einen Vortrag zu halten und informierte mich, daß auch einige russische Pastoren dabeisein würden, unter anderem Mischa, wie sich später herausstellte. Dieser junge Pastor und begabte Verwalter, der mit Andrej zusammen die Gemeinde in Tschita leitete (was nach sibirischen Maßstäben nicht weit entfernt ist von Duldurga), sollte nicht nur mein Freund werden, sondern auch der Hauptorganisator in ganz Sibirien für diese große sibirische Erweckung.

Als wir am nächsten Tag die Planung für die Konferenz von EuroVision 1992 in Karlsruhe fortsetzten, erhielt ich die Anfrage, ob wir 20 sibirischen Pastoren die Teilnahme an dieser Konferenz finanziell ermöglichen könnten. Welche Absicht Gott damit verfolgte, hatte ich nicht erkannt, aber weil mich meine Beziehung zum Herrn sehr erwartungsvoll sein läßt, hatte ich bereitwillig zugesagt, daß wir für Unterkunft und Verpflegung sorgen würden. Da von Sibirien aus sehr große Distanzen zu überwinden waren, hatte ich eingewilligt, ebenfalls die Flugtickets zu bezahlen. Nun begann der Herr die Saat, die ich gesät hatte, zu vervielfältigen und durch Mischa und Sergej die „Mähdrescher" bereitzustellen, um die Ernte in den Erntefeldern Sibiriens einzufahren. Wie wahr ist es doch, wenn es in der Schrift heißt: „Laß dein Brot über das Wasser fahren, dann wirst du es finden nach langer Zeit" (Prediger 11,1).

Um sicherzugehen, daß wir in Duldurga rechtzeitig ankommen würden, hatte ich drei mögliche Alternativen organisiert. Ich war entschlossen, dem Sawtra-Geist keine Chance zu geben. Die erste Möglichkeit bestand darin, zu versuchen, Tickets für einen Linienflug mit Aeroflot von Blagoweschtschensk nach Duldurga zu bekommen. Das war jedoch nicht so einfach, wie es klang, denn weil Duldurga keinen eigenen Flughafen besaß, war der in Tschita am nächsten. Doch leider hatte sich Tschita bereits als problematisch erwiesen. Alle Startbahnen waren wegen Teerarbeiten unerwartet aufgerissen worden, so daß dort während des gesamten Zeitraums unserer Evangelisationen in Sibirien keine internationalen Flüge verkehren konnten. Wir wußten allerdings, daß einige kleinere Flugzeuge auf den verkürzten Bahnen landeten. So hätten wir von dort aus nach einer erholsamen Nacht bei Freunden aus der Gemeinde in Tschita die fünf Stunden mit dem Auto nach Duldurga weiterreisen können.

Sollte das nicht klappen, trat unser zweiter Plan in Kraft. Ich hatte den uns wohlgesonnenen Flughafen in Ulan-Ude gebeten, der uns zuvor eine Maschine nach Chabarowsk zur Verfügung gestellt hatte, ein Flugzeug hierher zu schicken, um uns nach Tschita zu fliegen. Wir wußten, daß Thomas uns wieder bei den Verhandlungen helfen würde. Der dritte Plan schien am vielversprechendsten zu sein. Unser befreundeter Pastor in Blagoweschtschensk hatte entdeckt, daß auf der Landebahn am Flughafen eine YAK 40 für Charterflüge zur Verfügung stand, ein kleiner dreistrahliger Jet, der hinten mit einer guten Laderampe für unsere Ausrüstung ausgestattet war. Als Sascha mir davon erzählte, war ich richtig begeistert – es schien mir eine von Gott vorbereitete Möglichkeit zu sein!

Der Teufel bringt sehr gerne alles durcheinander. Wir wußten schon vorher, daß unser Vorhaben, seine Macht über einem Gebiet wie Sibirien zu brechen, das er unangefochten seit den Zeiten Dschingis-Khans mehr als 700 Jahre lang beherrscht hatte, seinen Zorn entfachen mußte, besonders weil das Anliegen unseres gesamten Evangelisations-einsatzes war, den Namen Jesu zu erheben und zu verherrlichen und ihn zum Herrn über ganz Sibirien zu machen! Auf diese Weise würden wir die Werke des Teufels zerstören. „Der Sohn Gottes aber ist erschienen, um die Werke des Teufels zu zerstören“ (1. Johannes 3,8).

Wie würde der Feind diesmal vorgehen? Ich hatte eine klare Strategie, drei positive Ansatzpunkte, die ständig massiv von den vier Fürbittern umbetet wurden, die extra deswegen zum Hauptteam gehörten. Aber wir mußten 24 Stunden warten, bis sich die ganze Sache regelte.

Am Ende des ersten Tages, es war ein Montag, kam Sascha zurück zu unserem Hotel, in dem wir immer noch warteten. Er teilte uns mit, daß unser erster Plan, ein Linienflug, nicht durchführbar war; es gab keine planmäßigen Flüge von Blagoweschtschensk nach Tschita. Plan zwei war noch immer möglich, aber es gab Probleme mit der Starterlaubnis für dieses Flugzeug, genau wie es bei unserem ersten Flug gewesen war; der große Flughafen in Ulan-Ude verweigerte weiterhin die Genehmigung zur Überquerung des Luftraums, und falls es dennoch startete, drohten die MIGs ihre Zielübungen zu machen! Plan drei war also zweifelsohne der richtige, doch sollten wir dafür erst am nächsten Morgen eine Zusage erhalten. Morgen früh um 10.00 Uhr würden wir reisebereit auf das „Okay“ warten.

Der Dienstag morgen dämmerte, immer noch war es sehr warm und sonnig. Es war nicht so sehr die Hitze, es waren immerhin 30° bis 35° C, die uns zu schaffen machte, sondern die Luftfeuchtigkeit in dieser südlichen Region des Fernen Ostens. Ich war früh am Morgen nach draußen gegangen, weil ich einen wunderbaren Ort gefunden hatte, an dem ich allein beten konnte. Mit anderen in einem Zimmer zu schlafen, ließ mir keine Möglichkeit, dort meine Stille Zeit zu machen, die ich aber sehr brauchte. Doch unser Hotel lag nur einen Straßenzug und buchstäblich nur drei Minuten vom Fluß Amur entfernt, der diesen Teil Rußlands von der unendlichen Weite Chinas trennt. Es kam mir sehr merkwürdig vor, so dicht an der tatsächlichen Grenze zu China zu sein und festzustellen, daß es sich lediglich um einen einfachen Wasserlauf handelte.

Keine massiven Befestigungsanlagen, kein Zeichen militärischer Präsenz, der einzige Hinweis auf ein wachsames Auge bestand in dem russischen Torpedoboot, das mitten im Strom vor Anker lag. Das alte Kriegsschiff aus dem zweiten Weltkrieg, das reglos von seinem Sockel aus die chinesische Seite des Flusses überblickt, konnte man getrost ignorieren. Warum stellen die Russen ihre überflüssige Kriegsmaschinerie überall in den Städten und Dörfern auf Podeste? Die vielen Panzer und MIG-Kampfflugzeuge, die wir in fast jeder Stadt und jedem Dorf gesehen haben, standen geradezu für eine Form von Götzendienst. Nimmt man dazu noch die übriggebliebenen Lenindenkmäler und die Steinmale von Soldaten und sogar von ganz normalen Männern und Frauen, die eine Waffe tragen, dann wird man überall im ganzen Land an den alles beherrschenden Geist erinnert. Kriegerisch und aggressiv, das sind die Symbole des Dämons, der bis jetzt Gewalt hatte über das Leben dieser geknechteten Menschen, zu denen uns Christus berufen hat, um sie in die Freiheit zu führen.

Gottes Herausforderung an mich seit mehr als zwanzig Jahren lautet: „Laß mein Volk ziehen“ (Exodus 8,1). Gott hat mich berufen, sein Volk zu retten, alle, die sein Königreich ererben werden. Sie werden von Satan gefangengehalten, und nur das Evangelium von Christus kann sie befreien. Als ich an diesem Flußufer am frühen Morgen wie auch schon am Abend zuvor spät in der Nacht stand, so nah an China, alleine, doch zusammen mit Gott, blickte ich eine Weile hinüber, dann lauschte ich zuerst auf die Klänge der Musik, auf die Stimmen und Aktivitäten, die aus China heraushallten und nach Rußland herüberzudringen schienen, dann auf die Stimme Gottes. „Nein, David, nicht China. Die Prophetie wird nicht dort erfüllt, sondern in Rußland. Ich habe dich für ein Vorhaben berufen, das nur in Rußland erfüllt werden kann und wird.“

Nun saßen wir da und warteten, bis kurz nach 10.00 Uhr Sascha im Hotel erschien, wo wir alle auf die freudige Nachricht warteten. Wir hatten gebetet und waren voller Zuversicht, wir vertrauten Gott und vertrauten Sascha, keine Panik, alles war unter Kontrolle, es gab immer noch zwei Möglichkeiten, um die nächste Evangelisation zu erreichen, die am selben Abend um 18.00 Uhr in Duldurga beginnen sollte.

Durch die grausam einfache Art, wie Swieta die Nachricht übersetzte, traf mich die Realität wie ein Hammerschlag. Schließlich trug ich die Verantwortung nicht nur für die Predigten, sondern auch für die Planung der Finanzen, für die Bezahlung aller Rechnungen und für die ganze Organisation. Keiner konnte mir diese Last abnehmen. Alles, was ich hatte, war das Mittragen einiger, die trotz Müdigkeit, Schlafmangel und Hunger, womit wir überall in Sibirien zu kämpfen hatten, viele Stunden damit verbrachten, nicht nur für das Team, für den

Transport und für die Veranstaltungen zu beten, sondern auch für mich, daß Gott mir Kraft und Vollmacht geben würde und ich so dicht bei ihm bliebe, daß ich wirklich seine Stimme und nicht die Stimme der Menschen hörte.

Doch Swietas Stimme konfrontierte uns mit der Realität. Keine Flüge, keine Flugzeuge, gar nichts. Ulan-Ude drohte immer noch, die AN-24-Propellermaschine abzuschießen, die hätte kommen können, um uns zu holen, und die in Tschita auf der beschädigten Landebahn hätte landen können. Und Tschita hatte schließlich für die YAK 40, die für uns direkt hier in Blagoweschtschensk bereit gestanden hätte, keine Landegenehmigung erteilt, weil sie ein Düsenjet war, wenn auch ein leichter.

Es war absolut unmöglich. In einfachem Russisch ausgedrückt „Niet". Nicht einmal das so oft gehörte „Sawtra", sondern die erdrückende Endgültigkeit eines „Niet", nein. Kein Weg nach Duldurga. Die Gedanken überstürzten sich in meinem Kopf, in ihrer Hast purzelten sie übereinander, um den Sieg des Teufels zu bestätigen – diesmal war es nicht der Sawtra-Geist, sondern der herrschende Dämon selbst. Aber stimmte das? Ohne zu zögern, das Team war unmittelbar in meiner Nähe, forderte ich alle auf, sofort und inständig zu beten. Nicht für mich, weil es so angenehm ist, wenn alles nach Plan verläuft, sondern weil Gott mich berufen hatte, dorthin zu gehen. Wenn der Teufel mich aufhalten will, bedeutet das Krieg! Also, geistlicher Kampf ist angesagt, jetzt!

Nach zehn Minuten hörte ich die Stimme Gottes zu mir reden. Keine Verwirrung, nur eine Aufforderung. „Geh mit Sascha zurück zum Flughafen und bitte du persönlich dort um ein Flugzeug." Die Tatsache, daß Sascha gerade von dort gekommen war und eine Absage erhalten hatte, stand für mich außer Frage. Man kann darüber streiten, ob wir die Stimme Gottes hören können oder nicht. Wenn das meine menschliche Reaktion war, würde ich in dieser unmöglichen Situation keinen Erfolg haben. Wir brauchten dringender ein Wunder als je zuvor, und nur Gott kann Wunder tun. War es wirklich Gott, der zu mir gesprochen hatte?

Mit dem Auto, das Sascha geliehen hatte, dauerte es zwanzig Minuten, um das Flughafengebäude zu erreichen. Swieta, die ich als meine Übersetzerin natürlich mitgenommen hatte, wartete draußen mit mir und dem Fahrer. Sascha übernahm es selbst, noch einmal in das Büro zu gehen. Aber an mir war es, inständig dafür zu beten. Ich empfand ein neues Gefühl der Kraft Gottes über die Macht Satans. Ich erinnerte den Teufel, daß ich in Christus Autorität hatte über alle Flüge und über die Beherrscher des Luftraums, und nicht er, auch wenn er der „Fürst der Gewalten und der Lüfte“ war (Epheser 2,2). Ich war unmittelbar im Auftrag Christi unterwegs, darum stand hinter mir die Macht einer größeren Autorität als hinter ihm!

Wenige Minuten später war Sascha wieder da. „Nein, sie sagen immer noch, daß kein Flugzeug nach Tschita fliegt.“ Dieses Mal übernahm ich die Sache und bat ihn, gemeinsam mit mir und Swieta hineinzugehen. Es erforderte von ihm einen gewissen Mut, noch einmal in dasselbe Büro zu gehen, das er an diesem Morgen schon zweimal betreten hatte, aber Sascha hatte eine starke Persönlichkeit. Noch einmal dasselbe Anliegen, diesmal brachte ich es selbst vor: „Ich möchte ein Flugzeug nach Tschita chartern.“

Ein recht finsterer Beamter antwortete ziemlich ärgerlich und sagte, er habe Sascha an diesem Morgen schon zweimal gesagt, daß kein Flugzeug nach Tschita fliegen könne, daß dies an der Situation in Tschita liege und er ja helfen würde, wenn er könnte, aber die Absage von Tschita sei endgültig. Die Stimme des Geistes sprach erneut ganz ruhig zu mir: „Frag nach einem Hubschrauber. Er wird euch direkt nach Duldurga bringen und in dem Stadion landen, wo die Evangelisation stattfinden soll.“

Also sagte ich Swieta, sie solle nach einem Hubschrauber fragen. Sofort antwortete der Mann: „Warum haben Sie nicht gleich um einen Hubschrauber gebeten? Wir haben hier einen Rettungshubschrauber, er ist vollgetankt, die Piloten stehen auf Abruf bereit, er hat 14 Sitzplätze und einen Laderaum für drei Tonnen Gepäck. Sie können in dreißig Minuten starten!“ Halleluja! Das war ein absolutes Wunder. Jetzt wußte ich genau, daß ich die Stimme Gottes gehört hatte und war begeistert.

Dreißig Minuten hätten ausreichen sollen. Zwar hatte ich im Hotel angerufen und allen gesagt, sie sollten sich beeilen, doch waren wir 14 Leute im Team mit ungefähr 40 Gepäckstücken, dazu kamen die Soundanlage und die Musikinstrumente. Das gesamte Gewicht belief sich auf zwei Tonnen, und zwei Kleinbusse und ein Lkw für die Ausrüstung waren zu unserem Transport erforderlich. Dies schien der Grund für das Durcheinander zu sein, und ich mußte mehr als zwei Stunden warten, die Papiere für den Vertrag waren längst unterschrieben und die 6000 Dollar bezahlt.

Es war nämlich so, daß Sascha die Transportfahrzeuge weggeschickt hatte. Früh am Morgen hatte er voller Glauben die ganze Ausrüstung bereits um 8.00 Uhr zum Flughafen gebracht, aber wegen der Endgültigkeit des Neins hatte er die Fahrzeuge wieder fortgeschickt. Darum wurde es 15.30 Uhr, bis wir schließlich den Lärm der Motoren hörten, und der Hubschrauber, der insgesamt dem ähnelte, den Swieta und ich schon einmal benutzt hatten, nur ohne die Langstreckentanks, langsam auf das Rollfeld trudelte und unter ziemlich entnervendem Getöse langsam den Boden unter sich herabfallen ließ.

Leider merkten wir schon bald, daß wir nicht rechtzeitig in Duldurga ankommen konnten, selbst wenn man die eine Stunde einkalkulierte, die wir aufgrund der Überwindung einer Zeitzone gewinnen würden. Vielleicht war es ein direkter Angriff des Teufels, die Evangelisation zu vergessen und in Tschita zu landen, vielleicht lag es aber auch nur an der Notwendigkeit, daß ohne Langstreckentanks unsere siebenstündige Reise um zwei Zwischenlandungen zur Treibstoffaufnahme verlängert werden mußte.

Die erste Zwischenlandung dauerte nur eine halbe Stunde, aber die zweite auf einem weit außerhalb gelegenen Landeplatz gestaltete sich schwieriger. Dort war niemand auf unsere Ankunft vorbereitet, obwohl die Piloten einen Funkspruch gesendet hatten. Wir warteten eine volle Stunde, bevor ein zweiter Hubschrauber mit Männern landete, die die Treibstoffpumpe bedienten. Unsere ukrainischen Stewardessen, das waren natürlich die Mädchen unseres Musikteams, hatten genug Zeit, um über den Zaun zu springen und in einem Haus in der Nachbarschaft Brot und Milch zu kaufen, unsere einzige Stärkung auf dieser Reise.

Ganz offensichtlich würde es bald dunkel werden. Die Hubschrauberpiloten schienen nicht gerade beruhigt zu sein, als wir ihnen sagten, daß wir bei einer Landung im Stadion von Duldurga für genügend Licht durch Autoscheinwerfer und andere Beleuchtungsmittel gesorgt hätten, um eine sichere Landung zu gewährleisten. Auf diese Weise hätte ich wenigstens noch rechtzeitig zum Predigen und zum Gebet für die Kranken eintreffen können, auch wenn wir den Eröffnungslobpreis verpaßten. Zum Leidwesen der ganzen Gruppe und zu meinem eigenen Bedauern mußten wir uns schließlich den Bedenken der Piloten fügen. Weil es dort draußen keinen offiziellen Landeplatz für uns gab, hatten sie nur die Möglichkeit, uns nach Tschita zu bringen, und dort zu übernachten.

Dort holte uns der treue Mischa mit Gemeindemitgliedern ab, bewirtete uns mit Tschai-Tee und brachte uns zu verschiedenen Wohnungen, wo wir schlafen konnten. Am nächsten Tag folgte der nächste Kampf. Wir mußten unsere Piloten davon überzeugen, daß sie uns vertragsgemäß für den ursprünglich abgemachten Preis nach Duldurga weiterzubefördern hatten, aber wir mußten dennoch ungefähr eine Million Rubel Flughafengebühren in Tschita extra bezahlen, weil wir dort gelandet waren und über Nacht gestanden hatten. Es war bereits Nachmittag, als wir schließlich nach Duldurga weiterflogen.

Kapitel 8

DULDURGA – WIR KAMEN MIT DEM HUBSCHRAUBER AN

Unsere Ankunft in Duldurga war, aus menschlicher Sicht betrachtet, trotz allem ein besonderer Höhepunkt unseres sibirischen Abenteuers. Unser ziemlich großer und lauter Hubschrauber flog in nur tausend Metern Höhe über das Tal und über die Berge, um den kurzen Weg von Tschita nach Duldurga zurückzulegen. Als wir über der kleinen Stadt schwebten und das Vieh in Angst und Schrecken versetzten, erregte das lärmende Monstrum schnell die Aufmerksamkeit der dort lebenden Kinder und auch mancher Erwachsener. Die Werbung für die Evangelisation war erfolgreich gewesen, aber das war die beste Reklame überhaupt! Unser Hilfsteam, das dort während der vergangenen Woche evangelisiert und alle Vorbereitungen getroffen hatte und gestern in unserer Abwesenheit auch die Veranstaltung durchgeführt hatte, eilte ebenfalls mit einigen Mitgliedern der örtlichen Gemeinde zum Fußballplatz.

Wir gingen langsam hinunter, kosteten jeden Moment aus und betrachteten die Mischung aus Bestürzung und Begeisterung unter uns, die wir immer deutlicher wahrnahmen, als wir uns um die Fenster drängten. Als Passagiere wurden wir nicht durch die Annehmlichkeiten gewisser Sicherheitsmaßnahmen wie Gurte behindert, wir reisten auf russische Art.

Die schwere Maschine berührte den Boden und bewegte sich nicht mehr, doch die Rotorblätter kreisten immer noch. Schließlich machte der ohrenbetäubende, unvergeßliche Lärm der Motoren der Stille der Ebene Platz. Ich stieg als erster aus, und die anderen folgten schnell. Wir wurden begeistert empfangen. Gefilmt und gefeiert traten wir einen unserer gewaltigsten Evangelisationseinsätze an. Schließlich hatten wir es geschafft, nach Duldurga zu kommen, und das Wunder unserer Ankunft war der Vorbote von vielen Wundern, die diese kleine Stadt erleuchteten mit der Kraft und der Herrlichkeit Gottes.

An diesem Abend kamen die Menschen zu Hunderten auf den Fußballplatz – man konnte ihn kaum ein Stadion nennen – und füllten die hölzernen Tribünen, und wieder kamen alle anwesenden Ungläubigen nach vorne, um Christus anzunehmen. Allein aus diesem Grund waren wir hier. Und dann kam mit großer Freiheit im Heiligen Geist, von der diese Veranstaltung gekennzeichnet war, wieder die Kraft der Heilung. Die sofort nachweisbaren Heilungen waren so überzeugend, und es waren so viele, daß der Glaube für die äußeren Leiden ebenso groß war wie für die nicht äußerlich erkennbaren, zum Beispiel für Krebs, seelische Probleme und Bettnässen bei Kindern. Hier herrschte eine größere Freiheit und Kraft, die Kranken zu heilen, als an allen Orten, an denen wir bisher gewesen waren, einschließlich Blagoweschtschensk. Katie und Swieta, meine Protokollantin und Übersetzerin, hatten Mühe, in meiner Nähe zu bleiben, denn die Menschen, die geheilt werden wollten, bedrängten uns so sehr, daß sogar unsere Kleidung zerriß.

Der erste, für den wir beteten, war ein alter Mann mit Krücken, dessen rechtes Bein 10 cm kürzer war als das linke. Er wurde augenblicklich geheilt von Magen- und Rückenschmerzen, aber er war verschwunden, bevor wir für sein Bein beten konnten. Er empfing das, wofür er Glauben hatte, und nicht mehr. Als nächstes kam eine blinde Frau mit Brustkrebs. Sie fühlte, wie sich der Knoten auflöste und verschwand, dann wurde sie von schweren Kopf- und Nackenschmerzen geheilt, die damit verbunden gewesen waren, und anschließend empfing sie ihr Augenlicht wieder!

Ein kleines Baby in den Armen seiner Mutter wurde gebracht, das unter einer Deformation des Rückgrats litt und dessen Bein und Fuß gelähmt waren: Es wurde vollständig geheilt. Und dann geschah zu unserer großen Freude, daß zwei sehr kleine Jungen, sie waren Brüder und beide von Geburt an taubstumm, augenblicklich sowohl hören als auch sprechen konnten und mit einem breiten Grinsen die Worte wiederholten, die Swieta ihnen vorgesagt hatte. Ein dritter Bruder litt unter Kehlkopfkrebs und wurde ebenso unmittelbar geheilt, so daß er schlucken konnte. Ein kleines stummes Mädchen sprach und ein anderes, das ein sehr schmerzhaftes Magenleiden hatte, wurde davon befreit.

Eine ältere Frau, deren Beine, Hände und Ellenbogen von Arthritis verkrüppelt waren, wurde geheilt. Sie konnte laufen und alle ihre Glieder bewegen, ohne Steifheit oder Schmerzen. Ein alter Mann war so begeistert, nachdem er von Taubheit geheilt worden war, daß er mich umarmte. Als er davonging, stellte er fest, daß seine Schmerzen in den Knien und Knöcheln ebenfalls verschwunden waren, darum kam er zurück und drückte mich noch einmal. Ein kleines Mädchen und ihre Mutter wurden beide von Bronchitis geheilt, gefolgt von einer weiteren Frau, die davon ebenfalls befreit wurde. Diese war dann völlig aus dem Häuschen, weil ebenso unmittelbar auch ihre Blindheit verschwand und sie sehen konnte. Eine andere Frau, die von Schmerzen in ihrem linken Bein geheilt wurde, sagte uns, sie sei blind. Nachdem wir gebetet hatten, konnte auch sie sehen! Es kamen so viele ältere Frauen, die unter den unterschiedlichsten Gebrechen litten, doch Gott sah und erbarmte sich über all ihre Nöte. Als nächstes geschah ein ganz besonderes Wunder – eine alte Frau war von Geburt an taub; erst konnte sie hören, dann wurde sie auch von ihrer Blindheit geheilt. Sie war überrascht und glücklich!

Es wurden sehr viele geheilt, an diesem einen Abend dokumentierten wir allein über 45 außergewöhnliche Wunder. Aber nie werden wir die Frau vergessen, die nicht deshalb nach vorne kam, um geheilt zu werden, sondern weil sie vor zwei Jahren von starken Rückenschmerzen bei meiner Evangelisation in Mayarki (Odessa) in der Ukraine geheilt worden war. Jetzt lebte sie hier in Sibirien und hatte sich durch die Menge gearbeitet, die geheilt werden wollte, nur um Gott die Ehre zu geben und um uns von ihrer Familie zu grüßen. Auch die Mutter, die mich bat, für ihr krankes Kind im Krankenhaus zu beten, bleibt mir unvergeßlich. Am nächsten Tag erzählte sie uns, daß sie direkt anschließend ins Krankenhaus gegangen war und dort hörte, daß genau zu jenem Zeitpunkt ihr Kind geheilt, entlassen und nach Hause geschickt worden war!

Die Wunder waren so erstaunlich, daß Pastor Sergej hinterher ein Stück Holz nahm, es zerbrach und rief: „Durchbruch!“ Dann fügte er hinzu: „Wenn die Menschen hier ein Wunder erleben, werden sie ihr ganzes Leben lang glauben!“

Am folgenden Tag, einem Donnerstag, mußte ich zum nächsten Einsatzort weiterreisen. Aber weil Sergej sehr enttäuscht war, daß ich einen Tag zu spät angekommen war, bat er mich, das Team vorauszuschicken und noch einen Abend länger zu bleiben. Das würde meine Reisearrangements zur nächsten Stadt unter Druck bringen. Was sollte ich tun? Wie um mir die Entscheidung zu erleichtern, kam am nächsten Morgen der Polizeichef der ganzen Region, der bei der Evangelisation sein Leben Jesus gegeben hatte, mit seiner Familie zu mir ins Hotel, damit ich für sie betete. Er berichtete uns, daß sich die Nachricht von der Kraft Gottes in alle Dörfer der Umgebung ausgebreitet habe. Überall sagte man: „David ist da, und es geschehen Wunder im Namen Jesu!" Darum war er extra gekommen. „Wenn du noch einen einzigen Abend hierbleiben würdest, dann käme die ganze Region zu Christus", sagte er. Also blieb ich, und die Kraft floß weiter durch die Salbung des Heiligen Geistes, so daß ebenso viele Wunder geschahen wie am Abend zuvor.

Der Ansturm bedürftiger Menschen um uns herum war unglaublich. Swieta wurde zweimal zu Boden gerissen. Die Geschichte in der Bibel von der blutflüssigen Frau, die seit zwölf Jahren Blutungen hatte und die sich durch die Menge gedrängelt hatte, um das Gewand des Herrn zu berühren, damit sie Heilung empfange, wurde auf neue Weise Realität! Es gab sogar einige Handgreiflichkeiten unter den Menschen, die verzweifelt auf Gebet warteten – aber unser Gott ist ein gütiger Gott, er hat auch diese Menschen geheilt!

Eine alte Frau kam, deren Nerven am ganzen Körper „brannten"; als ich für sie betete, kam eine Kühle über sie, und alle Schmerzen und alles Unbehagen wich aus ihren Gliedern, ihrem Rücken, ihren Füßen und Händen. Sehr viele Menschen drängten nach vorne. Die Tauben, die Blinden, Menschen mit großen Schmerzen, alle wurden geheilt. Geräusche und Stimmen in den Ohren verstummten, und Frieden zog ein. Zwei Menschen baten um Gebet, um von körperlichen und emotionalen Streßzuständen als Folge von Familientragödien befreit zu werden. Einer davon war ein kleiner Junge, dessen Vater gestorben war, und der seitdem ständig unter entzündeten Augen litt. Er wurde geheilt! Unser Gott ist ein Gott, der uns liebt und versteht. Der zweite war eine alte Frau. Sie hatte seit vier Jahren verkrüppelte Beine, aber letztes Jahr, als ihr Sohn plötzlich verstarb, war es schlimmer geworden. Und nicht nur das, sie war sogar aufgrund ihrer Trauer erblindet. Ihre Beine und ihre Augen wurden geheilt, als wir beteten! Ich erinnere mich an einen stämmigen alten mongolisch aussehenden Burjaten, dessen rechter Arm und rechtes Bein seit 15 Jahren gelähmt und kraftlos waren. Doch nun kehrte Leben in ihn zurück; etwas entfernt von uns blieb er stehen und öffnete und schloß glücklich seine Faust, wieder und wieder.

Dann wurde ich herausgerufen aus der Kirche, wo die Versammlung stattgefunden hatte, um für eine Burjatin zu beten – sie war noch nicht sehr alt, aber so stark von Arthritis verkrüppelt, daß sie nicht aus dem Auto steigen konnte, mit dem sie ihr Ehemann hergebracht hatte. Seit 14 Jahren befand sie sich in diesem fürchterlichen Zustand. Als wir schließlich im Namen Jesu für sie gebetet hatten, konnte sie ihre Beine aus dem Auto schwingen und sogar mit Hilfe ihres Mannes laufen. Ich war sehr bewegt von seiner Hingabe an seine Frau. Die Menschen waren mir gefolgt, als ich die Kirche verlassen hatte, und dieses großartige Wunder zog eine Fülle von weiteren Heilungen nach sich. Schließlich waren wir fertig. Als letztes kam eine Burjatin, die nur dem Herrn danken wollte für ihre Heilung am Abend zuvor!

Diese wunderbaren Ereignisse waren immer noch Gesprächsthema zur Ehre Gottes, als ich vier Monate später Sergej, den Pastor, bei einem unserer Planungstreffen mit Heinrich Buller in Deutschland wiedertraf. Unser Gott ist mächtig!

Kapitel 9

DIESE EVANGELISATION ERSCHIEN IM FERNSEHEN

Die Versammlung in Duldurga endete spät abends, und anschließend gab es ein Abschiedsessen, das von Sergej und den wunderbaren Frauen seiner Gemeinde vorbereitet worden war. Darum war es bereits Mitternacht, als wir zu Bett gingen. Schon um 3.00 Uhr morgens wurden wir geweckt, um mit dem Jeep zurück nach Tschita gebracht zu werden, von wo aus wir am selben Tag zu unserer nächsten Evangelisation fliegen wollten. Wir kamen bei Mischa bereits um 7.00 Uhr an, eine Stunde eher als erwartet. Dort trafen wir auch Pastor Heinrich Buller aus Deutschland. Bei einem Begrüßungs-Tschaee sprachen wir über die Wunder und legten ihm alle unsere schriftlichen Berichte vor, während die anderen im Hause versuchten weiterzuschlafen.

Mischa brachte uns sehr zeitig zum Flughafen für unseren 9.00-Uhr-Flug nach Irkutsk, von wo aus wir weiter nach Usolje reisen wollten. Doch dort angekommen, stellten wir fest, daß der Sawtra-Geist schon wieder zugeschlagen hatte. Unser Flug war auf unbestimmte Zeit verschoben worden. Wir standen vor einer doppelten Herausforderung. Erstens, würden wir überhaupt Tickets bekommen? Es wären keine mehr zu haben, wurde uns gesagt. Zweitens, falls wir Tickets bekämen, würden wir rechtzeitig zu Beginn der Abendveranstaltung dort sein? Gott hatte ganz bestimmt gewollt, daß wir diesen zusätzlichen Tag in Duldurga blieben, sicherlich würde er uns jetzt auch zu unserem Bestimmungsort bringen? Und ob!

Wir kamen schließlich um 18.30 Uhr im Stadion von Usolje an, eine halbe Stunde nach Beginn der Evangelisationsveranstaltung. Unser Lobpreisteam sang bereits, und alles verlief glatt. Darum waren die Teams so wichtig, die im voraus zu den Einsatzorten reisten. Um ganz Sibirien zu evangelisieren, das drei Zeitzonen umspannt, von Bratsk an der Westseite des Baikalsees bis Magadan und Sowjetskaja Gawan an der Pazifikküste im Fernen Osten, benötigten wir mehrere Hilfsteams.

Seit der Evangelisationsfeldzug begonnen hatte, gab es ständig fünf Evangelisationsinitiativen, die gleichzeitig abliefen. Unsere Hilfsevangelisten waren in fünf Teams eingeteilt worden (Team A bis E), und jedes Team blieb 17 Tage an seinem Ort, bevor es zum nächsten weiterreiste. Sie kamen in ihrer jeweiligen Stadt an, evangelisierten sieben Tage lang auf der Straße und trafen Vorbereitungen, bis ich mit dem Haupt- und Zentralteam anreiste. In dieser Zeit halfen sie mit bei der jeweiligen Großevangelisation, die sich entweder über drei Tage erstreckte, Freitag, Samstag und Sonntag, und in einem Fußballstadion stattfand, oder über zwei Tage, Dienstag und Mittwoch, für die ein Kulturhaus angemietet wurde. Nach meiner Abreise blieb das Vorausteam weitere sieben Tage, in denen sie die Ortsgemeinde in Lehre und nachfolgender Betreuung unterstützten.

Die Tabelle auf der folgenden Seite zeigt, wie das System funktionierte.

Das Hilfsteam in Usolje war hervorragend. Wir stellten fest, daß sie allerdings in ziemlich schrecklichen Räumen direkt im Stadion wohnen mußten. Die Leitung hatten Tina Davies aus England und Sergej aus der Ukraine. Es war Team B, das vorher in Sewerobaikalsk mitgearbeitet hatte und am Ende der ersten siebzehn Tage zum nächsten Einsatzort gereist war. Welche Transportprobleme zu überwinden waren, läßt sich an der Tatsache ermessen, daß die Reise per Auto oder Bahn ausgeschlossen war, nicht wegen der zu großen Entfernung, sondern wegen dem zu bergigen Gelände, das zu überwinden mindestens zwei Tage Bahnfahrt gekostet und zudem ganz bis Bratsk und von dort zurück geführt hätte. Daher hatten sie die höchst reizvolle Alternative gewählt und sind den ganzen Baikalsee mit dem Motorboot entlanggefahren. Als wir das hörten, waren wir ziemlich neidisch, denn das Panorama muß wunderschön gewesen sein. Ich mußte diesen einzigartigen See mehrfach mit dem Flugzeug überfliegen, doch bis dahin hatte ich ihn nie direkt befahren.

So, da waren wir, eine halbe Stunde nach Beginn des ersten Gottesdienstes. Tina hatte gerade noch Zeit, mir eine Tasse Kaffee zu kochen, und schon mußte ich predigen. Ich sprach über Matthäus 9, es war die Geschichte des Gelähmten, der zu Jesus gebracht wurde. Jesus sah ihn an und forderte die Menschen heraus: „Was haltet ihr für

Plan der Evangelisationseinsätze

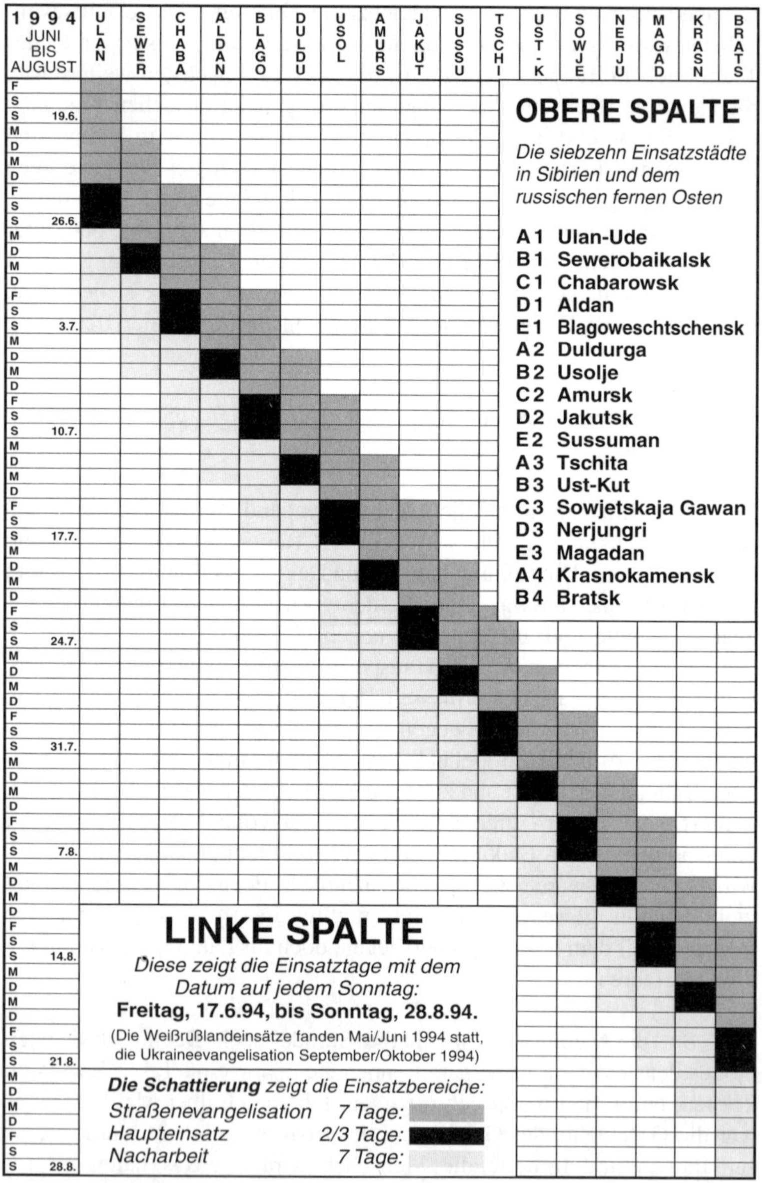

einfacher zu sagen, deine Sünden sind dir vergeben, oder zu sagen, steh auf und geh? Aber damit ihr seht, daß der Menschensohn auf Erden die Macht hat, Sünden zu vergeben“, sagte er zu dem Gelähmten: „Steh auf, nimm dein Bett und geh nach Hause.“ Ich erklärte den Menschen im Stadion: „Jesus will heute eure Krankheiten heilen, um euch zu zeigen, daß er die Macht hat, eure Sünden zu vergeben. Kein Mensch hat die Macht, Sünden zu vergeben, nur Gott, – und ich werde euch beweisen, daß Jesus lebt und eure Sünden vergibt, wenn die Kranken hier heute abend geheilt werden.“

Und dann begannen die Heilungen, die für diesen Ort die Vergebung der Sünden demonstrierten. Eine Frau mittleren Alters und ein Mann über 60 wurden unmittelbar von Taubheit geheilt; ein junger Mann, von Geburt an stumm, begann zu sprechen, seine Taubheit wurde ebenfalls geheilt; eine andere Frau mittleren Alters, ebenfalls taubstumm, konnte hören und sprechen – ihr Sohn, der ihr alles in die Gebärdensprache übersetzt hatte, war total begeistert!

Eine Mutter kam, sie war schon einige Jahre gläubig, wie wir später erfuhren, ihre blauen Augen strahlten die Liebe Christi aus. Sie brachte uns ihren geistig behinderten Sohn im Teenageralter, sein Gesichtsausdruck war im Gegensatz zu ihrem eigenen hoffnungslos dumpf und leer. Nachdem wir gebetet hatten, strahlte etwas von dem Leuchten im Gesicht der Mutter plötzlich auch in den Augen des Sohnes auf. Am nächsten Tag kam er wieder zu uns, diesmal sprach er selbst, kommunizierte mit uns und anderen Leuten und sagte, er fühle sich innerlich frei! Ehre sei Gott! Dann war da jenes vier Wochen alte Baby, sorgsam bedeckt mit einem feinen weißen Tuch, doch dahinter verbargen sich ein entsetzlicher Wolfsrachen und eine Hasenscharte. Wir beteten für das kleine Wesen und freuten uns so sehr, als wir am nächsten Abend hörten, daß die Deformation sich zu schließen schien und das Baby zum ersten Mal fähig war, fest am Daumen zu lutschen. Das war überwältigend.

Nie werde ich den sechsjährigen Sascha vergessen, ein ungepflegter, nervöser kleiner Junge, der mir einen Brief überreichte. Seine Großmutter hatte darin alle Probleme beschrieben, die er hatte – daß sein Vater Alkoholiker war, daß ihn seine Mutter verlassen hatte und daß er furchtbar stotterte. Er wurde augenblicklich befreit, und von diesem Moment an folgte er mir während aller drei Veranstaltungen wie ein Schatten. Jetzt war er lebhaft und fröhlich – und frech! Er brachte seine „Babuschka" (Großmutter), damit ich für sie betete – sie hatte den Zettel geschrieben. Sie brauchte Krücken, weil ihr rechtes Bein gebrochen war und beide Beine schmerzten. Als die Kraft Gottes kam, begann sie zu hüpfen und zu klatschen und führte einen russischen Tanz auf! Dann küßte sie mir leidenschaftlich die Arme, und man sah sie noch lange, nachdem sie uns verlassen hatte, auf der Rennbahn des Stadions hin und herlaufen!

Eine andere Mutter und ein Vater kamen weinend mit dem Foto ihres achtzehnjährigen Sohnes, der mit Krebs im Krankenhaus lag. Am nächsten Tag brachten sie den jungen Mann selbst mit. Der Schmerz wich von seiner Schulter, wo der Krebs saß, und er ging davon, schwang seinen Arm hoch und herum und genoß die neue Bewegungsfreiheit. Monate später bekam ich einen Brief von dem Vater des jungen Mannes. Darin stand:

> Sei gegrüßt, lieber David, sicherlich erinnerst Du Dich an Deinen Besuch in Usolje in Sibirien und an die verzweifelten Eltern und ihren kranken Sohn. Du hast zu unserem Herrgott für ihn gebetet, daß die schreckliche Krankheit von ihm ablasse.
>
> Und er hat unser Gebet erhört. Lieber David, wir denken oft an die Zeit zurück, als Du in unserer Stadt warst. Wenn ich an dem Stadion vorbeigehe, höre ich die laute Stimme noch, mit der Du Jesus verherrlicht hast. Wir sind begeistert von Deinem Einsatz und Deiner Opferbereitschaft, um Jesus zu dienen.
>
> Wir danken Dir, daß Du Anteil genommen hast an unserem Leid und uns den Weg zu Jesus gewiesen hast. Wir wünschen Dir, lieber David, Gesundheit und Erfolg bei Deinem edlen Werk.
>
> Wir beten für Dich zu unserem Herrgott. Ich erinnere mich, wie Du riefst: „Halleluja!"

Mit diesem Wort möchte ich meinen Brief beenden: „Halleluja!“

Alexander und Familie

Die Evangelisation war sehr gesegnet, aber die Veranstaltungen wurden eher von Hunderten als von Tausenden besucht. Dennoch führte gerade das zu einem der außergewöhnlichsten Wunder, und gerade diese Erfahrung begleitete uns auf die eine oder andere Weise während aller weiteren Evangelisationen: Das Regionalfernsehen kam. Sie wollten den Sonntagsgottesdienst filmen. Man war wirklich begeistert und lud mich ein, am nächsten Morgen, einem Montag, um 8.30 Uhr zu einem weiteren Interview in das Fernsehstudio zu kommen. Die Reporterin, die mich interviewte, war ausgesprochen nett. Sie sagte mir, wie leid es ihr täte, daß nicht die ganze Stadt zur Evangelisation gekommen sei, um die Botschaft von Christus und das Evangelium zu hören. Es sei eine arme Stadt, erzählte sie uns, und die fruchtbare Zeit sei hier sehr kurz. Die Leute arbeiteten den ganzen Tag in ihren Gärten und abends sähen sie fern, so würde die Botschaft die ganze Bevölkerung erreichen!

Als ich zu dem Interview kam, begann sie und sagte: „Den Gottesdienst haben wir aufgezeichnet, darum sagen Sie uns doch jetzt erst mal etwas zu Ihrer Person.“ Das war der Einstieg, den ich brauchte. Ich sprach über das Wunder, daß ich selbst in meinem Leben von Krebs geheilt worden war, aber auch von meiner Befreiung aus dem Gefängnis damals. Dann sagte sie, daß Menschen Probleme damit hätten, an Heilungswunder zu glauben. Also erklärte ich ihr anhand der Schrift all die Belegstellen, die aussagen, daß Heilungen heute geschehen sollen und rundete meine Rede mit der wunderbaren Geschichte ab, die sich ereignete, als ich vor zwei Jahren in Athen gepredigt hatte.

Als ich damals in der großen Kirche mitten in Athen, in der sich mindestens 1200 Menschen versammelt hatten, meine Predigt beendet hatte, brachte man mir einen jungen Mann von 25 Jahren, damit er geheilt würde. Sein rechter Arm war völlig verkrüppelt, die Knochen waren nach einem Unfall mehrmals gebrochen und so schlecht zusammengewachsen, daß er seinen Arm nicht mehr bewegen konnte. Mein griechischer Übersetzer erklärte mir, daß dieser junge Mann an einem Seminar studiert hatte, um griechisch-orthodoxer Priester zu werden. Mitten in seinem Studium hatte er auf wunderbare Weise zu Christus gefunden und die Wahrheit, daß der Glaube zur Errettung führt und nicht die Werke. Aus diesem Grund hatte er das Seminar verlassen und sich dieser lebendigen Gemeinde angeschlossen, die das volle Evangelium verkündete. Sein eigener Vater war so wütend geworden, daß er den Sohn angriff und verprügelte und dabei seinen Arm so fürchterlich brach, daß er permanent verkrüppelt blieb und sogar seine Finger im rechten Winkel nach außen abstanden.

Als ich ihn sah, berührte es mich so stark, daß sein irdischer Vater ihm etwas so Entsetzliches hatte antun können, daß ich Gott anrief: „Du bist sein himmlischer Vater, erweise ihm deine Liebe und dein Erbarmen, heile ihn jetzt im Namen Jesu." Augenblicklich wurde der Arm des jungen Mannes heil, die Knochen fügten sich zusammen, aber die Finger blieben immer noch nach außen gebogen. So nahm ich sie in meine Hände, und im Namen Jesu bog ich sie buchstäblich gerade. Da hob er seinen Arm in die Höhe und zeigte der ganzen Gemeinde das Wunder, das geschehen war. Zu meinem Erstaunen rief mein Übersetzer, der von Beruf Arzt war: „Dieser junge Mann war Patient in meinem Krankenhaus, und ich habe die Röntgenbilder seines gebrochenen Armes gesehen, das ist ein Wunder!"

Daraufhin sagte die Fernsehreporterin: „Das ist fantastisch, jetzt sprechen Sie zu all den Menschen dieser großen Stadt mit 100 000 Einwohnern, von denen so viele nicht bei der Evangelisation im Stadion waren und predigen dieselbe Botschaft, die Sie in der Versammlung gebracht hätten." Welch eine Gelegenheit hatte mir der Heilige Geist da gegeben! Ich sprach die nächsten fünfzehn Minuten mit einer Salbung des Geistes, die stärker war, als ich es je erlebt hatte, selbst in den Stadien war sie nicht so groß gewesen. Ich predigte das Evangelium mit Kraft und Überzeugung, dann sagte ich den Zuhörern, sie sollten im Glauben antworten und Christus jetzt gleich annehmen. Ich betete sogar mit ihnen, während sie vor dem Bildschirm saßen, damit sie es akzeptieren und glauben konnten. Mit Sicherheit erreichte diese Evangelisation also schließlich die ganze Stadt mit Christus, und erst im Himmel werden wir erfahren, wie viele sich entschieden haben.

Kapitel 10

AMURSK – NACHTFAHRT MIT DEM ZUG

Als wir Usolje verlassen und zum nächsten Veranstaltungsort nach Amursk über Chabarowsk reisen wollten, standen wir erneut vor einem Problem. Mein Interview im Fernsehstudio hatte zur Folge, daß wir an diesem Morgen ungefähr zwei Stunden zu spät mit unserer Abreise dran waren. Aber ich hatte darauf vertraut, daß es so Gottes Wille war.

Die Rückfahrt zum Flughafen nach Irkutsk war recht interessant. Wir passierten auf dem Weg mehrere Städte, einschließlich Angarsk mit jenen blockartigen Gebäuden, die alle im selben Ockerton gehalten waren und die mich sehr stark an das Gefängnis erinnerten, in dem ich vor vielen Jahren in der Tschechoslowakei einsaß. Später fanden wir heraus, daß es sich tatsächlich um frühere Gefangenenlager handelte, und diese Gebäude waren alle von den Gefangenen selbst erbaut worden.

Als wir um die Mittagszeit dort ankamen, war es unmöglich, am selben Tag noch einen Flug zu bekommen. Darum mußten wir uns in der Nähe des Flughafens ein Hotel suchen. Mit 14 Teammitgliedern und ungefähr zwei Tonnen Gepäck und Ausrüstung konnten wir uns jetzt nicht mehr allzuweit bewegen, jetzt nachdem unsere Begleitfahrzeuge wieder abgefahren waren. Zum Glück fanden wir ein „Hotel“ – wie man es nannte – in der Nähe. Wir verbrachten die Nacht dort und nahmen dann am Dienstag morgen das Flugzeug nach Chabarowsk. Dort wurden wir wieder von Pastor Juri abgeholt, aber es stellte sich heraus, daß es keinen Anschlußflug nach Amursk gab, wo am selben Abend die Evangelisation beginnen sollte. Es blieb nur die Möglichkeit, den Nachtzug zu nehmen, der am nächsten Morgen um 6.00 Uhr ankommen sollte.

Ich werde diese nächtliche Bahnfahrt niemals vergessen. Die russischen „Intercity“-Züge, in denen wir reisten, waren ziemlich primitiv. Andere Züge, wie der Transsibirien-Expreß, die international verkehren, sind meistens in einem akzeptablen oder sogar guten Zustand. Doch die einheimischen, die wir benutzten, waren ziemlich katastrophal. Als erstes mußte man von Schienenebene hinaufklettern in den Zug, ohne dazu wie in Westeuropa erhöhte Bahnsteige benutzen zu können. Das war mit unserer ganzen Ausrüstung ausgesprochen schwierig. Dazu kam, daß die Waggons recht schmutzig und sehr überfüllt waren, jeder Platz war besetzt. Normalerweise mußte man Tage oder Wochen im voraus eine Fahrkarte lösen, um sich einen Sitzplatz reservieren zu lassen. Die meisten Reisenden hatten immer sehr viel Gepäck bei sich, so daß der Gang und der überwiegende Teil der Abteile bereits blockiert waren.

In jedem Abteil konnten vier Personen schlafen, die jeweils zu zweit auf jeder Seite saßen, nachts wurde aus diesen Sitzbänken dann eine Schlafkoje. Über den Köpfen befand sich statt eines Gepäcknetzes eine weitere Schlafkoje, die man herunterklappen konnte, so daß zwei obere und zwei untere Schlafkojen entstanden. Wenn man Erste Klasse reiste, bekam man für den etwas höheren Preis eine Tür, die einem eine gewisse Privatsphäre gewährte. Zweite Klasse reisen hieß, einfach nur keine Tür zu haben, statt dessen aber zwei Schlafkojen mehr, die übereinander im Flur angebracht waren. Jeder, der bei Tag oder Nacht die sanitären Einrichtungen benutzen wollte, drängelte sich an einem vorbei, ebenso wie all die Mitreisenden, die einfach nur auf und ab wanderten, um auf diese Weise die russische Art zu reisen zu genießen. Die Toiletten versuchte man besser zu meiden, sie bestanden meiner Erfahrung nach aus einer Porzellan- oder Metallschüssel.

Wenn man sich in dem System auskannte oder wie wir den Vorteil hatte, russisch sprechende Teammitglieder zu haben, konnte man sich für etwas Geld saubere Bettücher und Kissenbezüge leihen, mit denen man die abgenutzten und schmutzigen Matratzen und Decken kaschieren konnte. Natürlich gab es nur zu essen und zu trinken, was man selbst mitgebracht hatte, sonst war nichts erhältlich. Als wir uns für die Nacht zur Ruhe gelegt hatten, versuchte ich zu schlafen, doch das Holpern des Zuges, die Unebenheiten der Schienenstränge, das plötzliche Ruckeln, wenn der Zug entweder scharf bremste oder wieder anfuhr, erschwerten das sehr. Schließlich fiel ich erschöpft von dem langen Tag und der Entfernung, die wir schon in der Luft zurückgelegt hatten, in einen unruhigen Schlaf. Wir konnten uns nicht richtig entspannen, weil wir den Zug an einer kleinen Bahnstation verlassen mußten, die wir ungefähr um 6.00 Uhr morgens erreichen sollten, falls wir pünktlich waren.

Nur Swieta wußte, wo das genau war. Kurz nach 5.30 Uhr wurde ich von einem dieser vielen gewaltsamen Stöße, die mich gestört hatten, halb aufgeschreckt und merkte, daß Swieta aus dem Nachbarabteil gekommen war, um zu sagen, wir konnten jeden Moment ankommen, und alle Betten mußten abgezogen und die Bettücher dem Schaffner zurückgegeben werden. Ich war noch gar nicht richtig wach, als ich mich aufrappelte, um diese Anweisung zu befolgen. Es war unmöglich, einen Waschraum zu erreichen, weil alle weiblichen Teammitglieder vor mir in der Schlange standen. Dann schlingerte der Zug wie trunken zum Stillstand, und wir wurden von Swieta gewarnt, daß wir nur zwei Minuten Zeit hätten, um alle 40 Gepäckstücke, die Musikinstrumente und einen Teil der Soundausrüstung zu finden, und mit Sack und Pack auszusteigen. Weil es nur eine kleinere Station war, würde der Zug nicht lange genug warten, um ihn vollständig in Ruhe verlassen zu können.

Als der Zug schließlich in der Ferne verschwand, standen wir mit unseren Taschen und Gepäckstücken verschlafen neben den Gleisen im strömenden Regen. Es dämmerte gerade erst. Einige von uns hatten Regenjacken gefunden, um sich vor dem Wetter zu schützen, andere hatten ihre immer noch im Gepäck. Es war kaum Zeit, die Koffer zu durchwühlen, weil Swieta sagte, wir müßten uns beeilen, um den einzigen Bus zu erreichen, der auf den Zug wartete und uns aus dieser völligen Wildnis in die Zivilisation der benachbarten Stadt befördern würde.

„Welcher Bus?“ fragte ich Swieta erschöpft, die als einzige von uns nicht zu schlafen schien, und nicht einmal sie war richtig wach! „Welchen Bus sollen wir nehmen?“ Stumm zeigte sie auf das Gefährt, das gerade in der Ferne verschwand. „Das war der einzige, in den nächsten Stunden wird jetzt keiner mehr fahren, erst wenn der nächste Zug ankommt.“ Die Vorstellung, die nächsten fünf oder mehr Stunden mit den anderen 13 Teammitgliedern im Regen zu stehen, ohne Essen und Trinken und ohne Schutz vor den Elementen, durch die uns der Teufel offenbar zu demoralisieren versuchte, entsprach ganz und gar nicht meiner Auffassung von der Evangelisierung Sibiriens.

Ziemlich verzweifelt und irgendwie egoistisch begann ich laut zu beten: „Oh Gott, hilf mir, und errette mich aus dieser Lage!“ Wenige Minuten später tauchte ein kleiner Lada Niva mit vier Sitzen auf der Straße auf und hielt vor mir an. Hastig schob ich zwei der älteren Damen und Swieta hinein und schaute mich um und überlegte, wer sonst noch mitfahren könnte, bis mir plötzlich einfiel, daß ich ja heute abend evangelisieren sollte, und daß es schließlich mein Gebet um Errettung war, das Gott erhört hatte, indem er diesen Engel mit seinem Auto schickte! Warum war er um diese Zeit am Morgen an die Bahnstrecke gekommen? Wir kannten ihn nicht und er uns auch nicht, er gab auch keine Erklärung ab, als er uns unverzüglich zu dem Apartment in Amursk brachte, wo die Mitglieder unseres Hilfsteams bereits auf uns warteten. Dann verschwand der Wagen.

Ein heißer Tee und ein Telefongespräch lösten bald fast alle unsere Probleme, und wir sorgten dafür, daß einige Mitglieder des Hilfsteams den Rest der Gruppe abholten. Offenbar hatten sie einen Bus für uns zur nächsten größeren Station auf unserer Strecke geschickt, wo sie erwarteten, daß wir aussteigen würden. Doch weil der Teamleiter gewußt hatte, daß es vorher eine kleinere Station gab, die näher war, ist er selbst dorthin gekommen, um uns zu helfen, bei der nächsten auszusteigen! Er war zur selben Zeit in den Zug eingestiegen, wie wir ausgestiegen waren, und er hatte uns nicht einmal bemerkt – und dann wartete er mit dem Bus vergeblich an der nächsten Station!

Schließlich kam auch der Rest des Teams an, und wir schlenderten zu Fuß zu dem Hotel, wo wir übernachten sollten. Diesmal handelte es sich um ein richtiges Hotel mit einer guten Ausstattung, es gab sogar ein Restaurant. Das einzige Problem dabei war nur, daß wir es zu einem russischen Preis zugesagt bekommen hatten, der bei 4 Dollar pro Person pro Nacht lag, aber der Direktor behauptete, das stimme nicht, und wir Engländer müßten den vollen Preis von 12 Dollar pro Nacht bezahlen. Als Entgegenkommen bot er allerdings an, daß die ukrainischen Teammitglieder nur 8 Dollar zu bezahlen brauchten. Allmählich gewöhnten wir uns an die Tatsache, daß wir als Westler überall grundsätzlich das Doppelte bis Vierfache von dem zu bezahlen hatten, was von Russen für dieselben Einrichtungen oder Dienstleistungen verlangt wurde. Manchmal bekamen das Musikteam und andere ukrainische Teammitglieder die russischen Preise zugestanden, oder man einigte sich, wie in diesem Fall, auf eine Art Kompromiß. Als einzige Erklärung dafür wurde angegeben, daß die Gehälter der Russen so niedrig seien, mehr könnten sie nicht bezahlen, und die Niedrigpreise deckten einfach die Selbstkosten.

Wenn Westler wie wir kamen, waren wir dazu da, für die Sahne auf der Torte zu sorgen, damit sozusagen Profit abfiel! Diese Sonderzuschläge konnten wir nicht vermeiden, weil wir bei der Registrierung unsere Pässe vorzeigen mußten und sich so unsere Staatsangehörigkeit offenbarte. Die einzige Möglichkeit, mit russischen Preisen davonzukommen, war, wenn der örtliche Pastor ein Gemeindemitglied hatte oder jemanden kannte, der dort arbeitete und bereit war, eine Ausnahme zu machen. Das kam tatsächlich vor, aber ich sage besser nicht wo und wann, damit diese Person keine Schwierigkeiten bekommt, wenn dieses Buch ins Russische übersetzt wird!

Es war herrlich, nach unserer Nacht im Zug heiß zu duschen, sich zu erholen und sogar noch vor dem Gottesdienst eine Mahlzeit einnehmen zu können.

An diesem Abend sollte die Evangelisation in einer Kulturhalle stattfinden. Diese Gebäude gehören zu den guten Hinterlassenschaften der kommunistischen Regierung. Sie waren meistens solide gebaut, manchmal richtig luxuriös, oft eine Art Kreuzung zwischen Theater und Kino. Unter den Kommunisten sind sie tatsächlich für so etwas wie „Kultur" genutzt worden, je nachdem, was die Partei vor Ort als geeignet für die Bewohner erachtete. Im übrigen sind sie ganz allgemein von der lokalen kommunistischen Partei für Veranstaltungen und Kampagnen gebraucht worden, darum waren sie mit einer guten Beleuchtung und öffentlichen Lautsprecheranlage ausgestattet. Letztere war nicht immer optimal, weil sie selbstverständlich in Rußland hergestellt war, ihre schwächste Stelle waren meistens die Mikrofone. Manchmal konnten wir unsere eigene Ausrüstung mit der vorhandenen kombinieren, manchmal bevorzugten wir, nur unser System einzusetzen. Aber wir wußten wenigstens immer, daß etwas vorhanden war, auf das wir bei Bedarf zurückgreifen konnten.

Trotz aller Gebete, die im voraus gen Himmel gestiegen waren, regnete es leider fürchterlich, als wir uns auf den Weg zum Gottesdienst machen mußten. Kein Pastor holte uns ab, keine Gemeindeglieder kamen mit ihren Autos vorbei. Zwar dauerte der Fußweg dorthin nur 20 Minuten, aber weil wir keine Schirme hatten, und es wirklich goß, wäre ich wie ein begossener Pudel im Gottesdienst erschienen. Wieder betete ich und bat den Herrn um Hilfe. Zu meinem Erstaunen (schäm dich,

David, du hast doch gebetet, glaubst du denn nicht an Wunder?) ging ich hinaus und sah, daß dort ein Bus wartete. Wieder einmal wußte ich nicht, woher er kam oder warum. Dies war keine Hauptstraße, das Hotel befand sich fast 200 Meter entfernt an einem Privatweg. Andere Hotelgäste und wir stiegen ein, und der Fahrer brachte uns geradewegs zur Evangelisationshalle, stellte keinerlei Fragen und kassierte nicht einmal Geld für die Fahrt!

Trotz des entsetzlichen Wetters war die Kulturhalle gut besucht, und trotz der Erschöpfung nach zweieinhalbtägigem Reisen, um dorthin zu kommen, spürte ich eine enorme Freiheit, das Evangelium zu verkündigen und die Kranken zu heilen. Alle noch nicht Geretteten kamen nach vorne, um Christus anzunehmen. Am Ende des Gottesdienstes hatte ich mich so verausgabt, daß ich nur noch zurück zum Hotel wollte, um mich auszuruhen. Wir hatten fast die erste Hälfte unseres Evangelisationsprogramms hinter uns gebracht, und dieses ständige Reisen und die vielen Veranstaltungen forderten jetzt ihren Tribut. Zum Schluß kam noch ein Mann zu mir, er war mittleren Alters, und seine rechte Hand war durch einen Betriebsunfall verkrüppelt. Hinter mir war ein Tisch. Mit meinem ganzen Gewicht lehnte ich mich dagegen, ich war total erschöpft. Laut betete ich: „Oh Gott, ich bin so müde, in mir ist keine Kraft mehr. Ich kann diesen Mann nicht heilen. Aber du bist niemals müde. Oh Gott, heile du ihn!“ In diesem Moment kam wieder Leben in seine gelähmte Hand. Die Wiederherstellung war so erstaunlich, und der Mann so glücklich, daß er das Mikrofon nahm, das wir benutzten, und selbst über sich Zeugnis gab. Dann hob er seine Hand hoch, um auf jede mögliche Art zu zeigen, daß Gott ihn völlig geheilt hatte!

Nach dieser Veranstaltung wurde ich eingeladen, in einem besonderen Gottesdienst in Komsomolsk zu predigen. Man fuhr mit dem Bus zwei Stunden dorthin. In Komsomolsk wurde ich von Judenchristen eingeladen und bekam ein wunderbares Essen serviert, fast war es zuviel. Weil ich besorgt war über die recht angespannte Situation meiner Gastgeber, versuchte ich durch Swieta, die Hausfrau zu bremsen. Marias Antwort kam aus tiefstem Herzen: „Wenn ich vor dem Richterstuhl Gottes erscheine, werde ich darüber Rechenschaft ablegen müssen, wie ich seine Diener bewirtet habe!“ Sie wollte mich reichlich segnen mit ihrer Gabe der Gastfreundschaft. Und sie hat mich wirklich gesegnet.

An diesem Abend sprach ich mit großer Überzeugungskraft. Ich sagte:

> Ich bin gekommen, um die Kraft in dem Namen Jesu Christi zu demonstrieren. Der Glaube versetzt das, was wir glauben, in Aktion. Geistliche Kampfführung ist nicht einfach nur Gebet, sondern sie bedeutet aufzustehen und zu handeln! Nichts ist bei Gott unmöglich. Der Heilige Geist wirkt eine Erneuerung. Es gibt ein zweites Pfingsten, das größer und mächtiger ist als das erste, und Gott wartet darauf, es in ganz Sibirien auszugießen, ja in ganz Rußland, jetzt! Gott wird eine ganze Nation erfassen – Rußland – und seine Vollmacht in diesem Land demonstrieren, so daß die Augen der ganzen Welt darauf gerichtet sein werden, um zu sehen, was Gott tun kann.
>
> Gott hat noch nie ein so großes Wunder getan, wie er es jetzt in Sibirien tun wird. In der ganzen Geschichte hat es niemals solch eine Kraftwirkung gegeben, wie sie Gott hier demonstrieren wird, größer als jemals an irgendeinem anderen Ort auf der ganzen Welt. Ihr jungen Männer und jungen Frauen, werdet erfüllt mit der Kraft Gottes! Geht voran mit Gott! Eine neue Erweckung beginnt. Niemand liebt euch so sehr, wie Jesus euch liebt. Er will eure Sünden vergeben und euch mit seinem Geist und seiner Kraft erfüllen. Er möchte euch in Brand stecken mit der Kraft Gottes und den Gaben des Heiligen Geistes, bis ihr die Kranken heilt und Wunder tut in seinem Namen. Das Feuer wird heute abend auf euch kommen!

Alle standen auf, um die Kraft Gottes zu empfangen, und viele Wunder geschahen als Bestätigung des Wortes, das ich verkündigt hatte.

Kapitel 11

VON KOMSOMOLSK NACH CHABAROWSK MIT DEM TRAGFLÄCHENBOOT

Um von Komsomolsk nach Chabarowsk zu kommen, mußte man mit einem sehr langsamen Nachtzug fahren, doch für einen geringfügig höheren Fahrpreis konnte man mit einem Tragflächenboot den Fluß Amur hinauffahren. Die Fahrt dauerte acht Stunden; nach Ansicht des gesamten Hauptteams war das eine höchst attraktive Alternative zu einer weiteren Nacht im Zug.

Wir mußten sehr zeitig aufbrechen und zum Landungssteg gehen, weil man die Fahrkarten nicht im voraus kaufen konnte. Man konnte nur direkt vor Ort zahlen, und das Prinzip galt, wer zuerst kommt, mahlt zuerst, obwohl offenbar jemand aus der Gemeinde einen Freund oder Verwandten hatte, der am Fahrkartenschalter arbeitete und uns vielleicht helfen konnte. Also versammelten wir uns mit unserem ganzen Gepäck, den verschiedenen Musikinstrumenten und denjenigen Bestandteilen der Soundanlage, die wir nicht an anderen strategischen Orten Sibiriens zurückgelassen hatten!

Die Soundanlage überallhin mit uns herumzuschleppen, war ein permanenter Alptraum. Ursprünglich hatten wir sie den ganzen Weg von England mit einem geliehenen Lkw zum ersten Teil unserer Evangelisationen im Mai nach Weißrußland transportiert und dort in einer der Gemeinden, in Pinsk, zurückgelassen. Ich habe Erkundungen eingezogen und sehr viel Zeit im Gebet speziell auf die Frage verwendet, wie man die Anlage am besten die ganze Strecke von Weißrußland nach Tschita in Sibirien transportieren könnte, denn sie war sehr groß und sehr schwer. Der naheliegendste Weg war, sie per Flugzeug zu versenden; das war zwar teuer, aber es ging schnell, und ich dachte auch, es sei zuverlässig. Doch als ich bei British Airways ein Angebot einholte, bekam ich eine recht deutliche Antwort. Man würde mir zu einem festen Preis den Transport nach Moskau garantieren, doch dort würde man das Transportgut der Aeroflot übergeben müssen. Der Mann, mit dem ich sprach, war recht höflich und ausgesprochen hilfsbereit. „Von der letzten Fracht, die wir nach Sibirien verschickt haben", sagte er, „fehlt jede Spur, seit sie vor drei Monaten Moskau verließ." Vielleicht war das wohl doch nicht der beste Weg? Ich hatte jene vagen Gerüchte von der Mafia und ihren Massendiebstählen gehört, aber wir waren doch schließlich Engländer, es würde doch keiner wagen, uns zu bestehlen, oder?

Obwohl ich an Wunder glaube, hielt ich unter diesen Umständen doch eine gewisse geistliche Zurückhaltung für angebracht und entschloß mich, meinen Glaubensmut für lohnendere Ziele aufzusparen. Doch blieb das Problem ungelöst, wie wir die Soundanlage nach Sibirien schaffen sollten. Glücklicherweise sagt die Bibel speziell solchen Leuten wie mir, die ein paar Probleme mehr zu lösen haben als die meisten Christen, daß bei Gott nichts unmöglich ist. Natürlich gab es eine Lösung, die ich vergaß zu erwähnen: Versuche erst gar nicht, irgend etwas für Gott zu erreichen! Dann hast du überhaupt keine Probleme und wirst niemals kritisiert! Sogar der Teufel paßt auf, daß du nicht gestört wirst in dem Komfort deines Lehnstuhlchristentums! Doch zurück zum Ausgangspunkt; die Bibel spricht tatsächlich zu denen, die sie selber zu lesen wagen, daß der Herr sagt: „Ehe sie rufen, will ich antworten; wenn sie noch reden, will ich hören" (Jesaja 65,24).

Während ich mich die ganze Zeit damit abmühte, das Problem auf meine Weise zu lösen, hatte Gott schon längst die Antwort bereit und wartete nur darauf, daß ich das Unausweichliche erkannte, nämlich, daß meine Methode unmöglich war. Also, wie würde der Herr mich aus meinem Dilemma befreien und die eineinhalb Tonnen schwere Soundanlage von Weißrußland nach Sibirien transportieren? Ganz einfach, Mischa hatte einen VW-Bus in Deutschland gekauft mit einer Zuladekapazität von einer halben Tonne, und sein Bruder würde ihn den ganzen Weg bis Tschita für ihn fahren, eine Strecke von mehr als 8000 Kilometern auf sehr schlechten Straßen. Er würde natürlich die Soundanlage mitnehmen! Eineinhalb Tonnen Soundausrüstung in einem Transporter mit einer halben Tonne Zuladekapazität sind für einen russischen Christen kein Problem – er lebt und fährt im Glauben. Zum Glück ist es sein Glaube, nicht meiner! Sind Sie schon einmal auf diesen Straßen gefahren? Ich bin es mit meinem eigenen Auto, und es trägt immer noch die Narben als Beweis!

In Sibirien angekommen, hatten wir immer noch das nicht kleine Problem, diese riesigen Lautsprecher mit unserer eigenen Kraft weiterzubefördern, sie in die Flugzeuge ein- und wieder auszuladen, sie in die Stadien zu tragen und wieder hinauszuschleppen. Darum hatten wir sie schon sehr früh, nach der Evangelisation in Sewerobaikalsk, in Tschita zurückgelassen und uns in Mischas Gemeinde eine etwas kleinere Anlage ausgeliehen. Doch auch die nahmen wir wegen ihres Gewichts und der Transportkosten nur mit, wenn wir sie unbedingt brauchten. Wenn wir wußten, daß die Veranstaltungen in Kulturhallen stattfanden, die mit einer geeigneten Anlage ausgestattet waren, ließen wir unsere eigene in der Gepäckaufbewahrung im Flughafen von Chabarowsk zurück. (Am Schluß waren wir siebenmal in Chabarowsk gewesen, daher war das ein geeigneter Abstellplatz.) Dort war sie auch im Augenblick und wartete darauf, bei unserer nächsten Reise mitgenommen zu werden.

Obwohl wir so zur Eile angetrieben worden waren, dauerte es noch eineinhalb Stunden, bevor unser Boot eintraf. Mehrere Boote landeten und fuhren wieder weiter, die riesige Menschenmenge, die so groß gewesen war, daß viele nicht mehr mitfahren konnten mit dem Boot, auf das sie gewartet hatten, schmolz langsam dahin, nur wir warteten immer noch geduldig. Alle, bis auf Elena, einem Mädchen aus unserem Musikteam. Sie war immer sehr lebendig und fröhlich und sprach gerade ausgelassen mit den anderen. Wir hatten nicht bemerkt, daß sie auf einem Teil der Landungsbrücke balancierte, der über den Fluß und hinüber auf das Boot geschoben wurde, das jeweils landete. Normalerweise war das recht sicher, weil er mit einer Kette am Landungssteg befestigt war. Doch diesmal war er nicht ordentlich angekettet worden.

Ich hörte einen Schrei und sah, wie etwas nach hinten purzelte und in der reißenden Strömung verschwand. Schnell wurde uns bewußt, daß dieses Etwas Elena war, sie trieb bereits in einer gewissen Entfernung von uns im Wasser. Es war alles so schnell gegangen, daß wir nichts tun konnten, um das arme Mädchen zu retten. Welch eine Tragödie, gerade jetzt, wo wir so etwas Tolles vorhatten und Elena sich ganz besonders darauf freute.

Verzweifelt blickte ich hinab und sah zu meiner Überraschung, wie sie im Wasser herumschwamm, und uns völlig durchnäßt, aber lachend zuwinkte, mit all ihrer gewohnten Anmut. Zum Glück war es recht warm, und sie wurde bald herausgefischt. Trotz ihres Abenteuers blieb sie guter Dinge. Geschwind trocknete sie sich ab und zog sich um, und als einige Minuten später unser Boot eintraf, war sie bereit. Swieta, die offenbar immer auf meine Fragen die richtige Antwort wußte, erklärte, daß dieses Boot jetzt das richtige war. Natürlich hätte ich bemerken müssen, wenn ich nur richtig aufgepaßt hätte, daß alle anderen Boote in eine ganz andere Richtung fuhren, meinte Swieta, aber sie war auch Russin und kannte sich halt damit aus.

Die Fahrt auf dem Fluß Amur war herrlich. Es war sonnig und warm, wir hatten etwas zu essen mitgenommen und konnten auf dem Boot Coca-Cola in Flaschen kaufen. Es waren sehr erholsame Stunden, in denen wir die Aussicht genossen und Sibirien an unseren Fenstern vorbeiziehen sahen.

Wir verbrachten den Sonntag in Chabarowsk, und ich predigte in der Gemeinde über Apostelgeschichte 1, Vers 8. Wir müssen die Kraft Gottes empfangen und dann aus dieser Kraft heraus handeln. Christi erste und letzte Botschaft an die Gemeinde nach seinem Tod und seiner Auferstehung war, in der Kraft und Vollmacht des Heiligen Geistes zu leben – nur dann können wir vollbringen, was Gott tun möchte. Gott will ein Werk in Sibirien beginnen, das die Wiederkunft Jesu Christi vorbereiten soll. Nichts ist unmöglich. Ich sagte:

> "Zuerst müßt ihr beten, dann müßt ihr handeln. Elia ist zu seiner Zeit dem Unglauben einer ganzen Nation entgegengetreten. Und es gibt große Ähnlichkeiten zwischen dem damaligen Israel und dem heutigen Rußland. Die Kraft, eine Nation zu verändern, ist Gott, ist Jesus Christus gegeben. Elia hat am Berg Karmel genügend Kraft in Bewegung gesetzt, um eine Kernfusion zu erzeugen.
>
> Ich habe einen Freund, der einen blauen Stein vom Berg Karmel mitgenommen hat, um ihn in einem englischen Laboratorium zu testen. Das Ergebnis war: Nur eine Kernfusion konnte solch einen Stein erzeugen! Aber die Betonung im Jakobusbrief Kapitel 5 liegt nicht auf dem Feuer, sondern auf dem Gebet, dem inständigen Gebet eines

Gerechten. Gott will, daß ganz Sibirien umkehrt zu ihm, aber noch ist es voll von Unglauben und falscher Religion. Gott will seine Macht in einer solchen Weise demonstrieren, daß durch euch die ganze Nation wieder zu ihm umkehrt. Die Menschen folgten Jesus nach wegen der Wunder, die er tat. Ihr müßt hingehen und dasselbe tun.

Die Kraft des Heiligen Geistes ist die Kraft, diese Wunder zu vollbringen. Schreit zu Gott, und er wird euch ein zweites Pfingstfest geben. Die Wunder, die wir hier in Sibirien gesehen haben, sind erst der Anfang. Darum bin ich gekommen, egal was es kostet, egal wie groß das Opfer ist, um Kraft vom Himmel zu erbitten, daß ihr euer Land gewinnen könnt. Gott wird den Sieg geben, wenn ihr ins Gebet geht. Er wird eine Ausgießung des Heiligen Geistes schenken, die größer ist als je zuvor. Ich möchte euch eine Vision vermitteln von dem, was Gott durch euch tun möchte. Geht auf eure Knie, und dann steht wieder auf und handelt!“

Kapitel 12

SUSSUMAN - DIE GOLDMINE

Diesmal gab es Probleme, für die Reise von Chabarowsk nach Sussuman Tickets zu bekommen. Wieder einmal hatten wir versucht, jemanden zu finden, der für uns im voraus die Buchungen vornimmt. Das schien wegen des russischen Systems sehr schwierig zu sein, weil es keine geeignete Computervernetzung gab. Hier draußen im fernen Sibirien war es unmöglich, irgendwohin ein Rückflugticket zu buchen oder auch nur einen Hinflug von irgendeinem anderen Flughafen aus als dem, wo man sich gerade befand. Wenn ich nach einem Rückflugticket in irgendeine andere Stadt fragte, erhielt ich zur Antwort, daß man nur Abflüge vom jeweiligen Standort aus abrufen könne, der Computer zeige nicht an, welche Rückverbindungen es gäbe. Wir müßten zu dem betreffenden Flughafen hingehen, um die Buchung vorzunehmen, selbst wenn dieser 1000 oder 1500 Kilometer entfernt war! Dasselbe galt für Anschlußbuchungen, man konnte uns nur Auskunft über die eigenen Abflugzeiten geben, sonst nichts. Fast hätte ich einmal diesen Alptraum besiegt, denn ich dachte, ich hätte eine Lösung gefunden, doch in der Praxis schlug mich das System erneut. Ich hatte sogar einen Flugplan von Aeroflot, aber er erwies sich als völlig unbrauchbar, darum habe ich ihn schließlich als Souvenir verschenkt.

Offenbar waren wir inzwischen in die Ferienzeit geraten, und nun waren alle Flüge von Russen ausgebucht! Außerdem stiegen die ganze Zeit über die Preise stetig an, während wir in Sibirien waren. Das bedeutete, nach typisch sowjetischer Logik, daß sie die Zahl der Flüge reduzierten, weil die Preise der Tickets für viele Reisende zu hoch waren, dadurch waren die vorhandenen Flüge überfüllt und für viele von uns, besonders solche Gruppen wie wir, war es unmöglich, so viele Plätze zu bekommen. In manchen Fällen, wo vorher zwischen zwei Städten sogar drei Flüge pro Tag verkehrt hatten, waren sie nun auf einen einzigen reduziert worden; andere verkehrten statt einmal pro Tag nur noch zwei- oder dreimal pro Woche, natürlich nie an den Tagen, die wir brauchten! Zu diesem Chaos kamen noch die überhöhten Benzinpreise und der Mangel an Straßen- und Schienenverbindungen zwischen den meisten Städten, die wir besuchten, hinzu. So blieb der Flugverkehr auch für die ärmeren Russen die einzige Möglichkeit, Verwandte zu besuchen oder irgendwohin zu reisen.

Die Antwort, die wir erhielten, war sehr endgültig: Es gab keine Tickets für das erste Teilstück von Chabarowsk, wo wir uns befanden, nach Sussuman. Wir mußten nachts nach Norden bis Magadan fliegen und dort einen Anschlußflug nach Sussuman nehmen, das noch mal ungefähr 500 Kilometer landeinwärts lag. Flüge gingen jede Nacht, aber für die nächsten beiden Wochen waren alle Tickets ausverkauft!

Wie immer begann ich zu beten und glaubte fest daran, daß Gott seine Verheißung gegeben hatte und er nicht versagen würde. So oft hatte es in ähnlichen Situationen wie dieser im letzten Moment ein Wunder gegeben. Der Pastor hatte versprochen, daß ein Mitglied seiner Gemeinde irgendwie einige Tickets für die nächste Nacht besorgen würde, aber ich war besorgt, weil wir dadurch erst am Montag morgen in Magadan ankommen würden, ohne geschlafen zu haben, und wir wußten nicht, ob wir von da Anschluß nach Sussuman hätten, wo am selben Abend die Evangelisation begann. Ich konnte und wollte nicht noch einmal eine Eröffnungsveranstaltung verpassen. Es war Sonntag abend 23.00 Uhr, als plötzlich der Pastor zu dem Quartier kam, wo einige von uns übernachteten, und verkündete, er habe zwei Tickets für den nächsten Flug um 4.00 Uhr morgens! Viel Zeit für Organisatorisches blieb nicht mehr, doch diese Tickets waren wohl wieder die Erhörung meines Gebets.

Es war ohnehin geplant gewesen, daß sich das Hauptteam zu diesem Zeitpunkt für eine Weile teilen sollte. Weil das Team C, unser Hilfsteam, das für den südöstlichen Teil Sibiriens zuständig war, von der Polizei wegen öffentlichen Predigens ausgewiesen worden war, hatten wir jetzt kein Hilfsteam für die Vorbereitungsaktionen in der Stadt Sowjetskaja Gawan an der Pazifikküste. Ein Teammitglied, das normalerweise für die Nacharbeit zuständig war, hatte sich bereit erklärt, mit Olga, einer unserer Übersetzerinnen, dorthin zu fahren. Zwei hervorragende deutsche Fürbitter und Evangelisten, Reinhard und Susanna, die es irgendwie geschafft hatten, nicht dasselbe Schicksal zu erleiden wie der Rest von Team C, waren schon dorthin gefahren und hatten bereits mit den Vorbereitungen begonnen.

In der Zwischenzeit sollten nun die anderen vom Hauptteam mit dem Zug zum übernächsten Einsatzort fahren, das war Tschita, und dort mithelfen, einen großen „Marsch für Jesus“ zu organisieren und die Evangelisation vorzubereiten. Auf diese Weise konnten Swetlana und ich mit diesen Tickets nach Sussuman fliegen, wo wir wußten, daß wir starke Unterstützung finden würden durch unsere Hilfsteams unter der Leitung von meinen Freunden Boris und Oleg aus Kiew und Kay und Patti aus unserem deutschen Büro in Weingarten.

Nach ein paar kurzen Stunden Erholung machten sich Swetlana und ich auf zu unserer nächsten Etappe dieses sibirischen Abenteuers. Das Auto des Pastors war völlig kaputtgegangen, und es gab keine Taxis, als wir um 1.00 Uhr morgens das Quartier verließen, um zu versuchen, den Flughafen zu erreichen. Unsere einzige Chance bestand darin, zur nächstgelegenen Hauptstraße zu laufen und auf „russische“ Art zu fahren. Das bedeutet, man steht an der Straße und winkt den erstbesten Privatwagen heran, der vorbeikommt. Das hatten wir vor, doch wußten wir nicht, ob das auch nach 1.00 Uhr morgens klappt. Lange brauchten wir nicht zu warten, bis ein Auto vorbeikam und auf unser wildes Gestikulieren reagierte, indem es anhielt. Swieta hatte mich im voraus gewarnt, auf keinen Fall englisch zu sprechen, darum forderte sie selbst den Fahrer auf, uns zum Flughafen zu bringen, der 30 Minuten entfernt lag, was dieser auch ohne zu zögern tat. Nachdem wir unser Gepäck ausgeladen hatten, schienen auf Swetlanas Initiative hin einige Rubel die Hände zu wechseln, und der zufriedene Autobesitzer fuhr davon. Fertig, so einfach war das! Ich hatte deswegen den Taubstummen mimen müssen, weil der Fahrer den Fahrpreis nicht nur vervierfacht, sondern eine große Summe in Dollars gefordert hätte, wäre ihm bewußt gewesen, daß er einen Westler beförderte!

Wieder einmal befanden wir uns an jenem Flughafen, den wir insgesamt siebenmal passieren mußten. Alles verlief glatt. Wir mußten zur Intourist-Abteilung gehen, einchecken und bis 4.00 Uhr morgens warten. „Niet Problem!“

Nach einem recht angenehmen Flug, natürlich wurden weder Essen noch Getränke serviert, warfen wir den ersten flüchtigen Blick aus der Luft auf das berühmte Magadan, bevor wir um 7.00 Uhr morgens auf der Rollbahn landeten. Ein Schaudern überkam uns an diesem Ort, nicht nur wegen seiner häßlichen Geschichte, sondern auch weil zu dieser Zeit am Morgen die Temperatur nur 3° C betrug. Wir waren aus der feuchten Wärme des südlichen Sibirien gekommen, wo die Temperaturen durchschnittlich bei 35 bis 40° C lagen, darum war unsere wärmere Kleidung noch in unseren Taschen verstaut. Wir fröstelten in der kalten Luft.

Aber es waren nicht nur die Temperaturen, die uns zum Zittern brachten – dies war der Ort, wo Solschenizyn, der berühmte Autor der „Gulag"-Bücher, einst gefangengehalten wurde und wo nach Schätzungen bis zu zehn Millionen Menschen, die unter Stalin verfolgt wurden, zu Tode gekommen sind. Diesmal besuchten wir die Stadt selbst nicht, sie lag über eine Stunde Autofahrt entfernt. Oleg, ein Mitarbeiter des Pastors der Gemeinde in Magadan, nahm uns in Empfang. Bevor er uns zum Flugzeug nach Sussuman brachte, sprachen wir viele Einzelheiten für die nächsten Tage ab, die wir gemeinsam verbringen würden und legten fest, daß er ein Lobpreisteam aus seiner Gemeinde zu der Evangelisation mitbringen würde, die am nächsten Tag beginnen sollte.

Diesen Abschnitt der Reise legten wir in einem der vielen YAK-40-Flugzeuge zurück. Mit seinen nur achtunddreißig Sitzen und dem recht kleinen Laderaum war diese dreistrahlige Maschine recht schnell. Und da sie nur verhältnismäßig wenig Platz zur Landung brauchte, eignete sie sich hervorragend für den Pendelverkehr zwischen den entlegenen Außenposten des riesigen früheren Sowjetimperiums. Unser einziges Problem waren die Sitze; sie waren sehr unbequem, weil sie nur niedrige Rückenlehnen und keine Kopfstützen hatten.

Bei der Ankunft auf dem kleinen Flughafen in Sussuman freuten wir uns sehr über die herzliche Begrüßung und die hilfreichen Hände unserer Freunde aus Weingarten und Kiew. Das Team aus Kiew kam aus Anatolis Gemeinde. Anatoli war ein Pastor, den der Herr gebraucht hatte, um mir viele Türen in der Ukraine zu öffnen. Ich erinnere mich an die erste Evangelisation, die ich im Januar 1991 in Kiew hielt; Anatoli hatte mich gebeten, an einem Sonntag nachmittag zu predigen. Trotz seiner nur 150 Mitglieder zählenden neu gegründeten Gemeinde war es ihm gelungen, eine große Menschenmenge zu versammeln. Von diesem Tag an hat Gott durch den Heiligen Geist eine Beziehung zwischen uns freigesetzt, die dazu führte, daß unsere Dienste zusammenwuchsen.

Als ich später von einer Gruppe Gemeinden in Kiew eingeladen war, eine große Evangelisation in ihrem Dynamo-Fußballstadion durchzuführen, hatte diese wegen eines Zusammenbruchs der Kommunikationswege nicht rechtzeitig organisiert werden können. Nur drei Wochen Zeit blieben noch für die Vorbereitungen, da griff Anatoli ein, demonstrierte die Macht des Fastens und Betens und organisierte in Kiew eine unserer erfolgreichsten Evangelisationen, die bis dahin stattgefunden hatten.

Im folgenden Jahr arbeiteten wir bei der großartigen Konferenz von EuroVision 1993 im Sportpalast in Kiew zusammen, die in einer Halle mit 10 000 Sitzplätzen stattfand. Diese Veranstaltung gipfelte in dem Wunder einer persönlichen Begegnung mit dem Minister für religiöse Fragen in Kiew und einem triumphalen öffentlichen Sieg im Namen Jesu, der uns die Möglichkeit verschaffte, das große Dynamo-Stadion in Kiew zu bekommen. Die Polizei, die das Stadion am Samstag nachmittag abgeriegelt hatte, um uns den Zutritt zu verweigern, erhielt in letzter Minute die persönliche Anweisung des Ministers, zurückzutreten und uns die Veranstaltung wie geplant durchführen zu lassen.

Nun hatte Anatoli als Reaktion auf meinen Aufruf 200 Ukrainer geschickt, um mir in Sibirien zu helfen, einige von ihnen waren hier als Team in Sussuman, das von Boris und Oleg sehr gut geleitet wurde.

Unser Team aus Weingarten wurde von Kay und Patti Fassbender geleitet. Weingarten ist ein sehr kleines, aber recht hübsches Dorf ganz in der Nähe von Karlsruhe, dort befindet sich unser deutsches Büro von EuroVision. Der dortige Pastor Christoph und seine Frau Martha Scheel sind nicht nur Leiter einer geisterfüllten Gemeinde in Weingarten, sondern haben EuroVision seit meiner ersten Ost-West-Konferenz in Karlsruhe 1988 unterstützt. Unser Büro befindet sich in einem großen, prächtigen Gebäude, das „Maranatha-Haus" heißt. Dort ist auch die Gemeinde, und mehrere Gemeindemitglieder und andere deutsche Freunde waren unter der Leiterschaft von Kay und Patti Mitglieder dieses Teams; ich kannte sie also gut.

Dies sollte eine ganz besondere Evangelisation werden – es war herrlich, in diese entspannte Atmosphäre zu der gut durchorganisierten Evangelisation zu kommen, die wir unseren Freunden verdankten. Zum ersten Mal seit meiner Ankunft in Sibirien empfand ich, daß der Druck für eine kurze Zeit von mir genommen war. Sussuman war durchaus nicht der schönste Ort, den wir besuchten, aber die Kraft Gottes war hier so einzigartig zu spüren, daß er sich von allen anderen Orten unterschied. Der Ort wäre völlig farblos gewesen, wenn nicht die Sonne so viel Wärme gespendet hätte, daß die Temperaturen bei über 30° C lagen, im Gegensatz zum 500 Kilometer entfernten Magadan.

Der Hauptindustriezweig war hier der Bergbau. Daher bedeckten die Rückstände aus den Minen in dieser trockenen Hitze alles mit einer Staubschicht. Die Goldmine, die auch das ganze Finanzwesen beherrschte, war nicht sehr ergiebig, und die Kohlenmine sorgte überall auf den Straßen und Feldern für eine schwarze Spur; auch die Gebäude blieben nicht verschont. Die Stadt war noch recht jung, viele Gebäude waren erst fünf Jahre oder weniger alt, aber das hätte man ihrem verfallenen Aussehen nach nie gedacht. Überall standen diese gleichaussehenden Wohnblocks. Wegen des Dauerfrosts, der selbst in der Hitze des Sommers schon nach 30 cm unter der Oberfläche begann, wurden alle Gebäude in zweifelhafter Weise auf so etwas wie Stelzen gebaut, die sie bis zu einem Meter hoch über den Boden hoben.

Doch weniger daß als vielmehr die sechs- oder achtetagigen Wohnblocks, die darüber aufragten, zogen meine Aufmerksamkeit auf sich. Sie waren exakt genauso wie in all den anderen früheren kommunistischen Ländern auf die übliche russische Art gebaut und bestanden aus vorgefertigten Zementwänden, die ganze Häuser- oder Wohnungsseiten repräsentierten und mit riesigen Kränen in Position gebracht und mit Eisenbolzen gesichert wurden. Wegen der Kombination von Feuchtigkeit und den von –50° bis zu +40° C schwankenden Temperaturen brachen diese Bauteile buchstäblich auseinander, und große Risse wurden zwischen ihnen sichtbar. Damit sie besser aussahen, und um den Wärmeverlust zu reduzieren, hatte man Zement und Isolationsmaterial über diese Risse gestrichen, was natürlich nur eine kosmetische Reparatur war. Ich erinnere mich, wie ich zwischen zwei solchen Gebäuden entlangging und dort, wo ich ging, ein Durchgang von ungefähr zwei Metern Breite war. Doch als ich aufsah, entdeckte ich, daß sich die Spitzen der Gebäude so sehr geneigt hatten, daß sie sich regelrecht berührten!

Gemeinsam mit anderen Mitgliedern des Teams übernachtete ich in einem solchen Block. Es gab brauchbare Toiletten und eine Gemeinschaftsdusche, aber natürlich kein heißes Wasser. Eine kurze Zeit der Erholung, eine Kleinigkeit zu essen, extra aus Deutschland mitgebracht, und ein richtiger Kaffee, dann war ich bereit, mir anzuschauen, was für die Gottesdienste in dem Fußballstadion vorbereitet war. Es war allerdings nur ein Fußballplatz – der schlechteste Veranstaltungsort, den wir bisher hatten. Er war groß genug für die kleine Stadt mit nur 10 000 Einwohnern, aber eigentlich war es nur ein staubiger Platz mit einem großen hölzernen Gebäude an einer Seite, in dem sich die Büros, ein Übungsraum mit Trainingsausrüstung und eine kleine Turnhalle befanden. Es gab aber eine hölzerne Plattform, die uns als Bühne und als eine Art Schutz vor den vielen Menschen, die uns später belagern sollten, diente.

Swieta war mit mir gekommen, um sich die Lokalität anzuschauen. Durch sie hatte ich die Möglichkeit, mit der Sekretärin in einem der Büros zu sprechen, wodurch ich einige interessante Informationen über die Stadt erhielt. Ihr Mann arbeitete in der Goldmine, die acht Monate im Jahr der Hauptgrund für die Existenz dieser Stadt zu sein schien; in den anderen vier Monaten ist es einfach zu kalt. Die Mine wurde unter sehr strengen Sicherheitsvorkehrungen von Beamten aus Moskau kontrolliert. Sie schien zusammen mit der Kohlenmine der größte Arbeitgeber zu sein. Der Rest der Stadt war vollkommen abhängig von den Minenarbeitern und ihren Familien. Sie brauchten natürlich Schulen, ein Krankenhaus, Geschäfte und vieles mehr. Möglicherweise gab es auch in bescheidenem Umfang Landwirtschaft auf den riesigen Landflächen im Umkreis der Stadt, aber durch die sehr kurzen Sommer von nur drei oder vier Monaten und dem überall gegenwärtigen Dauerfrost war da nicht viel zu machen. Ich glaube, es war sogar zu schwierig, Kartoffeln anzubauen, so hoch oben im Norden. Die Landschaft an sich war sehr öde, mit den wenigen Bäumen wirkte sie mehr wie eine offene Ebene, umgeben von Bergen, die wir am Morgen auf unserem Weg überflogen hatten.

Die Sekretärin des Fußballvereins war sehr erfreut darüber, mit Swieta sprechen zu können, weil sie ebenfalls aus der Ukraine stammte, wie auch viele andere hier in dieser Wildnis. Obwohl von der Mine in diesem Jahr eineinhalb Tonnen Gold nach Moskau geschickt worden waren, hatten ihr Mann und die anderen Minenarbeiter seit zwölf Monaten keinen Lohn erhalten, erzählte sie uns. Normalerweise werden sie am Ende einer Saison ausbezahlt, und wegen des schwierigen Klimas und der Abgeschiedenheit des Ortes waren die Löhne hoch. Es gab keine Gefangenen hier, die als Sklaven arbeiten mußten, sondern die Arbeiter waren angezogen worden von der Aussicht, bis zu vier Millionen Rubel im Jahr zu verdienen. Nach der zu jener Zeit gültigen Umtauschrate waren das ungefähr 2000 Dollar im Jahr oder 165 Dollar im Monat. Das war gut, und manche Leute erzählten mir, daß sie aus der Ukraine, wo der Durchschnittslohn nur bei 20 Dollar im Monat lag, extra an solche Orte kamen, nur um ein paar Jahre lang schnell viel Geld zu verdienen und dann in die Heimat zurückzukehren. Sie und ihr Mann waren aus diesem Grund gekommen, doch jetzt waren sie noch nicht einmal mehr in der Lage, ihr Ticket zurück in die Ukraine bezahlen zu können, was mindestens eineinhalb Millionen Rubel kostete und ständig teurer wurde. Wahrscheinlich würde es bis Ende des Jahres auf zwei Millionen Rubel angestiegen sein.

Wir fragten sie, wovon sie lebten, denn alles war sehr teuer, da weder Nahrung – mit Ausnahme der Produkte aus kleineren Gärten und Tomatenkübeln am Fenster – noch Kleidung am Ort produziert wurden. Niemand hatte irgendwo ein Treibhaus, da es keine Möglichkeit gab, es zu beheizen. Alles mußte aus dem Süden eingeflogen werden, oder von noch weiter her, und das war teuer. Sogar Kartoffeln – bei bis zu 9 Dollar pro Kilo. Sie sagte uns, daß ihr Einkommen aus dem Verein 200 000 Rubel im Monat betrug; ihr Mann erhielt einen Lohnvorschuß in der gleichen Höhe, so daß sie zusammen auf 400 000 Rubel im Monat kamen. Aber die Kosten für Lebensmittel betrugen für beide zusammen 700 000 Rubel im Monat, und darin waren noch nicht die Miete, die Heizung, die Kleidung und all die anderen Dinge enthalten, die zum Leben dazugehörten. Kein Wunder, daß sie sagte, sie könnten noch nicht einmal die Flugtickets in die Heimat bezahlen. Wovon lebten sie?

Als ich den Platz verließ, beobachtete ich die Fürbitter des Hilfsteams, die auf dem Gelände umhergingen und das Land und die Seelen im Namen Jesu beanspruchten. Dieser geistliche Kampf war ein sehr wichtiger Bestandteil des Evangelisierens. Das Team hier in Sussuman hat mir sehr anschaulich vor Augen geführt, was Disziplin ist, sie hatten sich in verschiedene Gruppen aufgeteilt, die jeweils zuständig waren für Fürbitte, Straßenevangelisation, Verteilung von Flugblättern und Werbung. Das war sehr ermutigend. Ich spürte innerlich, daß hier eine große Bewegung Gottes stattfinden würde.

Am Morgen vor der Evangelisation war es freundlich und warm, wie an den meisten Tagen in diesem Sommer! Es war für mich ganz einfach aufzustehen und mich früh am Morgen gemeinsam mit dem Team zu Lobpreis und Anbetung zu treffen. Und wie mir bewußt wurde – voller Dankbarkeit und Freude vor dem Herrn, ohne den Streß mit dem Reisen –, war ich tatsächlich noch einen Tag vor Beginn der Evangelisation angekommen! Weil das Hilfsteam alles so sorgfältig organisierte, brauchte ich nichts weiter tun, als mich auszuruhen, den Herrn zu suchen und mich auf die Veranstaltung vorzubereiten!

Ich empfand die Gegenwart des Herrn sehr stark, und ich wußte zwei Dinge in meinem Herzen. Das eine war, daß ich deutlich spürte, wir brauchten bei Tag und Nacht ununterbrochen Fürbitte, die wir, Gott sei Dank, auch bekamen! Ich war so dankbar für unsere Beter, sowohl für die Daheimgebliebenen als auch für die, die Gott mir als Mitglieder des Hauptteams mit auf den Weg geschickt hatte. Im Augenblick war ich zwar von ihnen getrennt, aber ich wußte, daß sie jetzt sogar noch intensiver beten würden. Das andere war, daß der Herr mir ein starkes Gefühl des Sieges über den Teufel gab. Das sollte zu einem Wendepunkt in verschiedener Hinsicht werden. Von jetzt an würden wir noch mehr Wunder sehen, besonders weil mich der Teufel vor meiner Abreise aus Chabarowsk massiv angegriffen hatte … und mich in einen echten geistlichen Kampf gezwungen hatte, bis ich wußte, er war besiegt.

Natürlich hatten Swieta und ich nicht versucht, die Soundausrüstung mitzunehmen! Statt dessen lieh uns die Kulturhalle der Stadt unentgeltlich ihre Anlage aus! Das war wirklich ein Wunder, denn als die Anlage am Eröffnungsabend nicht so gut funktionierte, holten sie von einem anderen Ort, der viele Kilometer entfernt war, sogar eine noch bessere als Ersatz, und auch die gab es umsonst. Zusätzlich hatte uns die Besitzerin des Hotels am Ort zugesagt, daß sie von jetzt an freie Verpflegung für das gesamte Team während der Evangelisation zur

Verfügung stellen würde. Und das tat sie auch, es gab sogar um Mitternacht noch eine Mahlzeit, nachdem wir mit dem Gebet für die Kranken fertig waren! Man muß sich das vorstellen, sie versorgte 30 Leute von uns mit drei vollen Mahlzeiten am Tag, Frühstück, Mittagessen und Abendessen, drei Tage lang!

Ich traf ziemlich lange vor Beginn der Veranstaltung auf dem Fußballplatz ein. Das würde eine ganz schön trockene und durstige Angelegenheit werden, es war sicherlich über 30° C warm, und auf dem Platz wuchs kein Gras, es gab nur Staub und Schmutz. Und weil ich inzwischen den heißen, süßen russischen Tee sehr gerne mochte, kochte mir die Sekretärin sogar noch welchen vor der Veranstaltung!

Der Gottesdienst begann um 18.00 Uhr, das war recht früh, zumal einige nicht vor 17.00 Uhr aufhörten zu arbeiten, darum kamen sehr viele erst, als das Lobpreisteam von Oleg aus Magadan schon seine Lieder sang. Ich fing an zu predigen, als die meisten der 1000 Menschen, die sich an diesem Abend versammelten, bereits eingetroffen waren. Die Reaktion war überwältigend, wohl jeder Ungläubige kam nach vorne, um Christus anzunehmen. Die Menschen drängten sich regelrecht vor den noch eilig errichteten Barrieren. Nachdem sie auf die übliche Weise unterwiesen worden waren, begann ich für die vielen Kranken und Verkrüppelten zu beten, die verzweifelt auf Heilung hofften.

Zuerst bete ich allgemein und breche die Macht Satans, die solches Leiden verursacht hat, aber dann will ich persönlich zu den Menschen hin, um ihre Krankheiten durch die Vollmacht, die mir im Namen Jesu gegeben ist, zu heilen (Lukas 9,1–2)! Zwar war Swieta als Übersetzerin bei mir, aber leider fehlte mir jenes unserer Teammitglieder, das alle Heilungen immer so treu für mich aufschrieb. Es wurden auch hier sehr viele Menschen geheilt, ich erinnere mich allerdings nur noch an die herausragendsten Ereignisse. Ein Mann und eine Frau, beide gelähmt, wurden unmittelbar geheilt, ebenso wie eine Frau mit verkrüppelten Beinen, die aus dem Krankenhaus geholt worden war; sie hatte nur unter großen Schmerzen und mit Hilfe eines Stocks gehen können. Damit begann das größte Wunder von allen. Diese Frau war so begeistert über ihre eigene Heilung, daß sie mich am Ende der Veranstaltung bat, am nächsten Tag ins Krankenhaus zu kommen und für die anderen Patienten zu beten.

Als ich am nächsten Morgen mit dem Taxi vor dem Krankenhaus vorfuhr, wartete sie schon draußen auf den Stufen. Sie war vollkommen geheilt und lief frei und völlig ohne Schmerzen, als sie mich die baufälligen Zementstufen hinaufführte, deren Brüche und Risse nur von dicken Farbschichten bedeckt waren, und durch Gänge mit rissigen und zerbrochenen Kacheln auf die erste Station brachte. Ich sah die Männer in diesem Raum in ihren Betten liegen und erkannte ihre Not. Zwar kümmerten sich die Krankenpfleger in diesen Krankenhäusern wirklich sehr um die Patienten, und Verwandte und Freunde durften offensichtlich zu Besuch kommen und Lebensmittel mitbringen, doch wegen der armseligen Ausstattung und dem Mangel an Medikamenten herrschte eine Atmosphäre der Hoffnungslosigkeit. Natürlich fehlten Geldmittel, aber war das eine Entschuldigung für die Bettlaken und Decken, die mit dem Blut der Patienten und all den anderen Rückständen eines längeren Krankenhausaufenthaltes beschmiert waren, wie ich das in diesem und anderen Krankenhäusern beobachtete?

Ich betete für den Mann, der bei meinem Eintreten in dem Bett rechts von mir lag, er hatte multiple Sklerose. Um seinetwillen war ich hier hereingeführt worden, aber er hatte keinen wirklichen Glauben. In der Nähe des Fensters lag ein anderer Mann. Ich sprach mit ihm durch Swieta und fragte ihn, warum er hier sei. Er sagte mir, sein Rückgrat sei gebrochen, und so habe ich ihm die Hände aufgelegt. Augenblicklich waren alle Schmerzen verschwunden, er streckte sich, stand auf und rannte hinaus, um mir eine Tasse Tee zu kochen! Nun verbreitete sich die Nachricht von dem, was Gott gerade tat, und ein anderer Mann, der fast blind war, kam aus einem anderen Zimmer. Als ich meine Hände auf seine Augen legte, öffneten sie sich, und er konnte sehen. Jemand brachte eine Bibel, die neben einem Bett gelegen hatte, und er las sie begeistert. In seinem Enthusiasmus schrie er laut, damit alle es hörten: „Ich kann sehen, schaut her, ich kann lesen!"

Ich glaube nicht, daß Gott mich gerufen hat, in dieses Krankenhaus zu gehen, damit alle geheilt werden, sondern damit durch diese wenigen Fälle die Vollmacht des Wortes Gottes demonstriert würde, die Kraft des Heiligen Geistes und die Herrlichkeit des Namens Jesu. Kurz danach sagte mir die Frau, die am Abend vorher geheilt worden war, daß draußen ein Taxi auf mich warte, und als ich abfuhr, wollten sie und ihr Mann es aus Dankbarkeit für das, was Gott getan hatte, bezahlen.

Am Tag zuvor hatten wir uns über die unausweichliche Frage nach dem Transport zu unserem nächsten Einsatzort Gedanken machen müssen. Wir hatten zwar Sussuman erreicht, aber wie sollten wir von dort wieder wegkommen? Wir wußten, daß wir für den Flug von Magadan zurück nach Chabarowsk Plätze bekommen konnten, aber das Flugzeug würde Donnerstag morgen um 1.40 Uhr starten. Das bedeutete, wir mußten unmittelbar nach dem Evangelisationsgottesdienst am Mittwoch abend aufbrechen. Bis vor kurzem gab es täglich drei Flüge nach Magadan, und so wäre es kein Problem gewesen, dorthin zu kommen; aber jetzt gab es nur noch einen einzigen Flug nachmittags gegen 15.00 Uhr. Diese Verbindung war jedoch für mich wegen der Evangelisation unmöglich! Ich bat das Team, intensiv für uns zu beten, dann machte ich mich mit Swieta auf den Weg, um mit dem Flughafendirektor zu sprechen.

Ihm stand kein Flugzeug zur Verfügung, daher konnten wir keine Maschine chartern. Ich erklärte ihm die Situation und fragte ihn, ob er den Rückflug vielleicht auf 21.00 Uhr verschieben könnte, damit ich nach dem Gottesdienst noch schnell hätte abreisen können. Seine Antwort war nicht eindeutig negativ, aber als ich nach dem Mittagessen zurückkam, hörte ich, die Behörden in Magadan hätten das abgelehnt, weil einige Passagiere Anschlußflüge gebucht hatten. Ich war enttäuscht, weil ich gedacht hatte, das Problem sei so einfach zu lösen. Aber schließlich hat Gott die Macht, Dinge zu verändern, und ich habe immer den Mut, darum zu bitten!

Der Gottesdienst an diesem Abend war noch vollmächtiger als der erste. Es kamen ungefähr 1500 Menschen. Von den vielen Wundern, erinnere ich mich besonders an einen zwölfjährigen Jungen, der verkrüppelt war und Krücken benutzte. Er warf sie fort und wurde noch während meiner Predigt wunderbar geheilt. Auch ein Leutnant aus der Armee war gekommen. Schon am Abend zuvor war er mir aufgefallen, als er half, die Menschenmassen zurückzuhalten. Als Swieta ihn fragte, wofür er Gebet brauchte, zeigte er mir zwei Schußverletzungen, eine in seinem Bein und die andere in seinem Fuß. Er wurde sofort geheilt und rannte über den Platz!

Nach der Veranstaltung machte ich mich mit Swieta, die schon sehr müde war, zu einem unserer zahllosen erschöpfenden Versuche auf, unser Büro in England anzurufen. Es war bereits 23.00 Uhr bei uns hier in Sibirien, aber in England war es erst 12.00 Uhr mittags. Es gab keine Telefone in der Herberge, wo wir untergebracht waren. Und um zu Hause anzurufen, gab es nur eine Möglichkeit: Man mußte in die Telefonabteilung des örtlichen Postamts gehen, das in diesem Fall bis Mitternacht geöffnet hatte, sich anstellen, um ein Telefongespräch zu buchen, und dann eine Stunde lang warten, bis der Anruf durchkam. So war es in fast jeder Stadt, die wir besuchten. Das bedeutete, es war schon nach Mitternacht, als wir schließlich zu dem Hotel kamen, wo unsere Mahlzeit auf uns wartete, doch dort waren wir sogar die ersten! Nachdem noch weiter für die Kranken gebetet worden war, sind einige aus dem Team direkt zu Bett gegangen. Aber die anderen kamen erst noch, und nach einem wunderbaren gemeinsamen Essen gingen wir alle erschöpft, aber begeistert zu unserer Herberge zurück, um ein paar Stunden zu schlafen.

Weil es mir am Abend zuvor nicht gelungen war, aus Sussuman wegzukommen, um die täglich einmal verkehrende Maschine von Magadan aus zu bekommen, hatten wir nun den Flug für 15.00 Uhr gebucht. Dadurch konnte ich noch den Bürgermeister aufsuchen, der mich in sein Büro eingeladen hatte. Er erzählte uns vieren, die zu ihm gekommen waren, daß er nicht gläubig sei und daß die Orthodoxe Kirche und die Kommunisten versucht hätten, ihn zu überreden, uns die Erlaubnis für die Evangelisation nicht zu erteilen. „Ich habe nicht auf sie gehört“, sagte er, „ich sagte ihnen, wenn ihr uns in geistlicher Hinsicht in der Stadt helfen könntet und dazu beitragen würdet, die Kriminalitätsrate zu senken, die bei uns recht hoch ist, dann wäret ihr herzlich willkommen. Übrigens, ich habe gehört, was gestern im Krankenhaus geschehen ist, vielen Dank, daß ihr eine Station geräumt habt!“

Er erzählte weiter, daß bis vor kurzem in dieser kleinen Stadt mit ihren 10 000 Einwohnern sehr wenig Verbrechen verübt worden seien. Doch wegen der Arbeitslosigkeit und weil die Löhne nicht gezahlt wurden, hatte die Kriminalität zugenommen. Sehr bedeutsam war, als er sagte: „Die Menschen befinden sich in einer ungewissen Phase des Umbruchs. Hinter ihnen liegen die Schwierigkeiten unter der kommunistischen Herrschaft und vor ihnen eine unsichere und vielleicht noch schlimmere Zukunft. Doch ihr habt unseren Leuten

Glauben und Hoffnung gegeben.“ Das waren wunderbare Worte aus dem Munde eines ungläubigen Bürgermeisters.

Als wir zum Mittagessen ins Hotel kamen, wurden wir aufgefordert, für einige Angestellte des Hauses mit den unterschiedlichsten körperlichen Gebrechen zu beten. Sie baten mich, wiederzukommen und boten mir an: „Sie können das nächste Mal hier in diesem Hotel umsonst wohnen.“ Inzwischen war es ziemlich spät geworden, darum packten wir schnell, und Swieta und ich nahmen ein Taxi zum Flughafen. Der Fahrer wollte auf gar keinen Fall Geld annehmen, und als ich ihn fragte, ob er an den Veranstaltungen teilgenommen hatte, sagte er: „Nein, ich wollte zwar kommen, aber es ging nicht wegen meiner Arbeit, doch ich habe von allem gehört, was Gott durch Sie getan hat, darum werde ich von Ihnen kein Geld annehmen.“

Am Flughafen angekommen, wo sonst der unumgängliche Streß mit dem Einchecken losging, sagte die Schalterbeamtin zu uns: „Ich konnte nicht zu Ihren Veranstaltungen kommen, aber ich hörte von all den Wundern, die geschehen sind, bitte beten Sie für mich, ich habe Brustkrebs.“ Sie ging mit uns in einen kleinen Raum, dort legte ich ihr die Hände auf im Namen Jesu und glaubte an das Wunder, daß sie geheilt würde. Aus Dankbarkeit nahm sie unsere Tickets und erledigte alle Formalitäten besonders schnell, während wir darauf warteten.

Als sich die YAK 40 am späten Nachmittag in den wolkenlosen Himmel erhob, sann ich nach und freute mich über die Existenz eines Gottes, der so groß ist und solche außerordentlichen Wunder tut. Er hatte nicht nur das Leben des Bürgermeisters, des Taxifahrers und der Hotelbesitzerin verändert, sondern in zwei Tagen waren 25 Prozent der ganzen Bevölkerung der Stadt nach vorne gekommen, um sich für Christus zu entscheiden! Eine neue Gemeinde war entstanden – vorher hatte es noch gar keine gegeben. An diesem Nachmittag bekam meine Seele Flügel und schwang sich in weit höhere Sphären als unser Flugzeug. Sie wurde nicht von Motoren getrieben, sondern von Lobpreis und Dankbarkeit gegenüber dem einen, den ich mehr liebe als irgend jemand sonst auf der ganzen Welt.

Kapitel 13

VON SUSSUMAN NACH TSCHITA ÜBER MAGADAN

Das Flugzeug kam auf der Landebahn von Magadan zum Stehen. Vorbei war es mit der Entspannung, die in Sussuman geherrscht hatte, und ich mußte mich wieder den Realitäten Sibiriens stellen. Weil es nicht möglich war, von Magadan wegzukommen, hatte ich an diesem Tag, einem Donnerstag, nur die erste Etappe der sehr langen Reise zur nächsten Evangelisation in Tschita geschafft. Es war schon fast 17.00 Uhr, und die Büros von Aeroflot würden bald schließen. Nur dort konnte man ein Flugzeug chartern.

Das größte Problem in Magadan war, daß außerhalb der dichter besiedelten Gebiete des Fernen Ostens, in diesen mehr abgelegenen Orten, alles sehr teuer war. Der Preis für Flugtickets wurde nicht allein nach den Entfernungen berechnet, sondern entweder richtete er sich nach der Nachfrage, oder, und das war wesentlich häufiger der Fall, wie ich später feststellte, er richtete sich nach der Politik der Regierung. Warum waren die Tickets hier doppelt bis dreimal so teuer als woanders in dieser Region? Sogar eine Flasche Erfrischungsgetränk wie Coca-Cola, Orangen- oder anderer Fruchtsaft, die sonst umgerechnet 2 Dollar kostet, war hier am Flughafen nur für 5 Dollar zu haben.

Wladimir Schirinowski, der kurze Zeit später dieser Stadt einen Besuch abstatten sollte, nannte einen sehr guten Grund dafür, und er war wegen dem, was er sagte, aussichtsreicher Anwärter auf die Präsidentschaftswahl in Rußland 1996. Wie wir in Sussuman und hier in Magadan gesehen haben, hatte sich die Regierung in Moskau dafür entschieden, die Situation dieser Außenposten Sibiriens zu ignorieren. Hilfe aus dem Westen floß reichlich nach Moskau, ebenso wie die Erträge dieser Außenposten, doch nichts floß zurück in ihre Richtung. Nicht die Dollar aus dem Westen und noch nicht einmal die Löhne der Goldminenarbeiter! Um die ganze Sache noch zu verschärfen, wurden sogar die Flugpreise überhöht, so blieben diese neu erschaffenen „goldenen Gefängnisse“ auf jeden Fall isoliert.

Ich hatte nur zwei Möglichkeiten, um aus Magadan wegzukommen, entweder ein Nachtflug hinüber nach Chabarowsk, von wo aus ich immer noch das große Problem lösen mußte, weiter nach Tschita zu kommen, oder ein Flug mit einer anderen Fluggesellschaft, die am nächsten Tag um 11.00 Uhr eine Verbindung nach Blagoweschtschensk anbot, wo ich dann erneut festsitzen würde. Für den Anfang entschloß ich mich, zwei Plätze für den Nachtflug nach Chabarowsk zu buchen, aber ich wußte, daß wir von dort aus nicht rechtzeitig nach Tschita kommen konnten. Dann sprachen Swieta und ich mit den Direktoren der anderen Fluggesellschaft, die nach Blagoweschtschensk flog, und fragten, ob sie uns mitnehmen könnten und ob wir dort dieses Flugzeug für den relativ kurzen Anschlußflug von weniger als 1500 Kilometern nach Tschita chartern könnten. Man sagte uns, wir sollten uns am nächsten Morgen vor 9.00 Uhr im Flughafen melden, um eine Antwort darauf zu bekommen. In der Zwischenzeit lenkte die Frau aus der Intourist- oder „Internationalen“ Abteilung unsere Aufmerksamkeit plötzlich auf einen jungen Mann, von dem sie sagte, er könne uns einen Charterflug anbieten. Aeroflot hatte inzwischen Feierabend gemacht, und alle Büros waren geschlossen. Tatsächlich bot uns dieser Mann einen Charterflug an, allerdings zu einem horrenden Preis, 18 000 Dollar nur für uns beide. Sehen Sie, was ich meinte mit den Preisen!

Es war inzwischen 20.00 Uhr, und wir konnten nichts weiter tun. Immerhin hatte ein sehr freundlicher Polizist, der außerdienstlich zum Flughafen gekommen war, über eine Stunde gewartet, um uns auf die einstündige Fahrt in die Stadt Magadan mitzunehmen, damit wir uns ein Hotel suchen und etwas schlafen konnten. Er war bereit, uns für denselben Preis zu transportieren, wie der Flughafenbus, der natürlich schon vor Stunden abgefahren war und wesentlich billiger gewesen wäre, als die überzogen teuren Taxis.

Die Fahrt war so, wie es in einem 30 Jahre alten Moskwitsch zu erwarten war, der uns und noch einen weiteren Fahrgast transportierte, einschließlich aller Gepäckstücke, die über uns gestapelt waren, weil sie nicht alle in den Kofferraum paßten. Ich wußte natürlich, daß solche Autos vor 30 Jahren nach England importiert worden waren, wo sie vom Verkehrsministerium als zu gefährlich eingestuft und verboten worden waren. Hier in Rußland gab es trotzdem immer noch sehr viele davon. Offensichtlich waren noch nicht alle in Unfälle verwickelt oder auseinandergefallen.

Nun war ich zum ersten Mal in der berüchtigten Stadt Magadan, aber weil es schon recht spät war, dachten wir nur noch an ein Hotel und an eine Mahlzeit; wir mußten am nächsten Morgen um 7.45 Uhr den Bus bekommen, und vor uns würde aller Voraussicht nach ein harter Tag mit Verhandlungen und Reisen liegen, und es wäre dann bereits der Freitag, an dem meine Evangelisation in Tschita am Abend beginnen würde.

Am nächsten Morgen am Flughafen klappte irgendwie gar nichts. Am Abend vorher hatten wir dem Mann mit dem Charterflug für 18 000 Dollar gesagt, das sei Wahnsinn, aber wir mußten jetzt unbedingt die andere Fluggesellschaft um 9.00 Uhr aufsuchen, um zu klären, ob wir um 11.00 Uhr nach Blagoweschtschensk fliegen und von dort aus dasselbe Flugzeug nach Tschita chartern konnten, was zu diesem Zeitpunkt die bessere Alternative zu sein schien. Natürlich war niemand da – trotz aller Versprechungen am Vorabend. Swieta – sie machte die ganze Arbeit, ich traf nur die Entscheidungen – mußte hin und her laufen zwischen dem russischen Teil des Flughafenterminals, in dem sich das einzige Telefon befand, und mir, der mehr oder weniger geduldig auf dem Gepäck in der Intourist-Abteilung saß. Ich hatte es satt, all das Gepäck mit mir herumzuschleppen und aus Sicherheitsgründen ständig sorgfältig zu bewachen, zumal meine „Kassenwartin“ Katie, die normalerweise jene gewisse Tasche bewachte, die als unsere geheime Bank fungierte, mit den anderen Mitgliedern des Hauptteams weit weg war.

Um 10.00 Uhr bekam ich Durst. Weil es in unserem Übernachtungsquartier kein Restaurant gab, hatten wir bis jetzt noch nicht einmal etwas getrunken, so ging ich zu dem einzigen Stand, an dem es Lebensmittel gab. Ich bestellte zwei Sandwiches und etwas Tee. Da fiel mir ein, daß Swieta ja auch etwas zu essen brauchte. Ich versuchte durch Zeichensprache deutlich zu machen, daß ich noch zwei weitere Sandwiches wollte. Die Frau schickte mich weg. So suchte ich Swieta und nahm sie mit, damit sie für mich bestellte, doch aus irgendeinem unerfindlichen Grund stellte sich heraus, daß die Frau an der Kasse kein Geld annahm. Waren die Wunder von Sussuman auch hier noch am Werke?

Als Swieta zurück war, bekam ich die Antwort: „Nein!“ Auf welche der vielen Fragen bezog sich das nun? „Nein“, wir konnten das Flugzeug nicht chartern, das nach Blagoweschtschensk flog, denn um nach Tschita weiterzufliegen, müßten die Piloten ihre erlaubte Anzahl von Flugstunden überschreiten. Das hatte ich in Rußland noch nie gehört, aber es war immerhin eine Antwort! Trotzdem versuchten wir uns jetzt verzweifelt in die Schlange einzureihen, die für Stand-by-Tickets mit diesem Flug anstand, doch mußten wir feststellen, daß die letzten an einen Mann gegangen waren, der sich grob an Swieta vorbeigedrängelt hatte. Jetzt wußten wir, warum wir dieses Flugzeug nicht hatten chartern können, wir konnten noch nicht einmal für das erste Stück Plätze bekommen! Jetzt gab es nur noch eine einzige Möglichkeit, um an diesem Tag noch wegzukommen – keine weiteren Flüge, keine weiteren Plätze –, aber wo war der Mann, der uns am Abend vorher den Charterflug für 18 000 Dollar angeboten hatte? Er hätte schon vor mehr als einer Stunde hier sein müssen. Swieta hatte mit ihm telefoniert, und er hatte gesagt, daß er den Flug trotz unserer Bedenken wegen des Preises vorsichtshalber organisiert hatte und wir um 10.00 Uhr in der Luft sein könnten.

Plötzlich tauchte er auf und versicherte uns noch einmal, wir könnten in einer Stunde fliegen, immer noch rechtzeitig für die Evangelisation in Tschita, trotz der Tatsache, daß wir wegen der großen Entfernung in Jakutsk zur Treibstoffaufnahme zwischenlanden müßten. Jakutsk! Ich wußte, daß Michael Krchnák dort mit seinem Team aus der Tschechoslowakei gelandet war. Er hatte unsere Zentrale in Tschita tagelang um Hilfe gebeten und gesagt, daß er dort keinen Flug bekommen konnte und daß er und seine Gruppe den Rückflug nach Moskau verpassen würden. Jakutsk ist mehr als alle anderen eine Einbahnstadt. Wir hatten Michaels Team ohne Schwierigkeiten dorthin befördern können, aber es gab die nächsten zwei Wochen tatsächlich keinen Flug von dort weg!

In diesem Moment wußte ich wie durch ein weiteres Wunder die Antwort. Ich sagte Swieta, sie solle 14 000 Dollar anbieten unter der Voraussetzung, daß wir über Jakutsk flögen. Unser Mann willigte ein, zumal noch jemand anders, den er kannte, mit uns mitfliegen wollte. Als wir das Geld bezahlten und den Vertrag unterschrieben, erwähnte ich beiläufig, daß wir noch eine andere Gruppe von zwölf Leuten bei der Zwischenlandung in Jakutsk mitnehmen würden.

Wieder einmal war unser Problem der Dämon, mit dem wir in Sibirien so oft zu kämpfen hatten, der Sawtra-Geist. „Morgen!" Trotz all der Versicherungen und Versprechungen, daß wir mehr als rechtzeitig in Tschita sein würden, merkte selbst ich mit all dem Glauben, den ich irgendwie aufzubringen vermochte, um 14.00 Uhr, daß wir Schwierigkeiten haben würden. Ich war so frustriert, daß ich versuchte, den Flug abzusagen, doch das hätte mich 50 % des Preises gekostet, die tschechische Gruppe bliebe weiter von der Außenwelt abgeschnitten, und wir hätten überhaupt keine Möglichkeit gehabt, nach Tschita zu kommen.

Inzwischen ist sicherlich klargeworden, warum ich von Anfang an, seit dieses ganze sibirische Abenteuer geplant worden war, ganz stark den Eindruck hatte, wir bräuchten unser eigenes Flugzeug! Entweder sollte es uns von der deutschen Regierung zur Verfügung gestellt werden, so hatten wir gehofft, oder wir hätten es selbst gekauft, oder, und das hatte ich bis zum allerletzten Moment, bevor unsere Evangelisationen begannen, gehofft, daß wir wenigstens ein Charterflugzeug bekämen, das uns überall hinbringt. Der ganze Zeitplan war geradezu unmöglich ohne ein eigenes Flugzeug, doch obwohl unsere Fürbitter acht Monate und mehr dafür gebetet hatten, wurden wir von Gott nicht in dieser Weise erhört. Im Rückblick jedoch waren wahrscheinlich die größten Wunder und die beeindruckendsten Demonstrationen seiner Macht, wie er für unsere Flugverbindungen gesorgt hat. Und das hier war keine Ausnahme.

Um 14.30 Uhr wurden wir aufgefordert, in das Flugzeug einzusteigen, aber das war ein Witz. Obwohl wir unsere Tickets in unseren Händen hielten, verweigerte uns die Dame an den Gates den Durchgang und behauptete, es gäbe keinen Flug nach Tschita. Das kostete Zeit. Als wir nach einigen Telefongesprächen, die sie aufgeregt führte, schließlich in die Abflug-„Halle" eingelassen wurden, konnte unser offizieller Führer uns nicht die Tür zur Rollbahn öffnen, denn sie war abgeschlossen, und niemand wußte, wo der Schlüssel war! Schließlich wurde der Mann gefunden, der den Schlüssel die ganze Zeit gehabt hatte, und um 15.00 Uhr stiegen wir zu guter Letzt in das Charterflugzeug ein. Es war eine Version der AN 24, die wir besonders gern benutzten. Im wesentlichen war es baugleich, nur war es ein Frachtflugzeug. Während eine AN 24 ausgestattet ist, um 48 Passagiere zu befördern, hatte dieses, eine AN 26, hinten eine Laderampe und lediglich harte Kunststoffsitze, die der Länge nach an jeder Seite angebracht waren. Es gab keine Sicherheitsgurte, noch schien irgendeine Begrenzung für die Anzahl der Fluggäste festgelegt zu sein. Nun sahen wir zum ersten Mal, daß die andere Person an Bord eine Frau war, die in einem Lada Niva saß. Wir würden sie und das Auto mit nach Tschita nehmen. Sie hat das Auto nicht ein einziges Mal verlassen, sondern blieb die ganzen langen Stunden unseres Fluges darin sitzen.

Ich saß vorne dicht am Cockpit und beobachtete die Crew, den Ablauf kannte ich schon von den früheren Flügen. Aber warum lassen sie die Maschinen nicht an, dachte ich? Swieta, die neben mir saß, erklärte mir bald den Grund, denn sie verfolgte die Gespräche mit dem Kontrollturm. Wir hatten keine Starterlaubnis. Das lag entweder am Flugplan, oder es waren bestimmte Formalitäten nicht erledigt worden. Die Piloten sprachen mit dem Kontrollturm und sagten: „Laßt uns starten, alles andere können wir später klären." Wahrscheinlich ist es der Sawtra-Geist, dachte ich! Dann war alles in Ordnung, ich sah, wie sich die Propeller in Bewegung setzten, und ich wußte, daß es jetzt endlich losgehen würde. Um 15.30 Uhr rollten wir schließlich an das Ende der Startbahn und beschleunigten für den Start.

Diese Flugzeuge sind dazu gebaut, Ladung zu transportieren und nicht Passagiere. Wir flogen drei Stunden lang, es herrschte ein ohrenbetäubender Lärm, man konnte sich nicht unterhalten, es sei denn, man schrie. Kein Essen, keine Getränke. Aber wenn ich mich ganz herumdrehte, war die Aussicht aus dem Fenster hinter mir recht interessant. Swieta fand bald eine Bank und legte sich hin, um zu schlafen. Ich betete nur und beobachtete, wie sich das Panorama Nordsibiriens Tausende von Metern unter mir entfaltete, so wie man ein herrliches Bild aufrollt. Unsere Geschwindigkeit betrug 500 km/h und hier oben am blauen Himmel zogen die Wälder, Flüsse, Berge und Seen ebenso wie die winzigen Häuser, Dörfer und Städte langsam vorüber. Dies war das Sibirien meiner Vision, und alles, was Gott verheißen hatte, wurde wirklich gerade erfüllt.

Ich begann zu träumen und entfaltete in meinem Geist das Programm für das nächste Jahr vor dem Panorama dieser sibirischen Landschaft unter mir. Ich werde wiederkommen, dies ist das Land, in das mich Gott berufen hat, und wenn es nötig ist, werde ich mein Leben geben, damit dieses Land von der Herrlichkeit Gottes erfüllt wird, nicht von dem Schnee des Winters, sondern von dem Feuer des Heiligen Geistes. Dieses öde Land – zu kalt für den Ackerbau – wird noch eine andere, bessere Ernte zeitigen, eine Ernte von Menschenseelen. Doch ohne das Werkzeug kann ich nicht ernten. Herr, setze jetzt in diesem Moment unser eigenes Flugzeug frei – eines wie dieses, eine AN 26. Bitte Vater, verwandle meinen Traum in eine Vision und die Vision in Realität.

Als wir uns Jakutsk näherten, wurde die Aussicht immer beeindruckender, aber inzwischen war ich intensiv dabei, Gott um ein Wunder zu bitten, das unsere Reise beschleunigen würde, – ich wollte unbedingt rechtzeitig zur Veranstaltung in Tschita eintreffen oder wenigstens noch so, daß ich für die Kranken beten konnte. Bitte Herr, erhöre mich noch einmal! Wir landeten in Jakutsk um 18.30 Uhr. Vor unserem Abflug aus Magadan hatte Swieta noch mit Mischa in Tschita telefoniert, um ihm mitzuteilen, daß wir tatsächlich unterwegs waren und um ihn zu bitten, unbedingt Michael in Jakutsk zu benachrichtigen. Er mußte mit seiner Gruppe zum Flughafen kommen, um uns dort zu treffen.

Michael hatte den Anruf ungefähr um 10.00 Uhr Ortszeit bekommen. Später erzählte er mir, daß er an diesem Morgen schon ungefähr eineinhalb Stunden damit verbracht hatte, intensiv darum zu beten, daß die Gruppe irgendwie von dort wegkommen würde. Genau in diesem Moment bekam er den Anruf von Mischa, der ihn aufforderte, um 14.00 Uhr – das war unsere planmäßige Ankunftszeit – mit seinem Team reisefertig am Flughafen zu sein. Sie ließen alles stehen und liegen und machten sich auf den Weg. In der Zwischenzeit war mir klargeworden, was für Probleme sie haben würden. Weil wir mit einem Charterflug unterwegs waren, würde die Gruppe nicht über unsere Ankunft informiert werden, und ohne Tickets bekämen sie kaum die Erlaubnis, sich und ihr Gepäck einzuchecken und bis zur Abflughalle vorzudringen.

Wie immer war der Herr gut zu mir. Ich hatte meine Freunde in Magadan gebeten, von denen ich den Charterflug gebucht hatte, daß sie nach Jakutsk telefonieren oder eine Funknachricht absetzen sollten, um Michael und seine tschechische Gruppe ausrufen zu lassen, ihnen Tickets auszustellen und sie auf meine Ankunft warten zu lassen. Diesmal hatte sich Aeroflot selbst übertroffen, man fand die Gruppe im Flughafengebäude, stellte ihnen Tickets aus und ließ sie einchecken und abflugbereit auf mich warten. Schwierigkeiten bereitete jedoch die Rollbahn. Ich weiß nicht warum, aber es schien, als sei der Pilot auf der falschen Bahn gelandet. Die Crew stieg aus und ging davon, nur der Mechaniker blieb zurück, um das Flugzeug durchzuchecken. Die Zeit verging, und es dauerte eine geschlagene Stunde bis der Tankwagen eintraf, und die beiden großen Tanks unserer durstigen Maschine aufgefüllt waren.

Dann beobachteten wir erwartungsvoll, wie ein großer Nahrungsmittel-Lkw neben uns anhielt. Einen Augenblick lang dachte ich, wir würden ein weiteres Wunder erleben und etwas zu essen bekommen. Nein, nichts dergleichen, der Lkw war den ganzen Weg herbeigekommen, nur um uns Aeroflots Pseudolimonade vorbeizubringen! Sie ist nur genießbar, wenn man wirklich durstig ist, sonst sollte man sie lieber nicht anrühren. Endlich fand auch die freudige Wiedervereinigung mit Michael und seiner Gruppe statt, sie kamen mit einem Flughafenbus an. Es gab nicht genug Sitzplätze im Flugzeug, obwohl wir nur 14 waren, so saßen die meisten Teammitglieder auf dem Boden oder lagen auf ihren Schlafsäcken. Wieder heulten die Maschinen auf, der Spurt begann, der das Flugzeug erneut hinauf in den blauen Himmel trug, bis die Tragflächen wieder über den luftigen Wolken ruhten, und die dröhnenden Motoren ließen den Himmel an unseren Fenstern vorbeiziehen und entfalteten erneut unter uns weite Bilder.

Insgesamt betrug die Flugzeit siebeneinhalb Stunden plus der einen Stunde Aufenthalt. Es müssen über 3200 Kilometer gewesen sein, die wir an diesem Nachmittag und Abend zurückgelegt haben. Doch zu meiner großen Enttäuschung und trotz der drei Stunden Zeitdifferenz zu unseren Gunsten war es 21.00 Uhr, als wir die Lichter von Tschita unter uns erblickten. In der Dämmerung erkannte ich bekannte Orientierungspunkte, während das Flugzeug einen großen Bogen machte und auf dem Schotter der immer noch nicht vollendeten Landebahn aufsetzte. Mischa freute sich, uns wieder einmal begrüßen zu können. Ein großes Team hatte sich in der Stadt versammelt, weil am nächsten Tag der „Marsch für Jesus“ stattfinden sollte. Das bedeutete zum Glück, daß viele andere dagewesen waren, um im Stadion zu sprechen. Schließlich hatte man Gary zum Aufruf ausgewählt, und es gab eine gute Reaktion darauf. Nebenbei hatten wir das tschechische Team „gerettet“ und waren jetzt hier für den Jesus-Marsch und für die beiden verbleibenden Abende der Evangelisation.

Dies war die letzte Veranstaltung, die ich hier in Sibirien verpaßte. In neun Wochen hatte ich nur vier Eröffnungsabende verpaßt, und es war ein großes Wunder und Zeugnis der Kraft Gottes, daß ich jede einzelne Stadt erreichen und sie auch wieder verlassen konnte. Mit weniger Glauben und einem kleineren Gott hätte ich es nicht einmal versucht!

Kapitel 14

TSCHITA – DORT SPRACH DER DÄMON ZU MIR

Ich war am Freitag abend ziemlich spät in Tschita angekommen. Swieta und ich waren sehr müde. Aber wer konnte Mischas Begeisterung widerstehen? „Morgen früh ist unser Marsch für Jesus! Da müßt ihr dabeisein!“ Im Westen vergessen wir manchmal, was es für einen Russen bedeutet, frei durch die Straßen seiner Stadt zu marschieren, um den Namen Jesu zu proklamieren, und dies war nun ihr erster öffentlicher Marsch in Tschita.

Als wir am Treffpunkt ankamen, fanden wir eine sehr große Menschenmenge aus Mischas Gemeinde vor, die sich bereits versammelt hatte. Ebenso waren auch unser Team A unter Richards Leiterschaft und die Überreste von Team C da, das nach ihrer Evangelisation in Amursk ausgewiesen worden war. Zusätzlich hatten sich noch das gesamte tschechische Team unter der Leitung von Michael Krchnák eingefunden, das gerade mit mir aus Jakutsk eingeflogen war. Einige unserer bulgarischen und ungarischen Mitarbeiter waren angekommen, ebenso Pastor Heinrich Buller aus Augsburg mit weiteren Mitgliedern seiner Gemeinde und seiner Familie. Unser Team hatte sich viel Mühe gegeben, Transparente vorzubereiten, auf denen die Herrschaft Jesu auf englisch, russisch, deutsch, ungarisch und tschechisch proklamiert wurde – ein Gott, eine Botschaft der Liebe aus vielen verschiedenen Nationen, ein Leib Christi.

So marschierte die Gruppe am nächsten Tag mit wehenden Transparenten, begleitet von einem Lkw mit Lautsprechern und Musik ins Stadtzentrum ein. Zum Abschluß versammelten wir uns auf dem Platz des Sieges unter einem riesigen Kriegerdenkmal, aber an diesem Tag feierten wir den Sieg Christi über die Jahre der Christenverfolgung und Unterdrückung. Menschen kamen von den nahe gelegenen Marktständen, um das Lied des Herrn zu hören. Wie wunderbar muß es in seinen Ohren geklungen haben in einem Land, das ihn so lange abgelehnt hatte! Die Musikgruppe der Gemeinde am Ort sang, unsere Gruppe aus dem Hauptteam sang, Sänger und Pantomimenkünstler aus dem Team A führten Anspiele auf, und Heinrichs Leute sangen auf russisch, englisch, deutsch und hebräisch, bis die ganze Menge vor Freude zu all der wunderbaren Musik tanzte!

Entflammt für Gott betrat ich an jenem Samstag abend das Stadion in Tschita, innerlich berührt von all den Wundern, die Gott hier in Sibirien geschehen ließ und die ich gesehen hatte und tief bewegt von seiner Liebe. Ich sagte:

> Gott liebt uns, doch das eigentliche Wunder geschieht, wenn wir Gott zurücklieben. Ich habe solch eine große Liebe zu Rußland in meinem Herzen, und Gott liebt euch. Gott hat alles vollkommen gemacht. Was ging also schief? Der Teufel war es, der die Menschen zur Sünde verführte. Krankheit kommt nicht von Gott. Das Leiden in Magadan und Sussuman kommt nicht von Gott. Er liebt die Menschen dort, er liebt Tschita, er liebt ganz Rußland, er möchte euch befreien. Sibirien brennt sich hinein in mein Herz, weil Gott das Leiden Sibiriens angesehen hat, das Blut der Unschuldigen – dieses Land ist getränkt von dem Blut von Millionen unschuldiger Menschen.
>
> Aber Gott ist ein Gott der Liebe, Vergebung und Kraft. Er wird mehr Segen über Sibirien ausgießen als über irgendein anderes Land auf der Welt. Er sagt: „Ich werde euer Land heilen, ich werde euer Volk heilen." Weil Gott uns gemacht hat und uns liebt und unser Vater ist, sandte er Jesus, daß er sich nach uns ausstreckte, daß er uns in unserer Schuld und unserem Leid begegnete, daß er dieses Land reinigte.
>
> Das Neue Testament ist die großartigste Liebesgeschichte auf der ganzen Welt, und ich bin mit einer prophetischen Botschaft von Gott zu euch gekommen – ihr werdet nie erfahren, wieviel es mich gekostet hat, hierher zu kommen. Aber Jesus hat euch so sehr geliebt, daß er gekommen ist, den Preis für die Sünde zu bezahlen (wenn ihr an ihn glaubt, gibt es keine Strafe); er kam, um eure Krankheiten

wegzunehmen (jeder, der Jesus anrührte, wurde geheilt); er kam, um die Macht Satans zu zerstören (um euch hier in Tschita zu befreien).

Glaubt an Christus, dann wird dieser Glaube jetzt die gesamte Richtung eures Lebens verändern, wie es bei dem Leutnant in Sussuman geschah, der eine Schußverletzung in seinem Bein und Knöchel hatte. Als er glaubte, wurde er augenblicklich geheilt und konnte rennen! Aber nicht nur sein Körper, sein ganzes Leben wurde verändert. Wenn ihr heute abend wirklich an Jesus glaubt, wird er eure Sünden vergeben, euren Körper heilen und euer Leben verändern!

Die Menschen waren so überwältigt von dieser Botschaft, daß es wieder einmal den Anschein hatte, daß alle Ungläubigen nach vorne kamen, und es gab erneut eine große Freisetzung von Heilungen. Ich will nur zwei herausgreifen, die mich besonders beeindruckt haben. Eine Frau mittleren Alters mit grüner Kleidung stand vor mir. Sie löste die Haarnadel aus ihrem Knoten, schüttelte ihre blonden Haare herunter, und zum Vorschein kam ein plumpes Hörgerät, das sie so geschickt verborgen hatte. Wir beteten. Jemand aus der Menge rief ihren Namen und sprach mit ihr. Zu ihrer Freude konnte sie jedes Wort verstehen!

Als nächstes hielt uns eine Mutter ihren kleinen Jungen entgegen. Durch Swieta sagte sie uns, er habe so große Schwierigkeiten mit seiner Sehfähigkeit, daß ihm niemand helfen könne. Ich sah die Mutter an, die selbst flaschenglasstarke Brillengläser trug. Ihre Sehfähigkeit hatte als Folge einer Erkrankung nachgelassen, als sie sieben Jahre alt war. Ich betete, und sie konnte wieder normal sehen! Dann konnte ihr kleiner Sohn plötzlich sehen – er konnte seine Großmutter in einiger Entfernung erkennen! Dann empfing seine ältere Schwester, die ebenso dabei war, ihr Augenlicht zurück und konnte alle Buchstaben auf dem Abzeichen des Platzanweisers lesen. Die ganze Familie kam am nächsten Tag wieder – natürlich ohne ihre Brillen!

Am Sonntag predigte ich in der Gemeinde, in der Mischa und Andrej Pastoren waren. Genau dort hatte ich vor einem Jahr eine höchst außergewöhnliche Begegnung mit einem herrschenden Dämon gehabt. Wir hatten festgestellt, daß Tschita eine völlig gottlose Stadt war, es kam nur eine einzige geisterfüllte Gemeinde auf alle 400 000 Einwohner. Die einzigen Denkmäler, die wie Götzen auf ihren Sockeln thronten, waren Panzer, Soldaten mit Gewehren, Raketen und natürlich im Zentrum der Stadt Lenin. Die letzte Kathedrale war 1937 gesprengt worden, um dieser Statue Platz zu machen. Wir hörten, daß diese Stadt vor 150 Jahren gegründet wurde durch das Sterben und Leiden von Märtyrern, da sie ursprünglich gebaut wurde, um die ins Exil geschickten Gefangenen unter der Regierung des Zaren aufzunehmen. Wegen der extremen Bedingungen – Arbeit in den Minen – und der Kälte, –45° C bis –50° C im Winter und dem Mangel an Nahrungsmitteln starben Tausende.

Wie auch an anderen Orten Sibiriens führten die Straßen, die wir befuhren, über die Knochen der Gefangenen, die unter großem Leiden gestorben waren – viele von ihnen Gläubige, die aus dem europäischen Teil Rußlands ins Exil gekommen waren. Bis vor drei Jahren war Tschita, wie viele andere Städte Sibiriens, eine völlig geschlossene Stadt – keine Ausländer, noch nicht einmal Russen, durften hinein. Wir waren die ersten britischen Evangelisten, die diese Stadt betreten haben. Die Hälfte der Bevölkerung gehörte zum Militär, die andere Hälfte schien aus Exilanten und ihren Familien zu bestehen. Hier in Mischas und Andrejs Gemeinde im hiesigen Kulturhaus hat mich der Heilige Geist vor einem Jahr mit dem herrschenden Dämon Rußlands von Angesicht zu Angesicht konfrontiert. Wir hatten im Stadion eine dreitägige Evangelisation durchgeführt, doch als wir am Samstag abend in die Gemeinde zurückkehrten, berichtete Mischa von dieser starken dämonischen Präsenz, die jeden Gottesdienst blockiert hatte, seit sie in das Kulturhaus umgezogen waren.

Vor der Veranstaltung traf ich mich mit den Fürbittern der Gemeinde hinter der Bühne zu geistlicher Kampfführung. Nach einer Stunde verließen die Beter den Raum, um die Veranstaltung zu beginnen. Der Heilige Geist gab mir den Impuls, noch zu bleiben und führte mich hinter den hinteren Vorhang der Bühne.

In der Dunkelheit sah ich eine dämonische Erscheinung mit grünem Feuer in ihren Augen, sie begann mit mir zu sprechen. Heute weiß ich, daß es eine Büste Lenins war auf einem sechs Fuß hohen Sockel, die mich ansah, doch dann sprach der Dämon deutlich zu mir. Er sagte mir, er sei der Sohn Luzifers und prahlte: „Ich war in Lenin, und jeder denkt, ich sei tot, doch ich lebe noch immer und bin der Geist, der Rußland noch heute beherrscht!"

Im Namen Jesu ergriff ich Autorität, brach seine Macht und berührte symbolisch seine Stirn, als wäre es mit dem Blut Christi. Noch einmal warnte ich den Dämon, daß seine Macht gebrochen sei, und daß ich in dem Namen dessen gekommen sei, der stärker ist, und daß ich in dem Namen Jesus ganz Rußland für Christus beanspruchen würde. Zuletzt band ich ihn und ergriff Autorität über ihn.

Von diesem Augenblick an war die dämonische Macht in diesem Gebäude gebrochen. Um dies zu verdeutlichen, prophezeite ich, daß wenn wir erleben würden, wie Lenins Körper aus dem Mausoleum auf dem Roten Platz entfernt und begraben würde, die Macht dieses Geistes für immer gebrochen sei.

Danach gab es an diesem Ort tatsächlich eine neue Freiheit, zu predigen und das Evangelium zu verkündigen. Als ich ein Jahr später zurückkehrte, fand ich dort immer noch einen leblosen Lenin vor – er gehörte schließlich den Behörden der Stadt und war deshalb nicht zerstört worden – aber die einst ungewöhnlichen Augen wirkten nun recht kraftlos. Und an diesem Ort verkündigte ich nun auch eine meiner vollmächtigsten Botschaften an Sibirien:

> Ich habe eine Vision, die sehr stark in meinem Herzen brennt, aber es geht dabei nicht einfach nur um Evangelisation. Seit ich hierher in euer Land gekommen bin, haben zehn Evangelisationen stattgefunden, diese ist die elfte, und sechs weitere liegen noch vor uns. Aber das ist nur der Anfang dessen, was Gott in Sibirien tun möchte. Evangelisationen öffnen nur die Tür, aber ich werde Gott nicht lassen, bis er tut, was er für diese Nation verheißen hat.
>
> Wenn ihr nur sehen könntet, was ich sehe, wissen könntet, was ich weiß. Ich kenne die Leiden eures Volkes, daß der Teufel dieses Land 700 Jahre lang beherrscht hat. Der Geist

des Antichristen kam über Tschita nach Rußland in der Person des Dschingis-Khan. Aber seine Macht ist gebrochen. Jesus ist Herr! Jetzt! Heute!

Gott spricht prophetisch über dieses ganze Land. Er wird seine Vision erfüllen. In Hesekiel Kapitel 12 ab Vers 21 tadelte Gott die Propheten, das Volk Israel, die Gemeinde, weil sie gesagt hatten: „Es wird nichts aus den Weissagungen." Gott sagt: „Ich werde diesem Gerede ein Ende machen. Die Zeit ist nahe, und alles kommt, was geweissagt ist!" Gott sagt, daß alle Visionen über Rußland erfüllt werden, die Zeit ist nahe – nicht in der Zukunft – jetzt! Heute!

Aber die Menschen glaubten dem Propheten nicht, daß die Vision sich heute erfülle. Sie sagten in Vers 27: „Er weissagt auf Zeiten, die noch ferne sind." Gott hat seine Antwort, die in Vers 28 zu finden ist, in mein Herz eingebrannt: „Was ich rede, soll sich nicht lange hinausziehen, sondern es soll geschehen." Es gibt keine Verzögerung mehr. Gott will jetzt alle seine Worte erfüllen, die er gesprochen hat. Darum hat mich Gott hierher gesandt. Evangelisationen, Gemeindegründungen und Wunderwirkungen sind nur der Anfang hier in Sibirien.

Plötzlich wird die Kraft Gottes kommen, stärker als an Pfingsten, und wenn dieses zweite Pfingsten anbricht, wird die ganze Welt die Herrlichkeit Gottes sehen. Jesus kommt bald wieder, aber vorher wird Gott den Namen Jesu überall auf der Welt verherrlichen, durch Zeichen und Wunder, die so überwältigend sein werden, daß die ganze Welt es sehen und staunen wird und sagt: „Das ist unmöglich, das muß von Gott sein!"

Diese Vision brennt in mir. Gott wird an diesem Ort mehr als in allen anderen Nationen seine Macht und Herrlichkeit demonstrieren – nicht nur in Israel –, sondern Gott hat zu diesem Zeitpunkt Sibirien und Rußland auserwählt als den Ort, wo er die Kraft seines Heiligen Geistes ausgießen wird.

Ich bin gekommen, weil Gott mich dazu berufen hat.

Gott hat diese Nation aus mehreren Gründen gewählt. Zum einen wegen ihrer prophetischen Verbindung zu Israel (Hesekiel 38 und 39), zum anderen, weil Satan dieses Land erwählt hatte, aber Gott hat seine Macht gebrochen. Laßt uns jubeln, Gott hat diese Nation unter allen Nationen erwählt, eine Nation, die Gott verleugnet hat, wo die Bibel vernichtet worden ist und die Christen verfolgt wurden. In Sibirien ist mehr Blut vergossen worden als in irgendeinem anderen Teil der Welt, und das Blut der Märtyrer schreit zu Gott.

Gott erhört, und eine große Erweckung wird hier geschehen. Dieses Land wird die Herrlichkeit Gottes schauen. Ich weiß es ganz genau. Ich bitte Gott um die Erfüllung dieser Vision, und ich werde euch sagen, wie ihr an deren Erfüllung mitwirken könnt.

Auf zweierlei Weise wird Gott seine Verheißungen erfüllen. Erstens durch Glauben. In 4. Mose Kapitel 13 stehen die Kinder Israels unmittelbar an der Schwelle zu dem Land, das sie besitzen sollten. Gott spricht heute zu euch, zu seiner Gemeinde. Er hat uns eine überwältigende Vision offenbart, ein zweites Pfingsten will er anbrechen lassen, hier in diesem Land, das Jesus mehr verschmäht hat als alle anderen Länder. Diese Nation hat den Namen Jesu in den Schmutz gezogen und gesagt, daß Gott tot sei. Aber Ihr seid an der Schwelle zur Erfüllung dessen, was Gott tun wird. In 4. Mose 13 wird berichtet, wie das Volk Israel am selben Punkt stand – es waren nur noch Tage, Stunden bis zur Erfüllung all der Verheißungen, die Gott und die Propheten verkündet hatten.

Zwölf Kundschafter wurden vorausgeschickt in das Land, um das Verheißene zu schauen und zu erleben. Sie sahen, daß alles stimmte, was Gott verheißen hatte. Sie brauchten nur noch aufzustehen und es im Glauben einzunehmen. Sie sahen alles. Gott hatte sich nicht geirrt. Zwei sahen kein Problem, doch zehn sahen nur Probleme – große Städte, bewaffnete Heere, Riesen. „Wir schaffen es nicht“, sagten sie und rieten ihren Leuten ab, dorthin zu gehen. Zwei sagten: „Wir können es mit der Kraft Gottes schaffen – unser Gott ist mit uns –, wir können alle Hindernisse überwinden."

Wem glaubten die Menschen? Sie glaubten nur denen, die sagten, Gott schafft es nicht. Sie glaubten nicht den Männern, die vertrauten.

Gott wird dieses Land befreien von dem Fluch, von dem Bösen. Nichts ist bei Gott unmöglich. Erhebt den Namen Jesus! Alle Dinge sind möglich. Erhebt den Namen Jesu! (An dieser Stelle stand die ganze Versammlung auf.)

Wir werden nicht Moses, sondern Jesus folgen. Wir werden das Land einnehmen in der Kraft des Heiligen Geistes. Darum hat Gott mich hierher gerufen, damit ich zu euch prophetisch rede: „Ich habe eine Vision für Magadan aus Hesekiel 37, dem Tal der verdorrten Totengebeine, Tausende und Abertausende von Toten liegen dort. Ihr kennt die Todeslager, das Leiden unter Stalin, das ganze Land um diese Stadt herum ist mit Blut getränkt, viele der Opfer waren Gläubige. Nichts ist unmöglich. Gott kann die Gläubigen benutzen, die in Magadan um ihres Glaubens willen starben. Er kann ihre Gräber öffnen, damit sie das Evangelium predigen. Wenn ihr es nicht tut, wenn ihr nicht den Geist und die Kraft Gottes empfangt, wird Gott die Toten auferwecken, damit sie das Evangelium in diesem Land predigen."

Gott hat mir gezeigt, was er tun kann. Wenn ihr sehen könntet, was ich sehe, Gott so kennen würdet, wie ich ihn kenne, dann würdet ihr wissen, was Gott in Rußland tun wird. Gott liebt Rußland, und er wird sein Land erretten.

Wenn ihr mit beitragen wollt zur Erfüllung dieser Vision, dann müßt ihr zuerst an Gott glauben. Als zweites müßt ihr ihm gehorchen. Die Bibel ist voll von Berichten, was Abraham aus Glauben tat. In Hebräer Kapitel 11, Vers 8, heißt es, Abraham „ward gehorsam, und er ging aus und wußte nicht, wo er hinkäme". Abraham glaubte so sehr an Gott, daß er alles verließ, obwohl er im Wohlstand lebte. Er wußte nur, daß Gott gesagt hatte: „Geh!" Er liebte Gott mit solcher Kraft und solcher Inbrunst, daß er ging. Gott wird in unserem Leben handeln, wenn wir genau solch einen Glauben haben. Gott ruft uns – wir müssen gehorchen. Das ist mehr und besser als ein Opfer. Geht voran und tut, was Gott sagt. Dort draußen gibt es eine Welt, die Jesus braucht. Ich weiß nicht, wohin ihr geht, aber steht auf und geht! Tut es!

Manche Menschen sprechen mit mir über den Glauben. Wenn ihr an Gott glaubt, wird sich euer Leben verändern, ihr werdet etwas tun. Ich glaube an Gott. Ich wollte nicht in England bleiben. Ich bin hier, weil ich, wie Abraham, an Gott glaube. Gott macht niemals Fehler. Er bewirkt Wunder durch unseren Glauben an ihn. Ihr habt alle diesen Glauben! Doch in 1. Korinther, Kapitel 12, heißt es, daß es eine Gabe des Glaubens gibt, die durch die Kraft des Heiligen Geistes gewirkt wird. Betet um diesen Glauben, um dieses Gottvertrauen, den Glauben, aufzustehen und zu gehen. Dieser Glaube ist nur denen gegeben, die Gott gehorchen. Ohne Gehorsam gibt es keine Gabe des Glaubens.

In Rußland wird es Erweckung geben. Hier in Tschita, heute, kommt das Feuer Gottes herab. Ich habe jetzt mehr Kraft des Heiligen Geistes in meinem Leben, als je zuvor. Die Verheißung gilt heute! Jetzt!

Betet! Betet, bis ihr von Gott die Kraft bekommt!

Die Kraft Gottes fiel auf die ganze überfüllte Gemeinde, gefolgt von Weinen und Flehen und Bitten zu Gott, daß Rußland gerettet werden möge. Als ich in meinem Quartier zurück war, betete ich alleine weiter. Gott ergänzte zu der Botschaft am Morgen diese ernste Warnung:

"Sehet nun zu, daß nicht über euch komme, was in den Propheten gesagt ist: „Sehet, ihr Verächter, und verwundert euch und werdet zunichte! Denn ich tue ein Werk zu euren

Zeiten, welches ihr nicht glauben werdet, wenn es euch jemand erzählen wird" (Apostelgeschichte 13,40–41).

Am späten Nachmittag wurde ich mit dem Auto von meiner Unterkunft abgeholt. Als wir die Straße entlangfuhren, die zum Stadion führte, kamen wir an einer großen Einheit uniformierter Soldaten vorbei, die zwei und zwei nach militärischer Manier in dieselbe Richtung marschierten. Ein Zivilist und ein Offizier führten sie an. Ich sagte noch, wie wunderbar es wäre, wenn sie zu der Veranstaltung unterwegs seien! Kurz nach unserer eigenen Ankunft geriet die Menge im Stadion plötzlich in Aufruhr, die Menschen drehten sich um, damit sie besser sehen konnten, und begannen dann laut zu klatschen! Man stelle sich meine Freude vor – die gesamte Einheit marschierte im Stadion ein und füllte dort einen ganzen Rang. Es müssen mehr als dreihundert Soldaten gewesen sein. Später erfuhren wir, daß sie von ihrem Hauptmann dorthin gebracht worden waren, er hatte auf der Veranstaltung am Freitag abend sein Leben dem Herrn übergeben!

Doch das größte war, daß nach meinem Aufruf zur Entscheidung für Christus jeder einzelne dieser Soldaten nach vorne kam, um errettet zu werden, dazu noch weitere, die anderswo in der Menge verstreut saßen. Aber bitte glauben Sie nicht, sie seien nur aus Pflichtgefühl einer nach dem anderen nach vorne gekommen. Unser Kameramann hat sie gefilmt, wie sie sich drängelten, um ihre Neuen Testamente zu bekommen. Er sagte, er habe noch nie zuvor Menschen gesehen, die solch einen Hunger nach dem Wort Gottes hatten, wie diese Männer. Sie haben buchstäblich gekämpft und gestritten, um ihr Exemplar zu bekommen.

Es war unser Anliegen, jedem Neubekehrten in Sibirien ein Neues Testament mitzugeben. Ursprünglich hatten wir lediglich vor, ein Johannesevangelium zu verschenken, aber wir begriffen, daß die meisten dieser Menschen nie in der Lage sein würden, eine Bibel zu kaufen, darum trafen wir die Entscheidung, wenigstens Neue Testamente mitzubringen. Wir hatten mit Kosten von ungefähr 1 Pfund Sterling pro Exemplar für den Druck und für den Transport nach Sibirien gerechnet. Eine Sache unter den vielen anderen guten Dingen, die Mischa neben der Organisation unserer Evangelisationen getan hatte, war, daß er diese Neuen Testamente besorgt hatte. Bei einem seiner Besuche in Deutschland, um Heinrich Buller und mich zu treffen, hatte er eine Möglichkeit ausfindig gemacht, Neue Testamente in Moskau zu kaufen. Ihm wurden 100 000 Exemplare zum Preis von nur 17 000 DM angeboten einschließlich der Auslieferung nach Sibirien. Das entsprach ungefähr dem Gegenwert von 7000 Pfund Sterling bzw. nur 7 Pence pro Exemplar.

Die Zeit war knapp, er mußte innerhalb von drei Tagen über Moskau nach Sibirien zurückkehren. Ich breitete dieses wunderbare Angebot vor unseren Freunden und Mitträgern in Deutschland aus, die voller Opferbereitschaft umgehend die gesamte Summe aufbrachten, so daß Mischa sie nach Moskau mitnehmen konnte. Sofort antwortete Gott auf dieses Opfer, und in Moskau gelang es Mischa nicht 100 000, sondern 200 000 Neue Testamente für diesen Preis zu bekommen, so daß jedes Exemplar nur noch 3,5 Pence kostete. Zusätzlich gab man ihm einen Container mit 2 Tonnen russischer Traktate (gratis) mit. Dadurch erhielten unsere Teams die für die Straßenevangelisation so dringend benötigten Traktate, die sie nun verteilen konnten.

Auch an diesem Sonntag abend geschahen einige wunderbare Heilungen in Tschita, ich will mich jedoch auf den Bericht von zweien beschränken. Die erste geschah an einem alten Mann, der linksseitig gelähmt war und nur mit Hilfe eines Stockes gehen konnte. Er wurde geheilt, und ich führte ihn auf die Bühne, damit er über das Mikrofon zur Ehre Gottes Zeugnis geben konnte. Doch er tanzte und tanzte! Die zweite Geschichte war auch sehr bewegend, sie geschah an einem jungen Mann, den Pastor Sergej die ganze Strecke von Duldurga bis hierher gebracht hatte, eine fünfstündige Autofahrt. Dieser junge Mann lebte zwölf Kilometer außerhalb der kleinen Stadt, und er hatte niemanden gefunden, der ihn zu den Veranstaltungen in Duldurga mitnahm, als ich vor wenigen Wochen dort war. Aber er war überzeugt, daß Gott ihn heilen würde, wenn er nur zu der Evangelisation nach Tschita kommen könnte.

Er hatte einen Motorradunfall gehabt. Sein rechtes Bein war seitdem gelähmt und volle 5 cm kürzer als das andere Bein, sein Knie war steif und starr und sein Fuß verdreht und nach innen gewinkelt. Er konnte nur mit großer Mühe an Krücken hüpfen, weil sein restlicher

Körper sehr in Mitleidenschaft gezogen war. Voller Erwartung hatte er während des ganzen Gottesdienstes vor der Barriere gestanden, weil er unbedingt als erster drankommen wollte. Als ich betete, trat eine geringe Besserung ein. Ich sagte ihm, er solle sich setzen und eine Weile warten. In dieser Zeit nahm sein Glaube immer mehr zu, denn er sah, wie immer mehr andere Leute geheilt wurden. Als ich mich ihm wieder zuwandte, wuchs sein Bein deutlich nach, und sein rechter Knöchel wurde gestreckt und gekräftigt. Dann wich der Schmerz aus seinen beiden Beinen! Er war völlig zufrieden und warf voller Enthusiasmus seine Krücken weg. Schließlich hatte er, was er wollte! Phil, unser Kameramann, rannte hinter ihm mit den Krücken her, um ihn zu fotografieren, doch er weigerte sich unerbittlich, diese Dinger noch einmal anzufassen, nicht einmal für ein Foto – so groß war sein Triumph und seine Freude über das, was Gott getan hatte!

Kapitel 15

UST-KUT – WIR HATTEN NUR 30 STUNDEN ZEIT

Bevor ich aus Tschita wieder aufbrach, wollte ich unbedingt die stellvertretende Bürgermeisterin der Stadt, Frau Kim, besuchen, die ich bei meinem letzten Besuch vor 18 Monaten kennengelernt hatte. Die Begegnung war recht konstruktiv gewesen und hatte zu einer sehr guten Beziehung zu dieser Stadt geführt. Unter anderem war bei dem Gespräch zur Sprache gekommen, daß die Stadt sehr dringend ein zweites Kraftwerk zur Stromerzeugung benötigte. Es sollte das ganze Gebiet von Tschita mit Strom für die Fabriken und Unternehmen, aber auch für die privaten Haushalte versorgen. Als Nebenprodukt könnte die in dem Kraftwerk entstehende Hitze als Fernwärme in die großen Wohnblocks geleitet werden, wo die meisten Menschen lebten und sie sehr nötig brauchten im Winter. Energieknappheit bedeutete Rationierung sowohl der Energie als auch der Wärme, und sie verhinderte auch die Ausweitung des Produktionswesens, wovon wiederum Arbeitsplätze für die Stadt abhingen.

Während des zurückliegenden Jahres hatte Frau Kim mehrfach mit mir korrespondiert und wollte mich jetzt unbedingt treffen, und in einem recht fruchtbaren Gespräch konnte ich ihr mitteilen, daß es gewisse Fortschritte gäbe in Hinsicht auf die Installation des Kraftwerks. Frau Kim und Mischa betonten beide, daß die ganze Region uns überaus dankbar wäre, wenn wir tatsächlich in dieser Sache helfen könnten. Es konnte uns praktisch in diesem ganzen Gebiet wie nie zuvor die Türen für das Evangelium öffnen, und wir hätten die Unterstützung der Obrigkeiten der Stadt! Diese Stadt ist von großer strategischer Bedeutung für uns, weil hier Mischa der zweite Pastor der größten Gemeinde Sibiriens ist, und wir in dieser Stadt gerade unsere Missionszentrale einrichten.

Wir verließen Tschita wegen der vielen Freunde dort recht ungern. Ich weiß, daß ich noch oft herkommen werde, denn mein Herz schlägt sehr für die Menschen hier.

Mischa brachte uns zum Flughafen, damit wir um 9.30 Uhr das Flugzeug nach Ust-Kut erreichen würden. Er ging davon aus, daß unsere Tickets im voraus gebucht worden waren. Das sollte von einem Freund von Mischa, der am Flughafen arbeitete und uns in der Vergangenheit schon oft geholfen hatte, organisiert werden. Leider hatte dieser Mann gerade Urlaub, und nichts war geschehen. Das bedeutete wieder einmal, daß wir keine Möglichkeit hatten, den Flug zu bekommen, mit dem wir gerechnet hatten. Nun war Mischa wirklich in Schwierigkeiten, die einzige Möglichkeit, uns rechtzeitig nach Ust-Kut zu bringen, war ein Flugzeug zu chartern, und das mußte jetzt schnell organisiert werden. Es war wieder die übliche Geschichte von der Unmöglichkeit, hier in Rußland, wo der Sawtra-Geist herrschte, irgend etwas in Bewegung zu setzen. Schließlich waren wir um 16.00 Uhr tatsächlich in der Luft, doch obwohl wir durch die Zeitverschiebung eine Stunde gewannen, kamen wir erst um 17.00 Uhr mit unserer AN 24 in Ust-Kut an. Das wäre völlig in Ordnung gewesen, hätte nicht die Evangelisation schon um 18.00 Uhr beginnen sollen. Wir waren sehr erleichtert als wir sahen, daß der Pastor schon auf uns wartete, nachdem das Flugzeug schließlich zum Stillstand gekommen war.

Rick Bettles, der während der gesamten neun Wochen in Sibirien für mich auf die Soundausrüstung aufpaßte, gefiel der große Kipper, der von der Gemeinde am Ort gemietet worden war, überhaupt nicht. Dieses Fahrzeug diente normalerweise zum Transport von Steinen und hatte keine geeignete Federung, um diese kostbaren und sehr empfindlichen Geräte zu transportieren, die ohnehin schon auf der Reise gelitten hatten, aber es gab keine Alternative. Alles wurde schnell aufgeladen, die Soundanlage und unser ganzes Gepäck, Rick, Jura aus Kiew und einige andere kletterten ebenfalls hinauf und versuchten aufzupassen, daß nicht noch mehr Schaden entstünde.

Unsere Männer vom Hauptteam, die fast täglich die beiden Tonnen Ausrüstung zu handhaben hatten, leisteten fantastische Arbeit. Rick, der dafür die Gesamtverantwortung trug, war als Fürbitter und Toningenieur mitgefahren; Phil, unser Kameramann, half ihm während der ganzen Zeit; Gary, ein Mitglied eines Hilfsteams, war wegen seiner Stärke und Größe zu einem Teil der Evangelisationen auch mitgenommen worden. Sie hätten es jedoch nicht schaffen können ohne die Hilfe von Roma aus dem Musikteam und Jura, Ricks besonderem Assistenten. Jura war erst 17 Jahre alt und hatte früher einmal in einer Heavy-Metal-Band Schlagzeug gespielt; später wurde er einziger Toningenieur für unsere ukrainischen Evangelisationen. Es stellte sich heraus, daß es diesmal für sie das beste gewesen war, auf diesem unbequemen Lkw zu fahren, weil sie so zusammengekauert nicht von der Polizei entdeckt werden konnten! Den ganzen Weg bis zum Stadion haben sie so zurückgelegt, während Swieta und ich und der Rest der Gruppe den vergleichsweise luxuriösen Komfort des Lada vom Pastor genossen.

Wir beeilten uns sehr und beobachteten den großen, schmutzigen Lkw, der uns in dieses große Stadion folgte, buchstäblich fünf Minuten bevor der Gottesdienst beginnen sollte. Es war schon jetzt alles voll und immer noch mehr Menschen strömten hinein; das bedeutete, wir hatten keine Zeit, uns zu waschen und umzuziehen, wir konnten auch nichts mehr essen oder trinken – diese Menschen brauchten Christus! Unsere Aufgabe war es, das Evangelium zu verkündigen. Ich mußte nur noch jemanden finden, der bereit war, meine Tasche auf dem Lkw zu suchen. Auf diese Weise kam ich schließlich an ein sauberes Hemd und fand einen Lagerraum unter den Tribünen, wo ich mich umziehen konnte. Doch es gab nichts zu essen und zu trinken, obwohl wir seit dem Frühstück nichts mehr bekommen hatten. Also schickte ich jemanden in einen Laden, und er kam mit einer Flasche Limonade zurück – das war alles, was wir hatten!

Rick brauchte nur zehn Minuten, um mit Hilfe von Jura und Phil die Soundanlage anzuschließen, damit die Mädchen und Roma, unser Lobpreis- und Anbetungsteam, beginnen konnten. Auf diese Weise hatte ich vierzig Minuten Zeit, meine Gedanken zu sammeln, zu beten und mich auf die Predigt vorzubereiten.

Die Reaktion war großartig. Der Anblick von 3000 Menschen, die auf den Platz vor uns strömten, um Christus anzunehmen, war genug Belohnung für den Kampf, diesen Ort zu erreichen. Ja, es war hart; noch nie zuvor war ich bei meinen Reisen nach Sibirien so vielen körperlichen Belastungen ausgesetzt gewesen, Gottes Berufung gehorchend, das Evangelium zu predigen. Doch wenn das der einzige Weg war, würde ich es gerne wieder tun, um zu erleben, daß so viele Menschen Christus fanden. Der Preis, den wir in Sibirien bezahlten, war nichts im Vergleich zu dem Preis, den Jesus körperlich bezahlt hat, als er unsere Erlösung erwarb.

Unsere Freude war noch gewachsen, als wir die Heilungswunder erlebten und bezeugen konnten, die geschahen, während ich für die Kranken betete. Rückblickend weiß ich durch die Aufzeichnungen, daß an diesem Abend eine überwältigende Salbung da war. Unter den über 100 Heilungen befanden sich nach Katies Aufzeichnungen mehr als 35, die in ganz besonderer Weise sofort stattgefunden hatten.

Sehr spät in der Nacht wurden wir nach dem Gottesdienst zu meiner großen Erleichterung in ein Quartier gebracht, wo ich etwas „Tschai" trinken konnte, aber ich war zu müde, um zu essen. Ich fiel ins Bett, erschöpft und glücklich. Gott segnete mich mit der Fähigkeit, einfach alle meine Probleme ihm zu überlassen und sofort einzuschlafen. Ich frage mich manchmal, ob das an meinem Glauben liegt – oder an purer Erschöpfung.

Am nächsten Morgen wachte ich früh auf, und endlich nach einem guten russischen Frühstück ging ich um 9.00 Uhr zur örtlichen Gemeinde, um mit dem Hilfsteam ein Gebetstreffen zu haben. Einige vom Hauptteam kamen mit. Zusammen erlebten wir eine sehr intensive Zeit in Lobpreis und Anbetung, gefolgt von Fürbitte und Gebet für die Evangelisation. Diese gemeinsamen Stunden mit unserer Gruppe und anderen aus der Gemeinde vor Ort sind sehr wichtig, um Gottes Segen in den Evangelisationen freizusetzen.

Nach diesem Treffen verbrachte ich einige Zeit mit Juri, dem Pastor der Gemeinde, der unsere gesamte Evangelisationsarbeit in diesem Gebiet unterstützte und mithalf zu organisieren. Er erzählte, er sei erst vor drei Jahren mit seiner Frau aus der Gegend am Schwarzen Meer in der Ukraine hierher gekommen, um diese Gemeinde zu gründen. Gott hat sein Herz mit so viel Liebe für Sibirien erfüllt, daß er sagte: „Ich muß mich hier einfach für Gott aufopfern." Er sagte das, weil er sehr alleine war, sogar im Baikalgebiet. Es gab hier keine andere Gemeinde, mit der er Gemeinschaft pflegen konnte, alle lagen sie mindestens 400 Kilometer nach Osten oder Westen und fast 1000 Kilometer nach Norden oder Süden entfernt. Seine Arbeit wurde vom Herrn so gesegnet, daß er inzwischen drei andere kleinere Gemeinden gegründet hat; er hat jedoch mit vielen Problemen zu tun, die einfach daher kommen, daß all die Gläubigen noch so jung im Glauben stehen. Eine der neuen Gemeinden liegt neun Stunden Reisezeit entfernt, und der Mann, der sie betreut, ist der erste, den Juri nach seiner Ankunft getauft hatte. Allerdings sind sie stark gefordert, geistliche Kampfführung zu betreiben, weil es in derselben Gegend eine „Kirche" der Satanisten gibt.

Seit ich nach Ust-Kut gekommen war, mußte ich mich ständig mit Schwierigkeiten innerhalb des Hilfsteams befassen. Das Team war schon seit einer Woche hier, um Straßenevangelisationen durchzuführen. Selbst für unsere Leute ist es wegen des dämonischen Widerstandes nicht einfach, hier zu arbeiten, darum verstehe ich die Situation des Pastors. Was unsere eigene Gruppe betrifft, wünschte ich nur, sie hätten mich nicht schon direkt bei meiner Ankunft mit all ihren Problemen behelligt! Katie und Swieta machten sich deswegen Sorgen. Obwohl ich nur so kurze Zeit vor Beginn der Evangelisation angekommen war, hatten sie mich noch vor der Versammlung mit ihren Anliegen belasten müssen, obwohl ich eigentlich noch Zeit mit dem Herrn im Gebet verbringen wollte, bevor ich sprechen mußte. Gott sei Dank konnten die Dinge nach der Gebetszeit an diesem Morgen geklärt werden.

Ich mußte mich auch um die Bezahlung all der Rechnungen für das Hilfsteam kümmern und selbst ihren Transport zur nächsten Evangelisation organisieren. Es war inzwischen ziemlich klar, daß niemand im Hauptteam mir etwas von dieser Last abnehmen konnte. Ich spürte, wie der Druck auf mir zunahm, und ich brauchte mehr Leute um mich herum zu meiner Unterstützung. Schon das viele Reisen und das Predigen auf jeder Veranstaltung war genug, da brauchte es nicht noch die organisatorischen Dinge. Sibirien ist anders als Europa, es erfordert sehr viel Organisationstalent und gleichzeitig mehr Glauben, als ich je zuvor gebraucht habe, um mit diesen Problemen fertig zu werden. Erst jetzt erkannte ich, daß Gott mir Jahre der Vorbereitung und des Trainings in den Weg legen mußte, um mich für diese Zeit auszurüsten. Meine Erfahrungen aus all den Jahren, in denen ich meine eigene Reisegesellschaft geleitet hatte, waren von unschätzbarem Wert, aber selbst das konnte mich nicht wirklich für mein „sibirisches Abenteuer" wappnen.

Wen konnte ich finden, der wirklich zu mir stand? Ich dankte Gott täglich für seinen Impuls, ich sollte vier Fürbitter im Hauptteam mitnehmen. Sie beteten ständig für meine Anliegen und Schwierigkeiten, die jede Minute auftauchten und unmittelbar Aufmerksamkeit erforderten. Es war keine Zeit, die anderen Beter zu informieren, die 24 Stunden rund um die Uhr beteten. Ich hatte geglaubt, daß sich unter den vieren ein Aaron und ein Hur befänden, die meine Arme hochhielten, wie sie es bei Mose taten. Doch das erfordert große Opferbereitschaft; Gott wird auch dafür sorgen. Hier in Sibirien kamen wir alle unter den Beschuß Satans. Ich spürte, daß meine Salbung zunahm, aber auch der Teufel wurde aggressiver! Doch in Christus hatten wir längst den Sieg, der Teufel war schon überwältigt, wir mußten nur die Autorität ergreifen, die wir in Christus hatten und dem Teufel kontinuierlich entgegenhalten, daß seine Macht gebrochen war.

An diesem Abend fand die zweite Evangelisationsveranstaltung im Stadion von Ust-Kut statt. Die Nachricht von all den Wundern, die am Abend vorher geschehen waren, hatte sich wie ein Lauffeuer verbreitet. An diesem Abend drängten sich mehr als 4000 Menschen auf den Rängen und als alles voll war, auf dem Rasen. Nach der Predigt, als ich sie aufrief, den Herrn anzunehmen, strömte die ganze Menge nach vorne, nur einige wenige Gläubige blieben sitzen. Wir brauchten alle Leute der Ortsgemeinde, um den 40 Mitgliedern unseres Hilfsteams zu helfen, die begeisterte Menge zurückzuhalten, die nach vorne drängte. Wenn wir sie nicht aufhielten, würden sie auf die Kabel zwischen den Lautsprechern, dem Mischpult und dem Verstärker treten und unsere ganze Ausrüstung beschädigen. Das war jedesmal Ricks Befürchtung.

Schon jetzt waren die Menschen begeistert, doch um wieviel mehr würde sich das steigern, wenn ich anfinge, für die Kranken zu beten! In ihrer Eile und Entschlossenheit geheilt zu werden, würden sie vor nichts haltmachen, vor allem nicht vor einer dünnen Linie englischer Männer und Frauen, die es nicht gewohnt waren, verzweifelte Menschen, die alle zur selben Zeit geheilt werden wollten, körperlich zurückzuhalten. Wenn ich daran zurückdenke, muß ich immer noch über die lieben kleinen alten „Babuschkas“ lachen, die mit Fußtritten und Ellenbogen, aber auch mit Stöcken und Krücken darum kämpften, in meine Nähe zu kommen und meine Aufmerksamkeit auf sich zu lenken, damit sie von all ihren Schmerzen und Leiden befreit würden. Sie wußten wirklich, daß Ärzte nicht helfen konnten; entweder waren sie im Krankenhaus gewesen, und es war schlimmer geworden, oder sie waren einfach zu alt, und das System brachte ihnen keine Hilfe mehr. Durch meinen Besuch vieler russischer Krankenhäuser kannte ich sowohl deren schlechte und veraltete Ausstattung, den Mangel an geeigneten Medikamenten und Arzneien als auch den Mangel an Finanzen, der dazu führte, daß die Bettwäsche schmutzig blieb und die Einrichtungsgegenstände verfielen.

Nun begann die Kraft Gottes unter den Kranken zu wirken, es war ganz deutlich zu spüren, wie stark die Heilungskraft Gottes gegenwärtig war. Einer der ersten war ein junger Mann, der extra zum Gebet aus dem Krankenhaus geholt worden war. Er hatte fürchterliche Schmerzen, weil er von einem Motorrad erfaßt und überfahren worden war. Seine Wirbelsäule war gebrochen, und er hatte ernsthafte innere Verletzungen, doch als ich ihm die Hände auflegte, wurde er komplett von Schmerzen befreit, und er konnte sich ohne Schwierigkeiten bücken; er war vollständig geheilt. Der nächste war ein kleiner Junge, der ebenfalls einen Unfall gehabt hatte. Sein Rücken war geschwollen, und seine Beine waren so schwach, daß sie ihn nicht tragen konnten. Er wurde vollkommen geheilt, sogar die Schwellung am Rücken verschwand. Auch ein kleines Mädchen wurde geheilt, das Schmerzen im Rücken und in seinen Beinen hatte. Dann beteten wir für eine ganze Gruppe taubstummer Kinder, alle wurden geheilt, so daß sie sowohl hören als auch sprechen konnten.

An diesem Abend mußte ich die Evangelisationsveranstaltung vorzeitig verlassen, sie war noch nicht zu Ende, aber die anderen beteten weiter, und viele Wunder geschahen noch. Ich lief so schnell wie möglich zurück zu dem Quartier, wo wir untergebracht waren, um dort zu essen, dann ging ich zum Bahnhof und versuchte Fahrkarten zu bekommen, damit das gesamte Hauptteam den Mitternachtszug nach Bratsk nehmen konnte. Ich hatte nur 30 Stunden in der Stadt Ust-Kut verbracht, in dieser Zeit hatte ich zwei Evangelisationsveranstaltungen durchgeführt und erlebt, wie fast 7000 Menschen zu Christus fanden und konnte nicht länger bleiben.

Die einzige Möglichkeit, noch an diesem Abend die Stadt zu verlassen, war die Bahn. Vor uns lag die längste und schwierigste Reise auf unserer Tour, über 3000 Kilometer weit mußten wir das gesamte Land, das wir bereisten, durchqueren, vom westlichen Baikalsee bis ganz in den Fernen Osten in die Nähe der Halbinsel Kamtschatka, die fast am Pazifischen Ozean liegt, um die nächste Evangelisation in Sowjetskaja Gawan durchzuführen.

Es gab von Ust-Kut aus keine Flüge, doch wegen des Termindrucks wagten wir nicht, unsere Abreise hinauszuschieben. Außerdem hatte uns der Pastor gesagt, der später mit uns in Bratsk zusammenarbeitete und mit seiner Familie gekommen war, um uns in Ust-Kut zu unterstützen, daß ein Mitglied seiner Gemeinde auf dem Flughafen in Bratsk arbeitete und uns früh am nächsten Morgen für die erste Etappe unserer Reise nach Sowjetskaja Gawan Tickets besorgen würde. Im Moment hatten wir allerdings das Problem, daß es keine Fahrkarten mehr für den Nachtzug gab, was in diesen Gegenden nicht überraschte! Um uns zu helfen, war ein Mitglied der örtlichen Gemeinde im voraus zum Bahnhof gegangen und hatte sehr viel Geld von mir mitgenommen. Er hatte mich davon überzeugt, daß es eine Möglichkeit geben würde, die noch übrigen zwölf Mitglieder unseres Hauptteams in dieser Nacht auf die Reise zu schicken.

Wir brauchten sehr viel Vertrauen, schließlich hatte der Mann mein Geld! Dann hatte er gesagt, er kenne jemanden, der jemanden kennt, der den Schaffner des Zuges kannte. Ich stand auf dem Bahnsteig vor dem Zug, der offenbar ungeduldig darauf wartete, in die verbotene, unbekannte Ferne zu rollen, zu rattern und zu ruckeln, und trug die Verantwortung für zwölf Menschen und ungefähr zwei Tonnen Gepäck, ohne zu wissen, ob wir Fahrkarten hatten oder nicht, und falls das der Fall war, welcher der 20 Waggons uns in seinem finsteren ungemütlichen Inneren beherbergen würde – es war einfach furchtbar! Und überhaupt, wo war der Mann mit dem Geld? Inzwischen stellten wir fest, daß niemand wußte, wo er war, oder in der Dunkelheit, wer er war! Eine gewisse Verwirrung brach aus, als zwei verschiedene Leute unterschiedliche Waggonnummern ausriefen, aber irgendwie mußten wir alles schnell einladen, mit oder ohne Fahrkarten! Das machten wir auch und versuchten darauf zu achten, alles Gepäck und alle Ausrüstungsgegenstände wirklich mitzunehmen.

Keiner von uns hatte weniger als zwei Gepäckstücke dabei, manche schienen jedoch eine nicht mehr zählbare Anzahl mitzuführen, ein Koffer enthielt sogar Gerüchten zufolge nebst Kleidung die berühmte „Steinsammlung vom Baikalsee". Als Ukrainerin hat Swetlana diesen englischen Witz nie verstanden.

Bevor ich noch Zeit hatte, alles sorgfältig zu überprüfen, setzte sich der Zug schon in Bewegung, und die Ukrainer, die offenbar immer durchschauten, wie dieses Chaos funktionierte, nahmen eine weitere Summe meines dahinschwindenden Geldvorrats mit und gingen los, um uns Bettwäsche für unsere Pritschen zu besorgen. Später fanden wir heraus, wie dieses System des Erwerbs nicht existenter Fahrkarten funktionierte. Die Schaffner schienen eine Methode entwickelt zu haben, sich im letzten Augenblick daran erinnern zu können, welche Plätze nicht verkauft worden waren, und diese verkauften sie dann, gewöhnlich sehr gewinnbringend, an Leute wie uns, die unbedingt mitfahren wollten, zu einem völlig überhöhten Preis (in diesem Fall allerdings nicht).

So kamen wir zwar müde, aber voller Erwartungen am nächsten Morgen um 7.00 Uhr auf dem Bahnhof in Bratsk an und nahmen einige Taxis, die uns zum Flughafen brachten. Dort gab es keine Probleme, Gott hatte die Gebete erhört und einen Weg vorbereitet, das Gemeindemitglied in dem Büro hatte wirklich Tickets für uns, und wir nahmen den Flug direkt bis Chabarowsk, wo wir wegen der Zeitverschiebung, am frühen Nachmittag eintrafen. War das nicht einfach?!

Es war unser sechster Aufenthalt in Chabarowsk, und wir hatten beschlossen, dem örtlichen Pastor diesmal nicht Bescheid zu geben, sondern die Dinge alleine zu regeln, denn sein Auto war kaputtgegangen und konnte nicht mehr repariert werden. Mit Swetlanas Hilfe nahmen wir ein Taxi in die Stadt zum Büro der Aeroflot. Dieses Mal kam Phil mit, um für den Bericht all unsere Kämpfe mit Aeroflot aufzuzeichnen. Trotz aller Versprechungen, die wir im voraus erhalten hatten, gab es keine Tickets für die nächste Etappe unserer Reise nach Sowjetskaja Gawan. Wir versuchten es verzweifelt in zwei verschiedenen Büros, aber ohne Erfolg.

Zwar konnten wir in dieser Hinsicht nichts erreichen, doch war es möglich, Tickets für den Flug nächste Woche nach unserer Rückkehr aus Sowjetskaja Gawan am kommenden Montag um 11.00 Uhr zur nächsten Evangelisation nach Nerjungri zu bekommen. Doch brachte uns das keinen Schritt näher nach Sowjetskaja Gawan, wo am folgenden Tag die Evangelisation beginnen würde. Wir versuchten Bahnkarten zu bekommen, es fuhr auch ein Zug um 18.40, aber der brauchte 36 Stunden und würde nicht rechtzeitig zur Evangelisation ankommen, die in nur 24 Stunden begann.

Es dauerte lange, bis wir zu unserer Gruppe zurückkehrten, die immer noch mit unglaublicher Geduld auf uns wartete und auf dem Flughafen auf ihrem Gepäck kauerte. Wir hatten nur noch die Möglichkeit, auf dem kleineren Flughafen gegenüber anzufragen und dort ein Flugzeug zu chartern. Es war schon spät, aber es war noch eine Frau da, die uns für den nächsten Morgen ein Flugzeug zu einem vernünftigen Preis anbot. Wir fanden auch das „Flughafenhotel“ in der Nähe des kleinen Flugplatzes, brachten alles dorthin und buchten für unsere Übernachtung die üblichen zwei Zimmer.

Den ganzen Tag über hatten wir, wie so oft bei den Reisen, überhaupt nichts gegessen, darum schlenderte ich mit der Gruppe zurück zu dem größeren Flughafen, in der Hoffnung, dort Verpflegung aufzutreiben. Es gehörten vier Gebäude zum Flughafen von Chabarowsk. Rechts war ein großes neues Gebäude, das nur von Russen benutzt wurde. Wir wurden meistens auf den Flughäfen getrennt, die Einheimischen hatten gewöhnlich wesentlich minderwertigere Einrichtungen zu benutzen, während wir in das sogenannte „Intourist“-Gebäude geführt wurden.

Weil unser Hauptteam zur Hälfte aus Engländern und zur Hälfte aus Ukrainern bestand, wurden wir manchmal zum Einchecken getrennt. Die Ukrainer galten als Russen und reisten ungefähr für die Hälfte unserer „Intourist“-Fahrpreise. Wenn möglich, bekamen wir die Vergünstigung und konnten mit ihnen zu „russischen“ Preisen reisen. Das bedeutete auch, daß wir alle zusammen an den gleichen Ort gehen und gemeinsam einchecken konnten. Sonst mußten wir Engländer, wie hier in Chabarowsk, unsere Tickets kaufen und in die „Intourist“-Abteilung gehen. Alt und in recht primitivem Zustand war sie in einem kleineren, allerdings recht pompös aufgemachten Gebäude auf der linken Seite untergebracht. In der Mitte befand sich die schlimmste Abteilung, die Ankunftshalle, die Westlern und Russen gemeinsam zur Verfügung stand. Sie war klein und überfüllt, man konnte sich gar nicht bewegen, das Dach war wasserdurchlässig, und der einzige Weg von der Landebahn dorthin führte durch einen Korridor aus Wellblech, in den der Regen eindrang und den Fußboden aufweichte. Wir hatten nie Platz für unser ganzes Gepäck, wenn wir es aus dem Flugzeug ausluden und Stück für Stück in diesen überfüllten Raum schleppten, ganz zu schweigen von all den anderen ankommenden Passagieren und den Verwandten, die sie erwarteten. Bei all unseren sieben Aufenthalten hier mußten wir jedesmal diesen Weg benutzen, gleichgültig, ob wir mit einem Linienflug oder mit einem Charterflugzeug ankamen.

Das vierte Gebäude ganz links außen war ein neues, ganz besonderes Flughafenterminal, das von Japanern erbaut worden war, die offenbar begannen, in dieses Gebiet vorzudringen. Es war schön und hatte eine Bank, in der wir den besten Wechselkurs für unsere Dollars bekamen. Es war makellos sauber und hatte „westliche" Toiletten, Telefone und sogar saubere, moderne Restaurants – falls sie geöffnet waren! Die Japaner erhoben eine Gebühr von mindestens 30 Dollar pro Person für alle Passagiere, die es benutzten. Leider wurden hier keine Inlandsflüge abgefertigt, nur Flüge von und nach Nordamerika und Japan, so daß wir nichts weiter tun durften, als neidische Blicke hinüberzuwerfen und die Toiletten zu benutzen! Aber ich konnte die Gruppe hier zu einem Abendessen einladen. In typisch russischer Manier war das eine Restaurant zwar geschlossen, und auch die Angestellten des anderen, italienischen Lokals mußten erst überredet werden, uns zu bedienen.

Uns war gesagt worden, wir sollten uns alle am nächsten Morgen um 8.00 Uhr auf dem kleinen Flughafen bei unserem Hotel einfinden, um für unseren Flug einzuchecken. Am Abend vorher war ich vor dem Zubettgehen noch mit ein paar Männern hinübergegangen, um mir die Flugzeuge dort anzuschauen, besonders das eine, von dem wir annahmen, daß wir es chartern würden. Die Frau, mit der ich gesprochen hatte, wollte nur etwas mehr als 2000 Dollar für ein Flugzeug haben, das kleiner war als die uns vertraute AN 24, doch als wir uns dieses anschauten, sah das Flugzeug modern und durchaus geräumig aus.

Aber am nächsten Morgen fand ich keines vor. Ich kam in das Büro und sollte dort den Flughafendirektor treffen, an den ich mich von einer früheren Begegnung her erinnerte, bei der er sich rundheraus geweigert hatte, uns ein Charterflugzeug zur Verfügung zu stellen. Daher war ich ein wenig besorgt, besonders als er sagte, das Flugzeug, das wir chartern wollten, sei zu klein. Er sagte, wir bräuchten ein größeres, eine AN 28, die ich noch nicht kannte. Aus diesem Grund sei der Preis, den mir die Frau in der oberen Etage am Vorabend genannt hatte, nicht korrekt. Sie hatte aus Unwissenheit den Preis für Russen genannt. Als Westler hätten wir jedoch mehr zu bezahlen. Wir müßten doch verstehen, daß die Russen arm seien und niedrigere Preise zahlten, wir wären die reichen Kapitalisten und könnten uns leisten, die gesamte russische Wirtschaft zu subventionieren! Ich stritt mich mit ihm und versuchte alles, was in meiner Macht stand, doch er blieb unerbittlich. Es war ihm egal, ob wir das Flugzeug bekommen hätten oder nicht, er war grob, kurz angebunden und nicht bereit, viel mehr zu sagen als „Niet!“ Weil ich wußte, daß die Zeit drängte und daß wir wegen der am selben Abend beginnenden Evangelisation keine andere Alternative hatten, erklärte ich mich schließlich bereit, den doppelten Preis des am vergangenen Abend ausgehandelten zu bezahlen, sonst, so sagte der Direktor, würden wir kein Flugzeug bekommen. Und das bedeutete keine Evangelisation.

Nun hatten wir wieder einmal die Aufgabe, unsere gesamte Ausrüstung und das Gepäck selbst 500 oder 600 Meter zum Einchecken zu schleppen. Alles wurde Stück für Stück gewogen. Schließlich sagte die große „Babuschka“, die uns bediente, zu unserem Schrecken, daß wir 200 kg zuviel Gewicht mitführten! Und das trotz der langen Diskussionen darüber. Ich hatte angenommen, das hätte ich hinreichend mit dem Flughafendirektor geklärt, der dieses Flugzeug für uns ausgesucht hatte. Entweder mußten wir 200 kg Ausrüstung zurücklassen oder drei Personen, oder …! Ich blickte auf das schwerste Mitglied der Gruppe, Gary Moore, und wählte ihn und zu seiner Unterhaltung einen anderen jungen Mann, die mit ein paar unnötigen Ausrüstungsgegenständen wie Rädern, die von den Ukrainern und mir für den Transport unseres Gepäcks benutzt wurden, zurückblieben. Dann mußten wir Gary, Jura und all die Kleinteile wiegen. Sie betrugen genau 200 kg. Jetzt konnten wir los.

Als das geklärt war, luden wir alles ins Flugzeug. Jetzt waren wir nur noch zehn und gingen an Bord dieser kleinen AN 28 für den 90minütigen Flug nach Sowjetskaja Gawan. Als alles verladen war, erklärte die „Babuschka“, die all das Gewicht nur mit Hilfe eines Bleistiftes und eines Papierfetzens berechnet hatte, daß ihr bei ihrer Berechnung ein Fehler unterlaufen sei, und wir nun zu wenig Gewicht hatten, aber nein, das sei doch ein Irrtum! Konnte sie nun rechnen oder nicht? Wenn nicht, wäre das Flugzeug vielleicht immer noch überladen und würde womöglich einfach nicht abheben, oder wenn doch, würde es dann vielleicht unterwegs wieder langsam nach unten sinken? Nein, mein Glaube war stärker als so was, solche Befürchtungen hob ich lieber für Probleme bei unserer Ankunft in Sowjetskaja Gawan auf.

Kapitel 16

SOWJETSKAJA GAWAN – DIE PROPHETIE ERFÜLLTE SICH

Vor uns hätte sich schon sieben Tage lang ein Hilfsteam in Sowjetskaja Gawan aufhalten sollen, doch das betreffende Team, Team C, war ja wegen Schwierigkeiten aus Amursk ausgewiesen worden, und wir mußten es auflösen. Die Polizei hatte ihnen gesagt, daß ihre Visa für Orte außerhalb von Tschita nicht in Ordnung gewesen seien. Es stimmte, daß Tschita die zentrale Anlaufstelle hätte sein sollen, wo sich alle anreisenden Gruppen aus England oder aus der Ukraine bei ihrer Ankunft in Sibirien hätten treffen sollen. Dort wollten wir sie einteilen in fünf einzelne Teams, und sie sollten sich auf die siebzehn Evangelisationen verteilen. Die Visa, die wir im voraus erhalten hatten, enthielten nur das Reiseziel Tschita, weil wir vor der Ankunft jedes einzelnen nicht genau festlegen konnten, wer letztendlich in welche Stadt geschickt werden würde. Weil der Flughafen in Tschita aber geschlossen war, hatten wir in allerletzter Minute unsere Zentrale nach Ulan-Ude verlegt. Das bedeutete, daß kein Mitglied dieser Gruppe sein Visum in Tschita abgestempelt bekommen hatte. Das also war nun nach Darstellung der Polizei der offizielle Grund für die Ausweisung, bei der jeder einzelne auch noch 2 Dollar Strafe zahlen mußte.

Das eigentliche Problem war aber, daß die Behörden in dieser Gegend Vorbehalte hatten gegen Straßenevangelisationen, und weil die Mitglieder des Teams eifrig evangelisiert hatten, suchte die Polizei nach einem Vorwand für ihre Ausweisung, so daß ihnen gleichzeitig auch der Zugang zu allen anderen Orten in dieser Gegend versperrt sein würde. Deshalb hatten sie nicht zu unserer nächsten Evangelisation nach Sowjetskaja Gawan reisen können. Doch zwei deutsche Mitglieder dieses internationalen Teams waren nicht betroffen und hatten die Möglichkeit, weiterzureisen; zwei Mitglieder des Hauptteams, die sich freiwillig gemeldet hatten, waren ihnen gefolgt, um sie bei der Vorbereitung zu unterstützen.

Als die AN 28 gelandet war, brachte sie uns bis an das äußerste Ende der Landebahn, wo schon ein Flughafenbus bereitstand und darauf wartete, uns mit unserem gesamten Gepäck zum Terminal zu transportieren. Vergeblich hielten wir Mitglieder des inzwischen ziemlich geschrumpften Hauptteams Ausschau nach einem Lebenszeichen unseres Hilfsteams oder des örtlichen Pastors, der uns bisher immer bei unserer Ankunft in dieser Stadt abgeholt hatte. Nirgends war irgend jemand zu sehen. Und dieser Flughafen lag, wie so viele andere auch, ungefähr eine Stunde Fahrzeit von der Stadt entfernt. Noch schlimmer war, daß wir unsere ganze Ausrüstung dabeihatten, zudem waren zwei unserer männlichen „Gepäckträger" in Chabarowsk zurückgeblieben, und es gab nicht einmal Taxis! Am schlimmsten war jedoch die Entdeckung, daß es in dieser Gegend zwei Städte gab, die beide in entgegengesetzter Richtung je eine Stunde entfernt waren. Und wir merkten plötzlich, daß wir keine Idee hatten, in welcher Stadt das Stadion lag! Unsere deutschen Helfer, die wir telefonisch benachrichtigt hatten, wohnten in der anderen Stadt, nicht in Sowjetskaja Gawan, das alles verwirrte uns nun ziemlich.

Eine und noch eine zweite Stunde saßen wir da und beteten, daß jemand käme. Inzwischen war es 14.00 Uhr, und wir mußten noch die ganze Ausrüstung aufbauen, etwas essen, uns waschen und uns umziehen. Man bedenke, daß wir kein Frühstück hatten und daß es auf diesen Flügen niemals etwas zu essen oder zu trinken gab.

Mein einziger Wunsch war, mich auszuruhen und alles meinem Hilfsteam zu überlassen. Ich brauchte alle meine Kraft, um in wenigen Stunden aufs Podium zu steigen und das Evangelium zu predigen und für die Kranken zu beten.

Aber wo war unser Hilfsteam? Wir hatten zwei Stunden in der Hitze gewartet, ich war nach meinem zweitägigen Kampf, um hierher zu gelangen, körperlich und geistig erschöpft. Es hatte nur wenig Essen und wenig Schlaf zur Erfrischung gegeben. Jetzt wurde mir klar, wie oft Jesus von Mutlosigkeit und Müdigkeit geschwächt worden sein mußte. Ich war mutlos und müde, so nahe dran, und doch so weit weg. Dann kamen einige Fürbitter, die meine große Not erkannten, umringten mich und begannen, für mich zu beten.

Im Stadion hatten sie mich so oft mutig und stark erlebt, wie ich dem Teufel die Stirn bot, die Verlorenen von der Bedrohung der Hölle errettete und die Kranken von der Macht Satans. Wie oft hatten sie gesehen, daß ich in völlig ausweglosen Situationen in der Kraft des Namens Jesu Autorität in Anspruch nahm und allein durch den Glauben an ihn übernatürliche Wunder freisetzte. Täglich bot ich dem Teufel Paroli, immer war ich in der Lage gewesen, im Glauben den Sieg einzunehmen. Man schaue sich nur die Wunder an, die wir bis hierher erlebt hatten! Doch wie Jesus hatte auch ich müde Momente und brauchte ganz dringend die Hilfe und Ermutigung der anderen.

Schließlich kam der erste Durchbruch. Ein Mann in meiner Nähe begann, mit uns zu sprechen. Er war ein amerikanischer Geschäftsreisender, der auf den nächsten Flug wartete, um diese Gegend zu verlassen. Er hatte erfolglos versucht, fast neue russische Kriegsschiffe als Schrott zu kaufen und war ausgebootet worden. Er erkannte mich: „Ich habe ihr Bild auf einem Plakat in meinem Hotel gesehen", sagte er. „Sie sind doch hier, um diese Evangelisation in dem Stadion durchzuführen, oder?" – „Ja", antwortete ich, „aber bitte sagen Sie mir doch, wo das Stadion ist?!"

Es war eine große Erleichterung für mich zu hören, daß offenbar so eine gute Öffentlichkeitsarbeit in dieser Stadt geleistet worden war, daß dieser Geschäftsmann von der Evangelisation wußte, mich erkannte und über den genauen Ort informiert war, wohin wir mußten. Dann kam eines der ukrainischen Mädchen angelaufen und sagte, es gäbe einen Flughafenbus, der in die richtige Stadt fuhr und draußen bereitstand. Für uns war es kein Problem, alles in den Bus einzuladen, obwohl es schwere Arbeit war, aber für den Fahrer und die anderen Fahrgäste war es recht unangenehm, weil wir alle verfügbaren Plätze in Anspruch nahmen! Jedenfalls brachte uns der Bus direkt zum Stadion und ließ uns dort aussteigen. Unsere ganze Ausrüstung, unser ganzes Gepäck und wir zehn Personen obenauf auf dem Haufen, so saßen wir da bei Temperaturen von über 30° C. Doch zu unserem großen Entsetzen waren die Tore des Stadions fest verschlossen, nirgends war irgend jemand zu sehen, und es war schon 15.30 Uhr.

So warteten wir eine Stunde lang und versuchten, uns vor der sengenden Sonne zu schützen, dann kam ein Auto mit den beiden deutschen Teammitgliedern vorgefahren, die sich sofort anschickten, alles für uns zu organisieren. Etwas später kam der Pastor, und schließlich traf unser Teamleiter mit seiner Übersetzerin ein. Jetzt klärte sich das Problem auf. Der Teamleiter hatte nicht geglaubt, daß wir an diesem Tag ankommen würden und hatte daher den Pastor gebeten, dafür zu sorgen, daß eine andere Soundanlage aufgebaut wurde und daß jemand anders an diesem Abend predigen sollte. Darum war keine ordentliche Unterkunft für uns organisiert worden, und keiner hatte uns vom Flughafen abgeholt.

Am Abend war es dann soweit: In meiner Predigt ging es um die drei Gründe, warum Gott Jesus gesandt hatte. Von den 3000 Anwesenden kam fast jeder nach vorne, um gerettet zu werden, und der Andrang, um geheilt zu werden, war so außerordentlich groß, daß Rick mal wieder befürchtete, wir hätten keine Chance, die kostbare Soundanlage davor zu bewahren, überrannt zu werden. In jeder neuen Stadt, in die wir kamen, mußten wir den wenigen vorhandenen Gläubigen beibringen, wie man solche gewaltigen Menschenmengen wirksam abblockt, denn sie hatten so etwas noch nie erlebt.

Der Pastor war an diesem Abend überglücklich. Noch nie zuvor war ein Evangelist in seine Stadt gekommen. Sogleich versuchte er, uns zu überreden, mit unserem Musikteam hierzubleiben und mit ihm all die Dörfer und Siedlungen von hier bis Komsomolsk zu evangelisieren. Dort war das Evangelium noch nie zuvor verkündigt worden. Dann kam der Samstag. Als wir durch unsere Aufzeichnungen blätterten, stellten wir fest, daß dies der erste erholsame Vormittag war, den wir seit Komsomolsk vor genau 15 Tagen gehabt hatten. Wir genossen ihn in vollen Zügen.

Mittags versammelten sich ungefähr achtzehn Leute, um für sich beten zu lassen. Weil ich befürchtete, sie suchten eher bei mir als bei Jesus Hilfe, redete ich zuerst mit ihnen. „Wenn Gott euch heilt“, sagte ich, „wenn er in eurem Leben ein Wunder wirkt, dann tragt ihr Gott gegenüber eine Verantwortung. Er will, daß ihr eine Beziehung zu ihm bekommt. Wenn ihr ein Wunder erlebt, aber hinterher Gott nicht liebt, dann seid ihr ihm Rechenschaft schuldig. Wenn Gott euch heilt, schuldet ihr nicht mir etwas, sondern ihm! Gott möchte nur eine einzige Sache von euch, er will, daß ihr ihn liebt. Und wenn ihr ihm eure Liebe zeigen wollt – gehorcht im!“

Besonders interessant war, daß zwei aus dieser Gruppe am Abend vorher bereits außergewöhnliche Wunder erlebt hatten. Wir erkannten aber erst jetzt, wie groß diese Wunder tatsächlich waren. Als erstes war am vorigen Abend eine Frau mittleren Alters geheilt worden. Sie war vor vier Tagen auf Metallspitzen gefallen und hatte sich so 21 Stiche in ihrem rechten Bein zugezogen. Ihre fürchterlichen Schmerzen ließen plötzlich nach, und sie hatte den Menschen eine erstaunliche Vorstellung ihrer Heilung gegeben, indem sie ihre Krücken wegwarf und fröhlich auf und ab lief. Ihre Freunde, mit denen sie an diesem Tag gekommen war, erzählten, wie schlecht es ihr nach dem Unfall gegangen war, daß sie weder sitzen noch stehen, noch laufen konnte, noch nicht einmal liegen war ohne furchtbare Schmerzen möglich gewesen. Doch jetzt war sie zu dieser Wohnung gelaufen und ohne Schmerzen und ohne Hilfe die vielen Treppenstufen hinaufgestiegen!

Der andere war ein kleiner Junge, der von seiner Mutter in den Armen gehalten wurde. Offensichtlich hatte er schwache Beine, doch als wir am Abend vorher im Namen Jesu gebetet hatten, setzte er seine Füße auf den Boden und begann zu hüpfen. An diesem Tag nun beschrieb seine Mutter die Einzelheiten seines bisherigen Problems. Er hatte von Geburt an eine Deformation, so daß er nur auf den Ballen seiner Füße laufen und seine Knie nicht beugen konnte. Seine Mutter stand auf, um zu zeigen, wie er früher seine Beine nur aus den Hüften heraus schwingen konnte, ähnlich wie ein Bär. Doch um hierher zu kommen, war er die Stufen so gewandt hinaufgestiegen wie ein Sportler.

Jeder der 18 Menschen in diesem Zimmer wollte Gebet, und jeder empfing seine Heilung vom Herrn. Es war eine weitere wunderbare Erfahrung. Am Abend nun wandte ich mich mit einer leidenschaftlichen Botschaft an die Menge und sprach bewegt von einer tiefen Hingabe an den Herrn. Ich sagte: „Ich werde euch nicht verlassen. Ich komme immer und immer wieder, bis wir gemeinsam die Macht Satans gebrochen haben und bis die Kraft Gottes sichtbar ist von einem Ende Rußlands bis zum anderen. Wieviel Tausend und Millionen unschuldiger Männer und Frauen sind in diesem Land gestorben? Es ist mit Blut getränkt, und das Blut jedes unschuldigen Mannes, jeder unschuldigen Frau und jedes unschuldigen Kindes hat zu Gott geschrien, und Gott hat jeden Schrei gehört. Der Gott des

Himmels liebt diese Menschen und dieses Land. Er will euch segnen, heilen und von Sünde befreien. Darum hat Gott Jesus gesandt. Gott will diese Stadt einnehmen und seine Liebe demonstrieren.“

Wegen den Schwierigkeiten mit der Soundanlage am Abend zuvor wurde zum Schutz des Systems ein großer Ring geformt. Irgendwie war ich mitten in diesen Ring geraten. Anfangs hatte ich dadurch Probleme, als ich für die Kranken beten wollte, ich war aus Versehen zum Mittelpunkt einer Art von Zirkus geworden. Doch als wir den Ring verließen und uns dem unausweichlichen Gedränge um uns her stellten, flossen die Heilungen ziemlich schnell und individuell, sozusagen jeweils als Reaktion auf die Not, die sich am heftigsten durchzusetzen vermochte.

Für Sonntag morgen war organisiert worden, daß unser ganzes Team eines der örtlichen Gefängnisse besuchen konnte, um einen kompletten Gottesdienst durchzuführen. Ich bin jedesmal begeistert, wenn ich an einem solchen Ort einen Dienst tun darf, weil ich selbst zehn Monate in einem kommunistischen Gefängnis in der früheren Tschechoslowakei verbracht habe.

Als ich durch die Tür in diese dunkle, verzweifelte Atmosphäre eintrat, kamen mir manche Erinnerungen hoch, doch dieses nackte Entsetzen von damals ist nicht mehr vorhanden. Statt dessen empfinde ich es fast erfrischend, weil ich frei bin und nicht nur hineingehen darf, sondern hinterher auch wieder heraus!

Unsere Männer bauten die Soundanlage und die Musikinstrumente auf, und das Lobpreis- und Anbetungsteam gestaltete den ersten Teil des Gottesdienstes. Sie sangen und bezeugten zwischen den Liedern, was Gott in ihrem Leben getan hatte. Die Berichte dieser frischen jungen Leute sind für die Zuhörer immer ein Segen, weil man merkt, wie real Christus für sie ist. Dann predigte ich. Wenn ich von meinen eigenen Erfahrungen im Gefängnis erzähle, wird bei den Gefangenen immer Interesse geweckt. Wenn ich ihnen dann sage, daß ich weiß, wie man die Ketten zerbricht und aus dem Gefängnis freikommt, dann rücken die Gefangenen entweder ihre Stühle näher heran oder drängen als ganze Gruppe nach vorne. Bei den Gefängniswärtern beobachte ich immer ein wenig Besorgnis, wenn ich erwähne, wie man herauskommt. Doch an diesem Tag ist es Christus, der sie freisetzt, nicht ich, und sie reagieren froh auf das Wort des Herrn. Zu meiner Freude sehe ich, daß alle den Wunsch haben, Christus anzunehmen – und das taten sie auch! Später erfuhr ich, daß in dem Gefängnis regelmäßig Bibelunterricht stattfindet und daß einige der Gefangenen schon errettet waren; sie werden die Neubekehrten ermutigen, im Glauben fest verwurzelt zu werden.

Der Pastor berichtete uns von einer Prophetie, die vor einem Jahr an die Gemeinde ergangen war, daß sie erleben würde, wie 4000 Menschen gerettet und an einem einzigen Wochenende ihrer Gemeinde zugetan werden. Alle dachten, das sei unmöglich, es gab keine Halle in der Stadt, in der auch nur annähernd so viele Menschen allein hätten Platz finden können. Dann erkannten sie, daß nur das Fußballstadion groß genug wäre, aber wie konnten sie es mieten? Als sie hörten, wir würden kommen, um eine Evangelisation durchzuführen, waren sie begeistert. Doch erst als sie schließlich sahen, wie 6500 Leute innerhalb von drei Tagen Christus annahmen, erkannten sie, daß Gott seine Verheißung erfüllt und sogar noch übertroffen hatte. Sie wollten, daß wir blieben und das ganze Gebiet evangelisierten. Diesmal ging es nicht, aber, so Gott will, kommen wir zurück und erfüllen alles, was er uns verheißen hat. Nur wenige Monate danach, als Mischa begann, die Einsätze für das folgende Jahr, 1995, detailliert zu organisieren, war Sowjetskaja Gawan unter den ersten, die ihre Einladung wiederholten, und wir werden kommen.

Wieder war eine Evangelisation geschafft, und wir waren müde und erschöpft, aber erfrischt von dem, was Gott getan hatte. Doch wie würden wir diese Stadt wieder verlassen können? Der Flughafen war klein, und es gab nur einen einzigen Linienflug am Tag, der lediglich nach Chabarowsk ging. Im Glauben und um das Problem der Reise nach Nerjungri zu lösen, hatte ich bei meinem letzten Aufenthalt in Chabarowsk für den Flug um 11.00 Uhr von Chabarowsk nach Nerjungri Plätze gebucht. Diesen Flug hätten wir auf jeden Fall bekommen müssen, denn ich hatte nachgeschaut und aus den Flughafenberichten entnommen, daß schon sehr früh morgens ein Flugzeug in Sowjetskaja Gawan startete, das bereits um 9.00 Uhr in Chabarowsk ankam. Erst bei meiner Ankunft in Sowjetskaja Gawan stellte ich fest – man wird wohl kaum überrascht sein, vermute ich –, daß dieser Flug gar nicht existierte! Allerdings hatte uns der Flughafendirektor angeboten, dieselbe AN 28, die uns hierher gebracht hatte, auch für den Rückflug zu chartern; sie würde uns dann am Montag um 8.00 Uhr morgens abholen.

Als ich an diesem Montag morgen früh mit der Gruppe auf dem Flughafen eintraf, war von unserem Charterflugzeug nichts zu sehen. Wieder einmal war der Sawtra-Geist am Werk. Ich ließ die Gruppe zurück, die draußen die Morgensonne genoß, und ging mit Swetlana los, um Erkundigungen einzuholen. Der Flughafendirektor war beschäftigt, also drang ich in meiner wilden Verzweiflung ohne auf Widerstand zu stoßen in die Räume der Flugsicherung ein. Keiner dort wußte von einer ankommenden Maschine. Sofort prüften sie per Radar und Funk, ob sich ein Flugzeug näherte, aber es war nichts zu sehen auf dem Bildschirm, und es gab auch keinerlei Informationen. Weil ich darauf bestand, stellten die Mitarbeiter schließlich eine Verbindung zu dem kleinen Flughafen in Chabarowsk her, und wir stellten zu unserer Bestürzung fest, daß die AN 28 noch immer dort stand, ohne daß ihr Abflug geplant war! Selbst wenn sie augenblicklich gestartet wäre, hätte sie 90 Minuten bis zu ihrer Ankunft hier gebraucht, noch einmal 90 Minuten für den Rückflug und die Zeit, die für den Ladevorgang notwendig gewesen wäre. Wir wären in jedem Fall viel zu spät angekommen für den anschließenden Linienflug um 11.00 Uhr nach Nerjungri. Wir würden unsere Tickets und das Geld, das wir dafür bezahlt hatten, verlieren; aber vor allen Dingen kämen wir nicht rechtzeitig zu unserer nächsten Evangelisation. Wieder einmal hatte der Sawtra-Geist versucht, uns zu besiegen. Aber Halleluja, ich weiß, daß Jesus vor 2000 Jahren sowohl Satan als auch den Sawtra-Geist überwunden hat, damit ich lebe, nicht als Besiegter, sondern als Sieger. Im Namen Jesu würde ich diesen Kampf gewinnen; der Teufel machte mich entschlossener als je zuvor!

Wieder einmal ging ich zurück zu der Gruppe, die ihre Freiheit draußen im warmen Sonnenschein genoß, und bat sie, intensiv um ein weiteres Wunder zu beten, ein weiteres wirklich großes Wunder mußte es diesmal sein. Hier draußen in Sibirien scheint überhaupt nichts planmäßig abzulaufen. Dem Flughafenpersonal ist es egal, ob man fliegt oder nicht, keiner hat ein Interesse zu helfen oder für das staatseigene Monopol Geld zu verdienen, ja nicht einmal einen wirklichen Arbeitstag abzuleisten. Die Angestellten sagen meistens nein, nur um zu vermeiden, irgend etwas tun zu müssen. Die Moral ist erbärmlich schlecht.

Als ich langsam zum Gebäude zurückschlenderte, nahm ich vor mir eine typische Szenerie wahr: Eine Frau versuchte, die zerbrochenen Stufen zu scheuern und zu putzen, die zum Eingang führten. In ihren Händen hielt sie einen Besen, den sie an diesem Morgen offensichtlich selbst hergestellt hatte, weil sich an den dünnen Zweigen, die sie ungeschickt zusammengebunden hatte, noch grüne Blätter befanden, sie waren nicht einmal getrocknet. Ihre Aufgabe war noch schwieriger, weil sie das Wasser im Eimer nicht wechselte, und es inzwischen eine schmutzigbraune Farbe angenommen hatte.

Ich ging durch den Eingang und habe noch immer deutlich die kleine dunkle Eingangshalle vor Augen und die Innentür, die starr offenstand und in einen inneren Raum führte, in dem es einige einfache Stühle gab und einen Schalter, an dem man wahrscheinlich einchecken konnte. Gleich daneben war ein kleines kastenartiges Zimmer mit einer Glasfront, wo hoffnungsvolle Reisende wohl in besseren Zeiten Tickets kaufen konnten. Im Augenblick hatte dort offensichtlich niemand Dienst, daher war der schmutzige Vorhang hinuntergelassen, der das Innere verbarg, wohl weniger aus Trotz als eher aus Verzweiflung. Schließlich gab es keine Flüge, also warum dann arbeiten!

Als ich die Stufen zu dem Büro des Managers hinaufstieg, erfaßte mich wieder einmal dieses Gefühl der Entschlossenheit. Seine Besprechung war noch nicht zu Ende, doch ich ging einfach zu ihm hinein und fragte, was mit seinem Arrangement wegen des Charterflugzeugs schiefgelaufen sei. Seine Erklärung löste das Problem natürlich nicht, ich hatte auch keine Zeit zum Reden, ich brauchte Taten, sofort. Ich bin sehr ungeduldig, wenn es wirklich darauf ankommt, In diesem Falle war ich es mehr denn je. „Ich brauche jetzt sofort ein Flugzeug, es muß in zehn Minuten abflugbereit sein, oder wir verpassen den Anschlußflug in Chabarowsk." Ich hatte es bisher noch nie geschafft, in weniger als einem Tag im voraus ein Flugzeug zu chartern, doch jetzt mußte es in weniger als 24 Minuten in der Luft sein und fliegen!

Wenn ich Erfolg hätte, wäre dies das allergrößte Wunder überhaupt. Diesmal reagierte er schnell, er sagte, es gäbe im Umkreis von mehreren hundert Kilometern keine normalen Flugzeuge, er habe nur seinen Rettungshubschrauber hier, den wir bereits bei unserer Landung gesehen hatten. Die Piloten befanden sich mit im selben Raum, und wenn wir direkt in Rubeln bezahlten, könnten wir ihn sofort haben. Es war schon 8.00 Uhr, darum schickte ich Asja los, eines von den Mädchen des Musikteams, das mit uns gekommen war, um schnell die anderen zu holen. Wenn wir jetzt mehr als 30 Minuten bräuchten, würden wir mit Sicherheit unseren Anschluß verpassen.

Mit Hilfe der Gemeindemitglieder, die uns mit Autos hergebracht hatten und freundlicherweise immer noch mit uns warteten, wurde die ganze Ausrüstung zum Einchecken gebracht und gewogen. Als ich den Vertrag unterschrieben und das nötige Geld bezahlt hatte, zum Teil in Rubeln, zum Teil in Dollar, befanden sich die Autos schon auf ihrem Weg über die Rollbahn. Schnell luden wir alles ein, während die Piloten gleichzeitig den riesigen Schlauch hinüberbrachten, um den Hubschrauber für den Flug vollzutanken. Die große Militärmaschine mit 26 Sitzen war schmutzig. Die Crew lud etwas ein, was aussah wie stinkende, feuchte Beutel mit Fisch. Offensichtlich hatten sie vor, bei ihrer Ankunft ein Geschäft abzuwickeln. Der Gestank und der Dreck taten ein übriges zu dem unvermeidlichen Lärm, aber es waren nur vierundzwanzig Minuten seit meinem Gesuch vergangen, bis sich die großen Motoren dröhnend in Bewegung setzten. Um 8.45 Uhr bewegte sich das furchtbar plumpe Ungetüm zögernd die Rollbahn entlang und erhob sich langsam in die Luft. Nur Gott weiß, wie ich das schaffte, aber ich war dem Teufel frontal entgegengetreten und hatte ihn und seinen Sawtra-Geist in der Autorität und der Kraft, die ich im Namen Jesu habe, besiegt! Wenn nur jeder wiedergeborene, geisterfüllte Gläubige wüßte, welche Kraft und Autorität wir über Satan haben.

Für den Flug nach Chabarowsk brauchten wir eine Stunde und 45 Minuten in dem recht langsamen Hubschrauber. Es war ein entsetzlicher Flug. Die Wolkendecke war recht niedrig, unter 1000 Metern, und die Berge waren ziemlich hoch. Der Pilot mußte Sichtkontakt mit dem Boden halten, doch weil die Berggipfel wesentlich höher waren als die Wolken, flog er zwischen den Bergen hindurch, drehte und wendete den Hubschrauber, um immer unterhalb der Wolkendecke zu bleiben, manchmal war sie nur ein paar Meter über uns. Mehrmals schienen die rauhen Felswände der Berge rechts und links neben uns nur Zentimeter von den vorwärts drängenden Rotorblättern entfernt zu sein, die unsere schwerbeladene Maschine in der Luft hielten. Wenn sie nur einen einzigen dieser Felsen gestreift hätten, die aus dem Nebel und den Wolken herausragten – so dicht, daß wir meinten, wir könnten uns hinauslehnen und sie mit Händen greifen –, würden wir mehrere hundert Meter in das Tal hinabstürzen. Eine Rettung wäre nicht denkbar gewesen, denn der einzige Rettungshubschrauber, den es gab, war der, mit dem wir flogen!

Doch wie immer hatte Gott alles unter Kontrolle, und nach einer endlos langen Stunde und 45 Minuten kamen schließlich die Häuser einer großen Stadt in Sicht, und wir ließen die Berge hinter uns. Es war 10.30 auf unseren Uhren, als der Hubschrauber auf dem kleinen Flughafen landete, den wir vier Tage vorher verlassen hatten. Wir hatten nur wenige Minuten Zeit, um alles auszuladen, hinüberzutragen zu dem größeren Flughafen und einzuchecken.

Wir schafften es, erhielten die Tickets und fanden etwas, womit wir alles die paar 100 Meter befördern konnten, die zwischen den beiden Flugplätzen lagen. Wir erreichten den Flug gerade noch rechtzeitig. Die ganze Sache war ein Wunder, das nur Gott allein hatte tun können.

Kapitel 17

NERJUNGRI – DAS TAL DES TODES

Der Linienflug von Chabarowsk nach Nerjungri fand wieder in einer YAK 40 statt. Die einzige Schwierigkeit bei diesem Flugzeug war, daß es keinen Laderaum hatte. Man ging hinein durch eine Tür mit ausklappbaren Stufen, die direkt in das Innere des Flugzeugs führten. Leider konnte die Tür des Flugzeugs nicht sehr weit geöffnet werden, weil sich unmittelbar dahinter die Toilette befand, die in den Gang hinausragte. Das Gepäck konnte nur in zwei Metallständern verstaut werden, die sich auf der rechten Seite neben der Toilette befanden. Dort war zwar Platz genug für einige Reisetaschen, aber nicht für die gesamten zwei Tonnen Musikinstrumente und Soundausrüstung sowie unserem eigenen Sammelsurium von Reisegepäck. Die größten Probleme bereiteten uns in dieser YAK 40 die Lautsprecher, weil es fast unmöglich war, sie an der Toilettentür vorbeizuzwängen! Bei diesem Flug kamen auch noch 26 andere Passagiere mit, die schon längst an Bord gegangen waren und deren Gepäck den begrenzten Stauraum völlig auszufüllen schien, bevor wir überhaupt hatten beginnen können, unseres einzuladen. Wegen der Unnachgiebigkeit der Schalterbeamtin beim Einchecken hatten wir erst sehr spät an Bord gehen können.

Obwohl die Hälfte von uns die teureren West- oder „Intourist"-Tickets hatten, zogen wir es vor, wenn möglich, gemeinsam auf der russischen Seite einzuchecken. Auf diese Weise konnten die Männer helfen, die schwere Ausrüstung zu transportieren, und so konnte auch das Übergewicht von fast zwei Tonnen zu den günstigeren russischen Tarifen mitgenommen werden statt zu den für uns Westler gültigen, wodurch wir buchstäblich bei jedem der vielen Flüge Hunderte von Dollars sparten.

Die Frau am Schalter, die uns anfangs anstandslos akzeptiert hatte, änderte plötzlich ihre Haltung, weil einer von uns englisch gesprochen hatte! Nun mußte die Hälfte von uns in das mehrere hundert Meter entfernte andere Gebäude, das Intourist vorbehalten war, aber schlimmer noch, wir mußten zuerst die Hälfte der Ausrüstung, die schon gecheckt und angenommen war für den Flug, wieder herausziehen und noch einmal wiegen, damit der richtige Betrag von dem Preis für das Übergewicht abgezogen werden konnte. Dann mußten wir es den ganzen Weg hinüberschleppen und schließlich die ganze Prozedur des Eincheckens noch einmal über uns ergehen lassen!

Als wir als letzte an Bord gingen, versuchten wir verzweifelt unsere ganzen Klötze in dem verfügbaren Stauraum unterzubringen, doch es war vergeblich. Inzwischen hielt uns die Crew zur Eile an, aber was sollten wir tun? Wir reichten alles Stück für Stück hinein und begannen, es im Passagierraum aufzustapeln. Ich begann vorne und blockierte den einzigen Ausgang des Pilotencockpits, stellte Taschen und Verstärker den überraschten Passagieren vor die Beine, füllte die Plätze für unsere Leute mit Taschen, und den Rest packte ich in den Mittelgang. Schließlich war alles an Bord, aber wie! Man bedenke, wir hatten insgesamt ungefähr 40 Ausrüstungsgegenstände und Gepäckstücke dabei, und dieses Flugzeug war ziemlich klein! Keine normale westliche Fluggesellschaft hätte erlaubt, daß der Mittelgang und die Ausgänge blockiert würden, wie wir es getan hatten, und wieviel Gesamtgewicht durfte das Flugzeug überhaupt transportieren? Doch keiner fragte danach, auch nicht nach all den anderen Dingen, die wir auf diesem Flug sahen, Hunde und Hamster und alle möglichen vorstellbaren und unvorstellbaren Dinge.

Swetlana und ich waren diese Strecke schon einmal geflogen, als wir nach Aldan unterwegs waren, darum war die Ankunft in Nerjungri für uns keine wirkliche Überraschung mehr. Militär kam an Bord und checkte alle Visa wie beim letzten Mal auch, denn nicht nur Aldan war eine geschlossene Stadt, sondern auch Nerjungri. Doch zu unserer Erleichterung war diesmal alles in Ordnung – Swetlana und ich hatten die Visa für die ganze Gruppe bei unserem früheren Besuch von dem Pastor erhalten.

Als wir ausstiegen, mußten wir wie gewöhnlich alles in den Flughafenbus einladen. Dann brach der Bus zu einer Fahrt von 20 Minuten zu dem eigentlichen Flughafen auf. Es ging vorbei an Polizeiblockaden, von denen dieses geschlossene Gebiet kontrolliert wurde, einige holprige Straßen entlang durch den Wald und an kleinen, aber malerischen Blockhütten vorbei, die zusammen mit anderen industriell genutzten Gebäuden auf diesem bergigen Gelände verstreut lagen. Schließlich erblickten wir eine kleine Stadt, bevor wir endlich am Terminalgebäude ankamen. Dieses ist der einzige Flughafen, den ich kenne, der Kilometer entfernt von seinem eigenen Terminal und Eincheckbereich liegt.

Einige Ukrainer unseres Hilfsteams holten uns dort ab und halfen uns, schnell alles in den Bus zu laden, der uns in das Stadtzentrum bringen sollte, wo das übrige Team darauf wartete, uns zu begrüßen. Pastor Gorbatschow und sein Team, das von Aldan hierhergekommen war, um uns bei der Evangelisation zu helfen, sorgte dafür, daß wir in die verschiedenen Quartiere gebracht wurden, wo wir für die nächsten drei Tage untergebracht sein würden. Es tat gut, wieder bei Freunden zu sein.

Welch eine Erleichterung war es, planmäßig und schon einen Tag vor der Evangelisation angekommen zu sein und die Möglichkeit zu haben, sich vor der Veranstaltung ausruhen und vorbereiten zu können! Auf dem Plan stand: Montag, Reise. Und wir waren nicht nur gereist, sondern wir waren auch tatsächlich am selben Tag angekommen, an dem wir aufgebrochen waren!

Am nächsten Abend begann die Evangelisation in einer Sporthalle. Dort hatte sich eine große Menschenmenge versammelt, und viele nahmen Christus an. Ich predigte über Römer 10: „Denn so du mit deinem Munde bekennst Jesus, daß er der Herr sei, und glaubst in deinem Herzen, daß ihn Gott von den Toten auferweckt hat, so wirst du gerettet." Wie könnt ihr gerettet werden, wenn ihr nicht geglaubt habt, und wie könnt ihr glauben, wenn ihr nicht gehört habt? Wir sind gekommen, damit ihr diesen Jesus kennenlernt – wie sehr er uns liebt, und wie sehr er sich um jeden kümmert.

Auch hier fanden wieder besondere Heilungen statt. Die Tochter des Pastors wurde von einem Nabelbruch geheilt. Der Nabel fiel Stück für Stück ein. Die Mutter fühlte während des Gebets mit ihrer Hand nach und war plötzlich ganz aufgeregt. Sie hob den Rock des kleinen Mädchens hoch, um nachzuschauen. Der Bruch war völlig verschwunden. Zwei Monate nach unserer Evangelisation erschien ein

Artikel eines etwas skeptischen Autors in einer christlichen englischen Zeitung. Er hatte seine Kontaktstellen in Sibirien in einigen Städten, in denen wir gewesen waren, befragt und überall die Auskunft erhalten, die Heilungen seien bestätigt worden. Eine gewisse Iida, mit der er in Nerjungri gesprochen hatte, berichtete von einer Frau, die von einem frauenspezifischen Leiden geheilt worden war. Ihre Heilung hatte sich als dauerhaft erwiesen. Iida kannte aber auch ein taubes Mädchen, das jetzt hören konnte und eine Frau, die vorher nicht ohne fremde Hilfe imstande gewesen war zu gehen, die aber nun wieder selbständig laufen konnte. Wir preisen Gott für diese unabhängige Zeugin der Demonstration seiner Macht.

Swetlana und ich waren in derselben Wohnung untergebracht, in der wir auch schon vorher, auf unserem Weg nach Aldan, übernachtet hatten. Wie bereits erwähnt, war unsere Gastgeberin aus den Dörfern geflohen, die durch den Unfall im Kernkraftreaktor von Tschernobyl, der 1986 explodiert war, verstrahlt worden sind. Aus diesem Grund hatten die Regierungen von Weißrußland und der Ukraine viele Tausend Menschen evakuiert, darum war sie mit ihrem Mann und ihrem zwölfjährigen Sohn hierher gezogen, fast 10 000 Kilometer entfernt von ihrer Heimat. Leider wurde sie dann von ihrem Ehemann verlassen, aber vor kurzem hat sie Christus gefunden. Ihr Zuhause war außergewöhnlich, es war größer, besser ausgestattet und moderner als andere Wohnungen. Sie war eine wunderbare Gastgeberin und bereitete uns jeden Abend eine fantastische Mahlzeit zu. Und obwohl sie morgens sehr früh zur Arbeit gehen mußte, bereitete sie auch etwas vor, was uns Swetlana mittags aufwärmen konnte. Wegen der Größe der Wohnung und weil sie den ganzen Tag nicht zu Hause war, konnten wir andere Mitglieder des Teams zum gemeinsamen Gebet zu uns einladen.

Am dritten Tag, einem Mittwoch, erlebten wir eine dämonische Manifestation. Nachdem ich gemeinsam mit dem Hauptteam gebetet hatte, brachten einige Gemeindemitglieder ein Frau zu mir – sie hieß Tanja –, damit ich bei ihr einen bösen Geist austriebe. Sie hatte sich zur selben Zeit wie unsere Gastgeberin für Christus entschieden und war mit ihr befreundet. Aber als die Gemeinde für beide um die Erfüllung mit dem Heiligen Geist gebetet hatte, war nur unsere Gastgeberin erfüllt worden. Diese andere Frau berichtete mir, sie sei danach alleine in den Wald gegangen und habe dort „einen Geist“ empfangen.

Ich erinnerte mich, daß mir unser befreundeter Pastor aus Blagoweschtschensk erzählt hatte, diese Stadt läge in einer Gegend, die man das „Tal des Todes“ nennt. Das ist tatsächlich die Bedeutung ihres Namens. Es heißt, daß obwohl die Stadt noch relativ jung ist, diese Gegend schon seit Jahrhunderten bekannt sei als ein Ort, wo Menschen und Tiere hinkamen, um zu sterben. Offenbar gab es einen sehr starken Dämon, der dieses Gebiet beherrschte. Tanja war ganz offensichtlich von einem unsauberen Geist besessen. Sie konnte auf jeden Fall in einer anderen Sprache sprechen, so als ob sie „in Zungen redete“, wenn sich der Dämon manifestierte, und er verstand und sprach außerdem Englisch. Als wir anfingen zu beten, kamen Pastor Gorbatschow und die leitenden Mitarbeiter seines Hilfsteams dazu, ebenso unsere Fürbitter und der Pastor der hiesigen Gemeinde.

Dieser Dämon beherrschte die Frau sehr massiv. Als ich mit ihm sprach und ihm im Namen Jesu befahl auszufahren, sagte Tanja, sie sei mit Satan verheiratet. Wir fanden heraus, daß ihre Großmutter und Tante Zauberei betrieben hatten, und daß sogar ihre vierzehnjährige Tochter eine Zauberin werden wollte.

Der Dämon sprach mit mir auf englisch und sagte: „Ich weiß, wer du bist“, aber als der Pastor anfing zu beten, fragte er, wer dieser sei. Plötzlich erfaßte er die Frau erneut und ließ sie tanzen, dann ging er über in ein Wirbelritual, als wollte er versuchen, uns zu verzaubern. Noch einmal befahl ich ihm auszufahren, und diesmal drohte ich ihm, ihn in die Feuer der Hölle fahren zu lassen, wenn er sich weigerte. Plötzlich schrie er auf und antwortete: „Alles, nur das nicht, alles, nur das nicht, dorthin schicke mich nicht!“ Dann sagte Tanja: „Der Dämon wird gehen, wenn ihr nur meine Tochter hierher bringt.“ Die Absichten des Teufels mit dem jungen Mädchen waren grausam offensichtlich, und wir ließen uns nicht darauf ein. Erneut ergriffen wir Autorität im Namen Jesu, befahlen ihm auszufahren, was er schließlich nach einem harten Kampf, der sich noch nach dem Gottesdienst an diesem Abend bis hinein in die frühen Morgenstunden des folgenden Tages fortsetzte, auch tat.

Am schwierigsten war es für uns, die örtliche Gemeinde davon zu überzeugen, daß Tanja wirklich befreit war. Manchmal sind wir so beeindruckt von den in letzter Zeit gehörten Lehren über Dämonen, daß wir Angst bekommen und fast versucht sind, unser einfaches Vertrauen auf Christus über Bord zu werfen. In ihm sind wir neue Kreaturen, das Alte ist vergangen – 2. Korinther 5,17. Eine Überbetonung des Dämonischen war immer wieder ein Stolperstein in manchen von uns besuchten Gemeinden, eine Quelle der Furcht und eine Fessel für die Neubekehrten.

Dies war nur einer der vielen sehr mächtigen unsauberen Geister, die wir bei unserem Aufenthalt in diesen abgelegenen Teilen Sibiriens angetroffen haben. Die Kommunisten hatten versucht, Gott von diesem ganzen Land fernzuhalten, indem sie Bibeln und den Glauben an Christus verbannten und viele Gläubige ins Gefängnis warfen und töteten. Das Ergebnis war, daß sie das Land für das Eindringen vieler böser Geister weit geöffnet haben. Zauberei und Okkultismus gediehen hier ebenso gut wie Dämonen und falsche Religionen.

Obwohl der Teufel versucht hatte, mich zu stören und abzulenken, war an diesem Abend der Gottesdienst wieder sehr vollmächtig, viele kamen nach vorne, um gerettet und danach, um geheilt zu werden. Fast noch bevor ich mit dem einleitenden Gebet fertig war, löste sich eine Frau mittleren Alters in dunkelroter Kleidung von der Menge und kam tränenüberströmt auf mich zu, wunderbar aufrecht, ihre Krücken trug sie in der Hand. Sie war bereits geheilt worden! Als wir für die einzelnen beteten, kam ein kleines taubstummes Mädchen und merkte, daß sie „Mama, Papa, Anja" sagen konnte. Sie sprach in das Mikrofon unserer Kamera, damit Phil das Wunder aufzeichnen konnte. Am meisten bewegend war jedoch ein junges Mädchen, sie war erst 18 oder 19 Jahre alt, die mit ihrer Mutter zu mir gekommen war. Sie hatte Krebsgeschwüre in ihren beiden Brüsten, und als ich meine Hände auf ihre legte, spürte ich, wie heiße Tränen darauf fielen. Deswegen betete ich so inständig, wie ich konnte. Dann flackerte Hoffnung auf in ihrem Gesicht. „Die Knoten werden kleiner", sagte sie. „Jetzt fühle ich sie nicht mehr, aber ich merke, daß immer noch etwas da ist." Ich gab nicht auf und betete weiter. Schließlich sagte sie: „Alles ist weg. Ich bin gesund!"

Am folgenden Morgen, einem Donnerstag, fuhr der Pastor mit uns auf dem Weg zum Flughafen am Krankenhaus vorbei, damit wir dort beteten. Wir gingen hinauf auf eine der Stationen. Der erste Patient dort war ein junger Mann, ein „Verräter", der von der Mafia brutal zusammengeschlagen worden war und ein Blutgerinnsel im Gehirn hatte. Gott heilte ihn. Der nächste war ein Mann mittleren Alters, er war fast 2 Meter groß, und weil sein Rückgrat gebrochen war, konnte er nur unter Schmerzen an Krücken gehen. Die Kraft Gottes heilte ihn unmittelbar, so daß alle Schmerzen wichen und er ohne Hilfsmittel laufen konnte. Ein junger Mann mit einem Rückenwirbelbruch schaute zu. Als ich ihm anbot, für ihn zu beten, war nicht einmal ein Schimmer von Zuversicht in seinen Augen. Doch sofort stand er voller Staunen auf, er war geheilt! Die Krankenschwestern einschließlich der Oberschwester hatten zugeschaut und waren so begeistert, daß sie mich nun fragten, ob ich für einen Mann auf einer anderen Station beten würde. Sie sagten, er sei von einem Dämon besessen, und er war offensichtlich recht verstört, als ich eintrat.

Er lag auf einem besonderen Bett, und es ging ihm schlecht. Er sagte, er habe sehr starke Kopfschmerzen, und außerdem hatte er an beiden Beinen Brüche, ebenso an der Hüfte und noch gebrochene Rippen, sein ganzer Körper war so von Schmerzen gepeinigt, daß er fast wahnsinnig wurde. Ich fing mit seinem Kopf an und fragte ihn: „Wenn Gott deinen Kopf heilt, wirst du dann an ihn glauben?" Er antwortete: „Ja." Als ich ihn berührte, wich aller Schmerz. Ich fand heraus, daß er ein Mörder war und viele Menschen umgebracht hatte, doch nun flehte er mich an, daß ich seine Beine heilte, die solche Schmerzen verursachten. Darum stellte ich ihm eine weitere Frage: „Wenn Gott deine gebrochenen Beine heilt, wirst du dann aufhören, Menschen umzubringen?" Wieder antwortete er: „Ja!" In diesem Augenblick wurde sein Körper buchstäblich von der Kraft Gottes erfaßt, und er war geheilt, Halleluja!

Inzwischen hatten die Krankenschwestern vor Erstaun zu lachen angefangen, doch gleichzeitig liefen Tränen an ihren Wangen herab. Sie hatten einer überwältigenden Demonstration der Kraft Gottes beigewohnt, und sogar jemand, der so böse war wie dieser Mörder, war gesegnet worden. Wie ich erfuhr, kam er aus einem der Gefängnisse. Es war schwer, dieses Krankenhaus zu verlassen, alle forderten meine Aufmerksamkeit, nachdem sie die vielen Wunder miterlebt hatten. Aber die Zeit war knapp – und wir mußten den Flug erreichen, für den wir Tickets gebucht hatten. Wie schön war es, hier mit dem Bewußtsein wegzugehen, daß bis zum letzten Augenblick die Salbung des Heiligen Geistes auf uns geruht hatte. So machten wir uns mit diesem Beweis der Kraft Gottes wieder auf den Weg zum Flughafengebäude, um zu unserer nächsten Evangelisation nach Magadan, der berüchtigsten Stadt ganz Sibiriens zu fliegen.

Kapitel 18

MAGADAN – DAS TODESLAGER

Diesmal hatten wir kein Problem, die Stadt nach unserem Besuch wieder zu verlassen. Wir hatten bereits Flugtickets für unser erstes Teilstück der Reise über 2000 Kilometer von Nerjungri über Jakutsk nach Magadan gebucht.

Während wir auf unseren Flug warteten, ging ich mit einigen Leuten aus dem Team hinter das Flughafengebäude, auch unser Kameramann Phil White war dabei, um den Schauplatz eines früheren Wunders aufzusuchen. Dort hatte Gott uns den Hubschrauber gegeben, der Swetlana und mich vor über einem Monat hinüber nach Blagoweschtschensk gebracht hatte. Für unsere Berichterstattung war es gut, einerseits den tatsächlichen Ort des Geschehens zu filmen, und andererseits den anderen den „Flugzeugschrottplatz" zu zeigen.

Der Flug nach Jakutsk war Routine. Es war sehr interessant, nach Nordosten zu fliegen, besonders weil wir die Stadt Aldan passieren mußten, wo eine der früheren Evangelisationen unseres Programms stattgefunden hatte. Ich war während dieses sibirischen Abenteuers schon früher einmal über Jakutsk geflogen. Auf dem Weg von Sussuman nach Tschita hatte ich das tschechische Team in Jakutsk gerettet, aber es war trotzdem wieder sehr interessant, aus der Luft die Berge und Wälder zu betrachten, die in diese Gegend führen. Die typisch sibirische Landschaft ist zerfurcht von menschlichen Rodungen und einigen Goldminen, wie es schien. Später wurde sie von einer flacheren Gegend abgelöst, als wir uns dem Fluß näherten, an dem Jakutsk liegt. Die Stadt selbst ist nicht attraktiv, aber ihre Umgebung, besonders der Fluß, ist sehenswert. Obwohl Jakutsk so dicht am Polarkreis sehr abgelegen scheint, ist es ein wichtiges Zentrum. Der große Fluß transportiert einen Großteil der Handelsgüter dieser Region, allerdings nur in der kurzen Sommersaison. Im Winter wird es sehr kalt, die Temperaturen sinken sogar unter –50° C, und der Fluß friert zu. Diese Region hat ihr eigenes typisches Klima, so wurde mir gesagt, es würde hier in

Jakutsk nachweislich kälter als an jedem anderen Ort der Erde, sogar kälter als am Nordpol.

Als wir auf dem Flughafen gelandet waren, beeilte ich mich, als erster in das Terminalgebäude zu gelangen, damit ich mich nach der Möglichkeit eines Anschlußfluges nach Magadan erkundigen konnte. Wie schon gesagt, ist es nämlich hier in Sibirien ein Problem, das uns große Schwierigkeiten bereitet hat, als wir zwischen den verschiedenen Städten, in denen unsere Evangelisationen stattfanden, hin und her reisen mußten. Flughäfen wie der in Nerjungri, den wir gerade verlassen hatten, konnten uns Tickets für unser erstes Teilstück einer Reise reservieren, wie wir es gerade für Jakutsk in Anspruch genommen hatten, aber sie konnten uns niemals Auskunft geben, welche Verbindungen es am jeweiligen Zielflughafen geben würde – in diesem Fall Jakutsk – und erst recht keine Buchungen vornehmen. Die Computer konnten nur die eigenen Flugverbindungen verwalten und waren nicht an ein zentrales System angeschlossen. Ich glaube sowieso, daß solch ein System gar nicht existierte. Aber um sich in solch ein computergesteuertes Reservierungsprogramm einzuloggen, falls es das doch gäbe, wäre eine direkte Telefonverbindung erforderlich, die nach unseren Feststellungen nicht vorhanden war.

Als wir auf dem Flughafen gelandet waren, nahm ich ein ukrainisches Mitglied unseres Teams als Übersetzer mit und ging in das Terminalgebäude, um mich nach Flügen nach Magadan zu erkundigen. Wahrscheinlich hätte ich schon jetzt erkennen müssen, wie sinnlos allein diese Frage war. Es war Donnerstag, der 11. August, der nächste Flug nach Magadan ging am Samstag, dem 13. August, doch dafür gab es nicht ein einziges Ticket mehr, das galt überhaupt für die nächsten zwei oder drei Wochen. Es war daher ein Witz, für eine Gruppe von elf Leuten Tickets zu bekommen. Doch die Evangelisation sollte morgen, am Freitag, dem 12. August, beginnen. Gott hatte mich beauftragt zu gehen, und ich war auf dem Weg, aber wie ging es weiter? Kein Wunder, daß der Herr mir auf die Frage, wie ich denn jemals Sibirien gewinnen könnte, so positiv geantwortet hatte – durch Zeichen und Wunder! In meinem ganzen Leben war ich noch nie Zeuge so vieler Wunder gewesen, wie wir sie hier erlebten.

Hier war ich nun, konfrontiert mit dem Unmöglichen. Durch die Zeitverschiebung hatten wir noch weitere Stunden verloren, so daß es schon nach 17.00 Uhr war, und die Büros von Aeroflot waren bis zum nächsten Morgen um 8.00 Uhr geschlossen. Nun, Gott sei Dank konnten wir immer noch beten, zumal wir ohnehin nichts anderes tun konnten, außer noch einen geeigneten Ort auf dem Flughafen zu finden, wo wir die Ausrüstung abstellen konnten, und etwas zu suchen, wo die erschöpfte Gruppe eine weitere Nacht verbringen konnte. Natürlich gab es auch einige vom Team, die sich zwar noch nicht beschwert hatten, aber doch etwas zu essen brauchten, denn seit dem Frühstück hatte es nichts gegeben.

Ich dachte mal wieder darüber nach, daß jemand mir, als Evangelist, diese ganze Verantwortung abnehmen müßte. Vielleicht wird Gott eines Tages meinen ständigen Hilfeschrei erhören und mir einen fähigen, qualifizierten Organisator schicken. Er muß flüssig Russisch sprechen, alle kulturellen Probleme in Sibirien kennen, wissen, wie man mit nicht vorhandenen Telefonen umgeht, Erfahrungen haben als Reiseleiter, die Fähigkeit mitbringen, täglich Dollar vom Himmel herabzurufen, tagelang arbeiten können ohne zu essen und zu schlafen, den Glauben eines Abraham haben, die Führungsqualitäten eines Mose, die Entschlossenheit und Liebe zu Gott, die David hatte, und die Fähigkeit, auf dem Wasser zu gehen und Berge zu versetzen. Und das alles, um gestern ans Ziel zu kommen!

Einer meiner persönlichen Beter hat es so ausgedrückt: „Niemand anders wäre dumm genug, das zu versuchen, darum hat Gott dich berufen, und er hat ein Leben lang daran gearbeitet, dich zu trainieren.“

Doch Gott erhört immer noch Gebete, immer eines nach dem anderen. Also fanden wir einen Ort, um die Ausrüstung abzustellen und außerdem ein „Flughafenhotel“ gleich gegenüber. Es war vielleicht nur eine Absteige, aber immerhin gab es außer den Mücken und Schaben auch Betten. Essen? Oh, ich persönlich hatte das schon ganz vergessen und habe sehr abgenommen, aber soweit ich mich erinnere, hat Gott auch diesen Punkt erhört!

Der Morgen dämmerte wie gewöhnlich am nächsten Tag, und ich war früh genug auf, um zu versuchen, in die Büros von Aeroflot hineinzustolpern, bevor die Angestellten wach genug waren, um sich an solche Wörter wie „Niet" und „Sawtra" zu erinnern. Was heißt wohl auf russisch: „Ja, mein Herr" und „Gern geschehen" oder „Wir haben ein Flugzeug. Möchten Sie es jetzt sofort chartern, mein Herr?" Leider war das keine Vision, sondern nur ein Tagtraum.

Die Direktoren des Flughafens waren nicht erreichbar, als wir uns in den Büros erkundigten. Eine überraschend hilfsbereite Frau teilte uns höflich mit, wir sollten ruhig warten, es dauerte zwei volle Tage, einen Charterflug zu organisieren. Aber die Evangelisation begann am selben Abend! Das Hauptproblem war nun, daß niemand anders da war, außer dieser Frau im Büro. Sie sagte uns, die Direktoren wären alle draußen, um auf der Rollbahn den Abflug des Präsidenten der autonomen Jakutischen Republik zu überwachen, der nach London reiste.

Die Probleme, mit denen wir hier in Jakutsk konfrontiert wurden, spitzten sich zu, als wir uns an die verzweifelten Hilferufe unserer tschechischen Gruppe erinnerten, die hier gestrandet war, bevor ich sie vor einigen Wochen gerettet hatte. Und wie um mich noch mehr zu entmutigen, kam in diesem Augenblick eine Gruppe von zwanzig Russen. Sie saßen hier seit zwei Wochen fest und hatten weder die Möglichkeit, ein Flugzeug zu chartern, noch einen Linienflug zu bekommen. Das alles schien zu demonstrieren, daß Jakutsk wirklich eine Einbahnstraße war, man konnte zwar dort hinkommen, aber nicht von dort weg!

Nicht nur meine Fürbitter beteten intensiv in diese Situation hinein, ich blieb auf dem harten Stuhl sitzen und weigerte mich, das Büro zu verlassen, während ich Gott um eine Lösung bat. Man kann in Situationen einen positiven Glauben haben, aber ich mußte genau wissen, was ich wollte, sowohl um konkret darum zu bitten als auch um den Glauben dafür aufzubringen. Im Moment wollte ich, daß der Flughafendirektor zurückkäme, damit ich mit ihm mein Anliegen, ein Flugzeug zu chartern, besprechen konnte. Denn bisher hatte ich noch nicht einmal ein offizielles Gesuch bei Aeroflot eingereicht, das entweder gewährt oder abgelehnt werden konnte. Meine einzige

Kontaktperson war diese nicht sehr wichtig aussehende Frau, die mein Gesuch zurückgewiesen hatte, nicht aber die Direktoren. Aber wer war sie schon?

Jetzt kam ein junger Mann eilig und geschäftig in den Raum. Er sprach mit der Frau hinter dem Schalter auf russisch, darum beachtete ich ihn nicht besonders und hielt ihn für einen weiteren gestrandeten Passagier. Swetlana hörte das Gespräch möglicherweise mit an, doch sie übersetzte es nicht.

Plötzlich fing Swetlana doch an zu übersetzen; die Frau sagte jetzt: „Vielleicht kann dieser junge Mann ihnen helfen.“ – „Gut“, sagte ich sofort, „ich brauche ein Charterflugzeug, das sofort nach Magadan fliegt, es muß in einer Stunde starten.“ Seine Antwort war völlig unkompliziert: „Der Präsident fliegt jetzt unmittelbar nach London, ich kann Ihnen seinen eigenen Privatjet anbieten, eine YAK 40, Sie können tatsächlich in einer Stunde in der Luft sein!“

Welch eine Antwort! Keine 48 Stunden Verspätung, keine Probleme – und welch ein Flugzeug für uns – der Jet des Präsidenten! Natürlich zögerte ich nicht lange und fragte nach dem Preis, der recht vernünftig klang. Ich fragte nicht lange danach, welche Befugnis er hatte, uns die eigene Maschine des Präsidenten zur Verfügung zu stellen. In meiner Bibel heißt es: „Gott wird versorgen!“ Ich hatte nicht daran gedacht, Gott um ein luxuriöses Flugzeug zu bitten, ich hatte nur gebetet, er möge das Problem lösen und uns nach Magadan bringen. Er hatte mich berufen zu gehen, alles andere war sein Problem. Aber der Luxusjet des Präsidenten, wow! Jetzt fühlte ich mich wie ein Königssohn!

Unser Team wartete schon, auch Phil, der Kameramann, den ich schon früh morgens in die Stadt geschickt hatte, um Dollar in Rubel zu wechseln, weil ich schon wußte, wir würden heute ein Flugzeug bekommen, und wir müßten es in Rubeln bezahlen. Sie nahmen bei all diesen Charterflügen niemals Dollar als Zahlungsmittel an.

Bald war alles verstaut, und wir entspannten uns im Luxus der komfortablen Drehstühle mit Tischen, einem dicken Teppich und hübschen Verzierungen. Es war alles ganz anders als in einem normalen russischen Flugzeug, vor allem als in diesen Transportflugzeugen und Militärhubschraubern, die wir bislang gechartert hatten. Aber Gott überrascht und segnet uns gerne, einfach um zu zeigen, wie sehr er uns liebt und sich um uns kümmert. Die Ukrainer, besonders die Mädchen Elena, Asja und Gallja aus unserem Musikteam, waren völlig begeistert von alledem. Sie hatten noch nie zuvor so etwas gesehen!

Die Flugzeit in diesem schnellen Flugzeug betrug nur zweieinviertel Stunden, doch verloren wir weitere zwei Stunden, weil wir fast genau nach Osten flogen und dabei zwei Zeitzonen überquerten, daher landeten wir auf dem Flughafen von Magadan kurz vor 17.00 Uhr Ortszeit. Ich hatte den Eindruck, daß der Teufel uns mit großer Entschlossenheit attackierte; die Veranstaltung sollte am selben Abend im Fußballstadion stattfinden, doch als wir den Teerboden betraten, regnete es in Strömen aus dunklen, drohenden Wolken. Dies hier war mit Sicherheit einer der schrecklichsten Orte auf Erden, fast wie eine lebendige Hölle, daran wurden wir bald erinnert.

Oleg, den wir auf dem Weg nach Sussuman getroffen hatten, holte uns mit Männern und Fahrzeugen ab, um uns eilig in die Stadt zu bringen, zuerst zum Hotel und dann schnellstens zum Stadion. Wegen dem Wetter war die erste Veranstaltung flugs in eine Sporthalle direkt neben dem Stadion verlegt worden. Der Feind versuchte verzweifelt, die Evangelisation zu blockieren, es war das erste Mal bisher, daß eine Veranstaltung wegen des Wetters verlegt werden mußte. Normalerweise ergriffen wir einfach im Namen Jesu Autorität über das Wetter, aber wir waren zu spät eingetroffen, um das an diesem Abend mit Erfolg tun zu können. Irgendwann konnte die Müdigkeit auch unsere geistliche Durchschlagskraft schwächen, und jetzt war es soweit. Morgen würde alles anders sein, Gott würde auf wunderbare Weise das Wetter ändern. Doch jetzt versammelte sich nur eine kleine Gruppe, hauptsächlich Gläubige der örtlichen Gemeinde, und unser eigenes Hilfsteam zu einer eiligst umorganisierten Veranstaltung.

Und Gott war da an diesem Abend, und wir sahen einige wenige Entscheidungen, und es gab ein paar besondere Heilungswunder. Ein alter Mann, der auf seinem linken Ohr taub war, konnte hören, und die Lähmung in seinem Arm und seinem Bein verschwand völlig. Eine Frau mittleren Alters war als nächste an der Reihe, sie war ernsthaft krank und hatte ein Krebsgeschwür in ihrer linken Brust und Schmerzen, die durch eine gebrochene Wirbelsäule verursacht wurden. Als ich ihr im Namen Jesu die Hände auflegte, wurde sie von allen Schmerzen geheilt, und das Geschwür verschwand aus ihrer Brust! Ein Mann, der stumm war, begann zu sprechen, eine junge Frau, die von Geburt an ernsthafte Sehstörungen hatte, wurde sofort geheilt. Viele andere wurden von Nierenproblemen, Blindheit und arthritischen Schmerzen befreit. Jesus war immer noch dabei, die Werke des Teufels zu zerstören – auch hier in Magadan!

Am nächsten Morgen trafen wir uns mit dem Hilfsteam zur Fürbitte. Es waren einige ganz besondere Menschen in diesem Team, die sich charakterlich von den Mitgliedern anderer Teams unterschieden, mit denen wir bisher zusammengearbeitet hatten. Weil sie direkt von England nach Magadan geflogen waren, hatten sie keine Erfahrungen mit anderen Gegenden Sibiriens gemacht, nur diese Stadt allein kannten sie. Es war ein sehr treues Team, und es gab einige starke Beter unter ihnen. Sie waren in dieser Stadt dringend erforderlich, die auf eine Geschichte voller Leid und Tod zurückblickt.

Die Evangelisation an diesem Samstag abend fand dann im Stadion statt, und die Sonne schien warm trotz des bevorstehenden Winters. Sehen Sie, Gott vollbringt viele Wunder, und in der Halle am Abend vorher hatte ich öffentlich Autorität über das Wetter ergriffen, wie ich es während dieser Evangelisationen sehr häufig getan hatte. Wenn wir Sibirien für Jesus gewinnen wollen, dann müssen wir die Kraft und Autorität demonstrieren, die wir in seinem Namen haben.

Es hatten sich viele Menschen versammelt, doch waren es immer noch weniger, als wir erwartet hatten. Es schien, als ob hier etwas gebrochen werden mußte. Der Teufel war entschlossen, doch ich war es auch, und mehr als die Hälfte der Anwesenden kam nach vorne, um auf die Einladung des Evangeliums zu antworten. Doch dies war nicht der Durchbruch, für den wir gebetet hatten. Von Anfang an, seit wir in Sibirien waren, hatten wir im Hauptteam dafür gebetet und auf den Moment gewartet, wo ein bedeutender Durchbruch geschehen würde. Rick war an diesem Tag mit Phil und Gary auf den Berg gestiegen, der sich über die Stadt erhebt, und sie hatten sehr viel Zeit im Gebet verbracht in dem Glauben, daß Magadan tatsächlich der Ort wäre, wo Gott seine Kraft ausgießen würde. Ich glaube, daß ich wirklich weiß, was geschehen wird, aber nicht wann, weil die Zeit in Gottes Händen liegt. Allein das ist für mich Herausforderung genug, im nächsten Jahr „in der Kraft des Geistes" wiederzukommen. Inzwischen gab es für die prophetische Vision, die mir Gott über Magadan offenbart hatte, aus vielen unerwarteten Richtungen einige bemerkenswerte Bestätigungen.

Bezeichnenderweise sah ich an diesem Abend viele Heilungswunder, sie waren erstaunlich im Verhältnis zu der relativ kleinen Anzahl der Anwesenden. Viele davon haben wir auf Video aufgenommen. Eines der ersten geschah an einer älteren Frau, die im Alter von nur drei Jahren ihr Rückgrat gebrochen und ihr ganzes Leben lang unter den Folgen gelitten hatte. In der Autorität, die ich im Namen Jesu habe, setzte ich sie augenblicklich frei. Sie war so begeistert, daß sie ihre Freude kaum zügeln konnte. Eine andere alte Frau, die nur mit einer Krücke laufen konnte und eine beschädigte Wirbelsäule und Arthritis in ihren Knien hatte, wurde so dramatisch geheilt, daß sie auf der Stelle vor der versammelten Menge einen Kosakentanz aufführte! Viele andere Heilungen folgten, zu viele, um sie im einzelnen zu erwähnen. Dabei spreche ich nur von denen, die stattfanden, als ich betete. Bei den anderen Mitgliedern des Hilfsteams geschahen ebenfalls viele Heilungen, während sie beteten.

Nachdem wir in der Wohnung des Pastors zu Abend gegessen hatten, nahm er uns mit hinunter zur Küste, wo wir das Gelände um den alten Hafen sehen konnten. Als wir am Ufer standen, wo so viel Schrecken in dieser Stadt ihren Anfang genommen hatte, versuchten wir, uns die Szenerie damals vorzustellen.

Ursprünglich waren vor mehr als 100 Jahren einige Amerikaner hier an diesen Ort gekommen und zu der Ansicht gelangt, daß wegen des extremen Klimas und den allgemeinen Bedingungen wahrscheinlich kein Mensch hier überleben konnte. Offensichtlich hatte Stalin dieses Urteil im Sinn, als er aus diesem Ort ein Todeslager machte. Um nach Magadan zu kommen, mußten die Gefangenen erst Tausende von Kilometern durch ganz Rußland und Sibirien mit der Transsibirischen Eisenbahn transportiert werden. Das muß bis zu drei Wochen gedauert haben, aber es war keine Luxusreise. Die Menschen wurden in Viehwaggons eng zusammengedrängt, und als sie schließlich am Ende der Bahnstrecke in Wladiwostock ankamen, war es fast unmöglich, die Lebenden von den Toten zu unterscheiden. Wenn sie unterwegs an den unmenschlichen Bedingungen gestorben waren, blieben sie trotzdem so eng zusammengepfercht, daß sie immer noch aufrecht standen. Erst als die Türen geöffnet und sie hinausgelassen wurden, konnten die Wärter erkennen, wer noch am Leben war. Dann wurden die Gefangenen auf Schiffe verladen und die Küste entlang nach Magadan gebracht, dem furchtbaren Tod entgegen, der dann dort in Magadan auf sie wartete.

Die längste Zeit des Jahres war der Hafen zugefroren wegen der extrem niedrigen Temperaturen, doch die Gefangenenschiffe kamen trotzdem. Die Gefangenen wurden dann gezwungen, barfuß über Eis und Schnee an den Strand zu laufen und hinauf zu den Gebäuden, die sich noch im Rohbau befanden. Kein Wunder, daß Gefangene aus anderen Teilen Rußlands voller Schrecken aufbegehrten, wenn sie hörten, sie sollen nach Magadan gebracht werden, und ihre Wärter anflehten, sie nicht dorthin zu schicken. Sogar der Tod selbst war besser, als der Schrecken von Magadan, dieser Hölle auf Erden.

Jetzt waren wir hier, um in der Autorität des Namens Jesu die Gefangenen von Tod und Hölle zu befreien. Ich dachte an meine eigene Gefängniszeit zurück und fragte den Pastor, welche Art von Arbeit die Gefangenen hatten tun müssen. Seine Antwort war ernüchternd: „Es gab hier keine Arbeit, sie kamen nur her, um zu sterben.“ Als die ersten menschlichen Warensendungen ankamen, gab es keine Häuser, darum mußten sie ihre eigenen notdürftigen Unterkünfte errichten, um sich vor der entsetzlichen Kälte zu schützen, mit der Zeit bauten sie dann bessere Häuser. Es gab keine Mauern oder Befestigungsanlagen um Magadan herum, um die Gefangenen an der Flucht zu hindern, denn sie hätten absolut nirgends hingehen können. Das ganze Gebiet um die kleine Stadt herum ist unwirtlich. Im Winter ist es nur eine öde Landschaft aus Schnee und Eis, und selbst während des kurzen Sommers gibt es keinerlei Schutz oder Nahrung außerhalb der Siedlung. Wie sollte man da überleben? Wenn man nach Norden ging, näherte man sich dem Polarkreis, im Osten war nur das grausame Meer, im Westen gab es viele hundert Kilometer weit kein einziges Anwesen und im Süden ebensowenig. Das war wirklich die Hölle, und sie war unentrinnbar. Kein Wunder, daß der berühmte russische Autor Alexander Solschenizyn, der selbst eine Zeitlang hier eingekerkert war, in seinem Buch Archipel Gulag solche Schrecken beschreibt.

Pastor Nikolai erzählte weiter, daß niemand versuchte, einen Gefangenen aufzuhalten, der tatsächlich flüchtete, er war nur ein weiteres Todesopfer. Wenn jemand zurückkam und es schaffte, dabei nicht entdeckt zu werden, wurde er nicht bestraft. Aber wenn ein zurückkehrender Flüchtling gesehen wurde, ließ man ihn ankommen und sich in Sicherheit wähnen, dann erschoß man ihn hinterrücks. Auf diese Weise sah es so aus, als würden nur flüchtende Gefangene erschossen.

Dann zeigte er uns die Straßen, die jetzt rauh geteert waren, und erzählte uns, wie unter kommunistischer Herrschaft die Gefangenen gezwungen worden waren, Straßen aus Steinen und Erde zu bauen. Jedem Gefangenen wurde ein Abschnitt der Straße zugeteilt, für den er verantwortlich war und den er von Unebenheiten und Schlaglöchern freihalten mußte, damit die Straße glatt befahrbar blieb. Das war wegen den extremen Wetterbedingungen und dem Mangel an Material ausgesprochen schwierig. Wenn ein Offizier über irgendeinen Abschnitt fuhr und eine kleine Unregelmäßigkeit feststellte, wurde der verantwortliche Gefangene herbeigerufen, mußte in dem Abschnitt, wo die fehlerhafte Stelle war, ein Loch ausheben und wurde dann erschossen und in dem Loch begraben, das er selbst ausgehoben hatte. Sein Abschnitt wurde anschließend einem anderen Gefangenen übergeben. Auf diese Weise verlief buchstäblich jede Straße der Stadt über die Knochen der Gefangenen, die umgekommen waren.

Am Sonntag morgen hatte ich die wunderbare Gelegenheit, in der örtlichen Gemeinde zu predigen und sie zu ermutigen. Sie hatte ungefähr 300 Mitglieder. Ich sagte:

> Ich komme nach Sibirien mit einer brennenden Vision von der Kraft Gottes. Wenn Gott spricht, geschieht das in Kraft und Autorität. Heute möchte ich in einer Prophetie und Vision von dem berichten, was Gott vollbringen will – und Gott erfüllt, was er sagt. Er ist sich selbst treu. Ich möchte, daß ihr entflammt werdet von dem Feuer und der Leidenschaft Gottes.
>
> Wir haben sehr viele große Wunder in Sibirien gesehen, aber das ist erst der Anfang von dem, was Gott eigentlich tun möchte. Wir befinden uns in den letzten Tagen unmittelbar vor der Wiederkunft Christi, und Gott wird etwas tun, was die ganze Welt begeistern wird. Gott wird seine Kraft ausgießen und Zeichen und Wunder tun, wie sie noch nie zuvor in den biblischen Geschichten vorgekommen sind – doch wie sie überliefert sind in den Prophetien der Bibel im Hinblick auf die Zukunft!
>
> Seit einem Jahr brennt in mir die Vision von dem, was Gott hier vorhat. Es gibt Prophetien aus vielen verschiedenen Teilen Rußlands über das, was Gott in diesen Tagen in diesem Land tun wird. Gott hat mir gezeigt, daß die Erweckung hier im Osten beginnen muß, und diese Prophetien sagen dasselbe. Im Fernen Osten, in Magadan, in Sowjetskaja Gawan, dort wird Gott beginnen. In 5. Mose 4 spricht kein Prophet, sondern Gott selbst kommt zu Wort. In Vers 32 spricht er von einem Ereignis, das total überwältigend und noch nie zuvor in der Weltgeschichte überliefert worden ist. In Vers 33 und 34 sagt Gott uns heute zu, was er für Israel getan hat, das wird er auch für uns tun, er wird eine Nation innerhalb einer Nation erwählen, und die Augen der ganzen Welt werden darauf gerichtet sein, um die Wunder zu sehen, die er tun wird. Gott wird das in diesen Tagen erfüllen!

In Joel 2,23 sagt Gott: „Freuet euch im Herrn, eurem Gott … der euch herabsendet Frühregen und Spätregen.“ In Kapitel 3 Vers 1 sagt er: „Und ich will meinen Geist ausgießen über alles Fleisch“, und in den Versen 3–4, „ich will Wunderzeichen geben am Himmel und auf Erden … ehe denn der große und schreckliche Tag des Herrn kommt.“

Der erste Teil dieser Prophetie wurde am ersten Tag von Pfingsten erfüllt, als die Gemeinde aus dem Feuer des Heiligen Geistes geboren wurde. Das war der Frühregen, aber es wird eine zweite und größere Ausgießung des Heiligen Geistes geben unmittelbar vor der Wiederkunft des Herrn – den Spätregen. Dann wird Christus in einer Wolke von Herrlichkeit zu seiner Gemeinde kommen, die die Offenbarung der Herrlichkeit Jesu Christi geschaut hat. Ja, er wird in eine Welt kommen, die ihn ablehnt, aber sie wird ihn dennoch erkennen an seinen Zeichen und Wundern.

Gott wartet darauf, ein Volk zu finden, auf das er seinen Heiligen Geist ausgießen kann. Gott möchte den Namen Jesu überall auf der ganzen Erde erheben. Aber der Ort, den Gott für die größte Ausgießung erwählt hat, ist dieser hier. Nirgends wurde die Kraft Gottes so sehr verleugnet. An diesem Ort wurden so viele Millionen Menschen abgeschlachtet. Keine andere Nation hat ein solches Gemetzel erlebt. Eure gesamte Gesellschaft wurde auf die Verleugnung Gottes gegründet, und der Teufel hatte hier mehr Macht als irgendwo sonst auf der Welt. Aber seine Kraft ist gebrochen, und Gott hat diesen Ort erwählt, um seine Macht zu demonstrieren.

Ich möchte euch zeigen, wie ihr die Kraft Gottes freisetzen könnt. Vor 30 Jahren reiste ich zum ersten Mal nach Jerusalem, weil ich dieses Pfingstfest suchte. Es fand damals nicht statt, aber ein Feuer drang ein in meine Seele, in mir war ein Hunger geboren. Pfingsten hatte begonnen.

Ihr könnt es erleben. Ich will euch zeigen, wie. Wir könnten Magadan an einem Tag gewinnen! Niemand kann sagen: „Das geht nicht." Ich werde nicht ruhen, bis dieses Feuer auf dir und dir und dir ruht!

In 4. Mose 14,11 sprach Gott zu Mose: „Wie lange lästert mich dies Volk? Und wie lange wollen sie nicht an mich glauben trotz all der Zeichen, die ich unter ihnen getan habe?" – Dieser Tadel gilt der ganzen russischen Nation. Gott sagt, er wird Wunder tun, direkt vor euren Augen, vor der ganzen Nation, dann wird er die Herausforderung aus 4. Mose 14,11 aussprechen: „Wie lange wollt ihr euch weigern, an mich zu glauben, trotz allem, was ich getan habe?"

Wer wird die Wunder tun? Gott! Durch euch! Und mich! Gott hat uns berufen! Die Erweckung wird nicht nach England kommen, bevor Rußland brennt! Ich habe das Feuer und die Kraft Gottes gesehen – mein Vater ist während der Erweckung geboren und arbeitete mit dem größten Heilungsevangelisten in England zusammen, er hieß George Jeffries. Und dieser George Jeffries hat mich in seine Arme genommen und dem Herrn geweiht. Er hat das Feuer Gottes auf mich herabgebetet.

Gott sagt, er wird hier Wunder tun. Ich möchte die Augen der ganzen Welt hierher lenken, damit sie sehen, was Gott tut! Gott hat mir eine Vision für Magadan gegeben. Lest Hesekiel 37, das Tal der verdorrten Totengebeine. Gott sagte zu dem Propheten: „Geh an den Ort, an dem sich alle Toten im Tal des Todes befinden, an dem die Menschen zu Tausenden und Millionen dahingeschlachtet wurden." Wie viele Kinder Gottes, wie viele Pastoren, wie viele Leiter sind hier in Magadan umgekommen? Geht hin und stellt euch an die Orte, an denen diese Menschen starben.

Werdet jetzt mit dem Heiligen Geist erfüllt – betet und lobt, bis das Feuer fällt, und wenn es geschieht, wird einer von euch an diese Orte gehen, und er wird prophezeien, und diese Gräber werden sich öffnen, dieses Tal wird sich öffnen, und jene Gläubigen, die gestorben sind, werden herauskommen aus der Erde, sich hier hinstellen und der ganzen Stadt das Evangelium verkünden. Prophezeit über eure Städte, über eure Felder, bis die Toten zurückkehren und das Evangelium predigen. Wenn einer jener toten Gefangenen zurückkäme, würden sich die Fernsehkameras der ganzen Welt hier versammeln!

Jetzt schaut her! In 4. Mose 14,13–16 hat Mose einen Streit mit Gott, weil das Volk nicht an die Wunder geglaubt hat, und Gott sagt, er werde das Volk vernichten. Mose bettelt um das Volk, bettelt um die Gemeinde. Er sagt: „Wenn du deinem eigenen Volk, deiner Gemeinde, den Rücken kehrst, weil sie nicht an dich geglaubt hat, dann wird die ganze Welt sagen, daß du versagt hast. Sie werden nicht der Gemeinde die Schuld geben, sie werden dir, Herr, die Schuld geben. Die ganze Welt wird sagen: „Das geschah, weil der Herr es nicht geschafft hat." Wenn du nicht alle Verheißungen erfüllst, dann werden die Augen der ganzen Welt auf dich gerichtet sein und sagen: „Gott hat versagt."

Das ist die Bestätigung, daß Gott seinen Geist ausgießen und diese Wunder tun wird, denn, Gott, wenn du nicht erfüllst, was du verheißen hast, dann wird die Welt sagen, du hast versagt, du konntest dein Wort nicht halten. Gott hörte Mose, und Gott antwortete ihm. Er sagte: „Ich habe diesem Volk vergeben, wie du es erbeten hast."

Gott, du mußt jede Vision und jede Prophetie erfüllen. Jesus kommt wieder, und Gott wird alles jetzt erfüllen! In Hesekiel 12,21–28 heißt es: „In eurer Zeit soll jede Vision erfüllt werden, jede Prophetie, jedes Wort, das ich gesprochen habe." Jetzt! Jetzt! Jetzt! Gott kann sich nicht irren.

Aber was ist dazu nötig? Männer und Frauen, die vor Gott stehen, sich auf die Verheißung stellen, die Kraft herabrufen und hingehen, um das Werk Gottes zu tun.

Wie? In Hebräer und Jakobus findet ihr die Antwort. In Hebräer 11,8 heißt es, Abraham war ein Mann des Glaubens. Es gibt zwei Dinge, wie Gott auf jeden Fall die Vision erfüllen wird, zwei Dinge, die Gott verlangt. Erstens, habt genug Glauben an Gott, um hinauszugehen, und zu handeln. Glauben bedeutet nicht, bleibt in euren Sesseln sitzen, sondern geht hinaus und handelt! (Die ganze Gemeinde stand auf.)

Zweitens, lernt Gott kennen. Was war mit Abraham? Jakobus 2 lehrt uns, daß er Gott gehorchte. Er handelte! Hört ihr Gott, die Stimme und die Kraft Gottes? Dann gehorcht ihm!

Die Kraft kommt durch den Glauben und den Gehorsam! Steht auf, und handelt! Predigt das Evangelium! Steigt auf die Berge rund um Magadan – bittet Gott um die Kraft des Heiligen Geistes – dann gehorcht ihm und handelt!

Nach dem Mittagessen mit Pastor Nikolai und seiner Frau gingen wir zum Stadion, um die letzte Veranstaltung dieser Evangelisation durchzuführen. Die Nachricht von den mächtigen Wundern, die Gott getan hatte am Abend vorher, hatte sich in der ganzen Stadt verbreitet und zog eine solche Menschenmenge an, daß sich die Zahl der Besucher verdoppelte. Wieder antwortete eine große Anzahl nach der Predigt auf das Evangelium und wurde von mir und Pastor Nikolai unterwiesen. Danach war Zeit, die Kraft Gottes in Heilungen und Wundern zu erfahren. Ich rechne mit der Kraft Gottes, und ich werde nie enttäuscht, weil Gott immer den Glauben ehrt.

Einem kleinen, hübschen Mädchen war geholfen worden, durch die Menschenmenge hindurch zu mir nach vorne zu kommen. Sie ging an Krücken, weil sie vor zwei Monaten ihr Bein bei einem Autounfall gebrochen hatte. Das arme Mädchen konnte ihr Knie nicht mehr beugen oder auch nur ihr Bein belasten. Doch als ich Autorität ergriff, wichen die Schmerzen sofort. Sie hatte solche Angst vor dem Schmerz, daß sie anfangs noch recht mißtrauisch war. Als wir sie freundlich überredeten, faßte sie langsam Vertrauen und fing an, ohne Hilfsmittel zu laufen. Dann ging sie in die Hocke, indem sie beide Knie beugte, sie war völlig geheilt.

Als nächstes kam ein Mann, der ebenfalls Krücken wegen eines Unfalls in der Fabrik trug, wo er arbeitete. Achtzehn Monate waren schon seit dem Unfall vergangen, aber die Knochen und Muskeln waren nicht wieder zusammengewachsen, so daß er verkrüppelt war. Nachdem ich ihm die Hände aufgelegt hatte, wurde er sofort geheilt, und zum ersten Mal konnte er ohne Hilfsmittel gehen. Dann begann die Kraft Gottes auf die Menschen zu kommen, so daß einer nach dem anderen befreit wurde von Arthritis, Armbrüchen, Armlähmungen und sogar einer Rückgratverkrümmung. Viele andere empfingen ihr Augenlicht und wurden befreit von Taubheit und anderen Krankheiten, zu viele, um sie zu zählen. So groß war an diesem Abend die Kraft Gottes.

Sehr oft hatte ich den Menschen bei den Evangelisationen gesagt, daß ich mit den anderen Mitgliedern meines Hauptteams nur eine Fahrkarte für die Hinfahrt nach Sibirien besaß. Ich sagte das als Witz, daß wir, ebenso wie Gefangene, nur eine Fahrkarte für die Hinfahrt hatten, weil die russischen Behörden uns nur eine einfache Fahrkarte ausgestellt hatten.

Tatsächlich war es so, daß wir zwar Hin- und Rückflugtickets von London nach Moskau und von Moskau nach London hatten, doch daß wir die nötigen Tickets, um von Sibirien nach Moskau zu kommen, nicht besaßen. Wir hatten erwartet, daß wir, wie im letzten Jahr, den Rückflug nach Moskau in Tschita billiger buchen konnten, aber das war wegen der Bauarbeiten auf diesem Flughafen nicht möglich. Das andere Problem war, daß wir uns durch ganz Sibirien mit unserem Budget durchgekämpft hatten, obwohl die Kosten fast täglich stiegen. Einmal hatten wir uns in einem Hotel in Blagoweschtschensk zu einem bestimmten Preis einquartiert und stellten am nächsten Tag fest, daß der Preis genau um 30 % gestiegen war, und wir mußten die verbleibenden Tage für die ganze Gruppe den höheren Preis bezahlen. Flugtickets waren ebenfalls um 30 % teurer geworden, während wir in Sibirien waren.

Auch der Preis für Lebensmittel und Transportmöglichkeiten variierte von Ort zu Ort. Zum Beispiel betrug das Durchschnittseinkommen der Bevölkerung zwischen 20 Dollar im Monat in der Ukraine und 200 Dollar im Monat im Fernen Osten von Sibirien.

Ebenso unterschiedlich waren die Preise für Lebensmittel und alles andere. In Aldan kosteten beispielsweise die Kartoffeln bis zu 9 Dollar pro Kilo (ungefähr 13 DM), wahrscheinlich war es das Zwanzigfache von dem, was sie woanders kosteten. Flugtickets nach und aus Magadan kosteten fast das Dreifache als auf anderen Flughäfen, selbst innerhalb Sibiriens. Darum hatten wir die Rückflugtickets nicht besorgt, weil wir unbedingt wollten, daß unser Geld reichte, bis unsere Mission erfüllt war, dann erst wollten wir die Tickets kaufen!

Dieser Bereich war eines jener besonderen Glaubenswunder, daß wir bereit waren, die ganze Zeit über in Sibirien zu arbeiten ohne die Garantie unserer Rückkehr! Über das ganze Problem der Finanzierung dieses Unternehmens, bei dem wir nicht einmal die Hälfte des ursprünglich geplanten Budgets zusammenhatten, sprach ich mit niemandem außer mit dem Herrn. Gott hatte von Anfang an versprochen, daß er für die Leute, das Geld und die Ausrüstung sorgen würde, und ich glaubte ihm, darum gab mir Gott während des ganzen sibirischen Unternehmens den Glauben, nicht nur ihm zu vertrauen, sondern auch entsprechend zu handeln.

In Magadan hatte ich öffentlich gesagt, daß mein Herz für die Menschen dort schlage, und daß ich dort bleiben würde, wenn es keine Rückflugtickets gäbe, aber ich bat Oleg doch, für uns Tickets zu buchen und zu bezahlen, damit wir an diesem Sonntag abend wenigstens von Magadan nach Chabarowsk reisen konnten auf unserem Weg zur nächsten Evangelisation.

Nach der letzten Veranstaltung gingen Swetlana, Katie und ich in die Wohnung des Pastors zum Abendessen, bevor wir zum Flughafen gebracht wurden. Der Pastor überbrachte uns die Nachricht, daß Oleg tatsächlich die Tickets gekauft hatte und sie während der Veranstaltung zusammen mit allen Pässen der ganzen Gruppe in seiner Tasche aufbewahrt hatte. Dann machte er ein furchtbar betroffenes Gesicht und erzählte, daß ihm die Tickets leider aus der Tasche gestohlen worden waren. Ich bat ihn um nähere Einzelheiten, vor allem wollte ich wissen, ob die Pässe ebenfalls gestohlen waren, weil wir dann keine Ersatztickets hätten kaufen können. Leider wußte er das nicht. Wir sollten warten, bis Oleg später käme und ihn selbst fragen.

Nach dem Abendessen packten wir mit dem Rest der Gruppe unsere Sachen und machten uns reisefertig. Mit beiden Teams sprachen wir über das Problem, und als wir beteten, hatten wir den Eindruck, daß Gott in dieser Sache etwas unternehmen würde. Gott hatte schon so viele Wunder getan, mit Sicherheit würde auch die Lösung dieses Problems seine Kraft nicht übersteigen!

Dann kam Oleg. Würde Gott uns beim Wort nehmen und dafür sorgen, daß wir an diesem Schicksalsort blieben, oder nicht? Oleg sagte, wir sollten unbedingt zum Flughafen fahren. Vielleicht würden sie uns neue Tickets ausstellen, wenn sie in ihren Unterlagen nachschauten. Aber wir müßten unsere Identität bescheinigen. Waren unsere Pässe auch gestohlen? Jetzt konnte sich Oleg nicht mehr länger beherrschen, er lachte und lachte. Er und der Pastor hatten nämlich gemeinsam beschlossen, mir meine ganzen Witze heimzuzahlen und uns allen einmal so richtig einen Bären aufzubinden!

Kapitel 19

KRASNOKAMENSK – MISCHA RETTET UNS

Die erste Etappe unserer Reise zur nächsten Evangelisation begann mit dem Flug um 1.40 Uhr, mit dem wir Magadan verließen. Diese Stadt war der östlichste Punkt unserer Reiseroute, und ich bedauerte sehr, von hier abzureisen. Der Herr hatte über diesen Aspekt sehr deutlich zu mir gesprochen, daß die Erweckung aller russischen Länder im Osten beginnen würde. Das war Kernpunkt sehr vieler Prophetien, sowohl neuerer als auch vergangener. Aber würde das hier geschehen oder woanders? War jetzt die Zeit, oder mußte ich noch ein wenig länger warten? Nur Gott weiß es, aber für uns war es an der Zeit, langsam wieder westwärts zu ziehen in Richtung Heimat. Jetzt gehe ich zwar, aber ich muß wiederkommen. Ich glaube ganz fest daran, daß Gott alle seine Verheißungen erfüllt. Ich gelobe, zurückzukehren und werde nicht von Gott ablassen, bis er mich erhört und die Vision völlig erfüllt.

Als wir zum siebten und letzten Mal in Chabarowsk ankamen, es war 3.00 Uhr Ortszeit, wartete zu meiner Erleichterung bereits unser Freund Pastor Juri und das neue Auto auf uns, das wir ihm gekauft hatten. Er bot uns an, alle in eine kleine Wohnung zu fahren, wo wir elf Leute zwar nur wenig Platz haben würden, aber wenig-stens bis zu unserem Abflug um 11.00 Uhr nach Irkutsk ausruhen konnten.

Dankbar nahmen wir die Gastfreundschaft von Pastor Juri an und waren bald unterwegs zu dieser Wohnung, die wir um 4.00 Uhr morgens erreichten. Dort gab es zwei Räume, in denen wir elf einige Stunden schlafen konnten. Obwohl die Wohnung leer stand, weil die Familie, der sie gehörte, verreist war, kam ein Gemeindemitglied von nebenan für zwei Stunden zu uns herüber und bereitete uns ein wunderbares Frühstück zu, eine „Bortschsuppe", Kartoffeln, Salat, Brot, Pfannkuchen, Tee und Kaffee. Leider ging es mir ähnlich, wie den meisten aus unserer Gruppe, wir waren um diese nachtschlafene Uhrzeit einfach zu müde, um viel zu essen!

Schließlich kehrten wir für den Flug nach Irkutsk zum Flughafen zurück, um 11.00 Uhr flogen wir ab, und um 15.00 Uhr landeten wir dort. Jetzt standen wir wieder vor einem Problem. Uns war gesagt worden, daß uns jemand abholen würde, doch niemand war da, der uns wegen der Tickets Bescheid geben konnte, von denen wir annahmen, sie wären für unseren Anschlußflug nach Tschita gebucht worden. Ich hatte einen Termin für ein Fernsehinterview am nächsten Morgen in Tschita. Würden wir es rechtzeitig schaffen?

Obwohl noch drei Flüge an diesem Tag nach Tschita gehen sollten, gab es für uns keine Plätze mehr. Wir versuchten verzweifelt, Tickets von Zurücktretenden zu bekommen, aber trotz aller Versprechungen, daß es schließlich klappen würde, waren keine erhältlich. Jetzt hatte die Evangelisation Priorität, die am nächsten Tag beginnen würde, darum nahm ich die einzige Alternative in Anspruch und charterte für den folgenden Morgen eine AN 26, die Transportversion unserer Lieblingsmaschine AN 24, mit der wir so viele tausend Kilometer geflogen waren. Leider mußten wir dadurch noch eine Nacht auf dem Flughafen bleiben. Es war das fünfte Mal, daß wir Irkutsk passierten, und ich wußte, daß ein Flughafenhotel nur ein paar hundert Meter vom Terminal entfernt lag, so brauchten wir nicht sehr weit zu laufen.

Dieses düstere baufällige Gebäude, das jetzt als Flughafenhotel genutzt wurde, muß zu einem früheren Zeitpunkt seiner Geschichte einmal sehr elegant gewesen sein, wahrscheinlich bevor es zu einem Hotel umfunktioniert worden war. Das Treppenhaus war beeindruckend, und es gab wunderbare Stuckverzierungen in den riesigen Räumen. Doch jetzt waren die Zimmer nur noch ungemütlich und leer, sie hatten keinerlei Ausstattung bis auf die sechs Betten, die rundherum an den Wänden standen. Die Waschräume waren in einem erbärmlichen Zustand, auf jeder Etage befand sich ein schmutziger Raum für die Männer und einer für die Frauen, die jeweils von den Bewohnern von bis zu 40 Zimmern benutzt wurden. Es gab kein heißes Wasser und nur zwei Waschbecken, die Toiletten waren „typisch russisch", sie hatten keine Brillen und wurden offenbar niemals geputzt, und natürlich mußten wir wie immer unser eigenes Toilettenpapier mitbringen, weil keines vorhanden war.

Wie üblich gab es kein Restaurant, und nirgends in dem Gebäude bekam man etwas zu essen oder zu trinken. Wir waren schon einmal hier gewesen und wußten, daß wir das beste daraus machen mußten. Mit all der Ausrüstung, die wir bei uns hatten, und weil wir am nächsten Morgen schon vor 7.30 für den Charterflug einchecken mußten, wollten wir nicht in die Stadt, sonst hätten wir jeweils ein Transportmittel für den mindestens 30minütigen Weg mieten müssen. Dabei fällt mir ein, – obwohl wir insgesamt fünfmal durch diesen Flughafen gekommen sind, kann ich mich nicht daran erinnern, jemals die Stadt gesehen zu haben.

Wir fanden tatsächlich etwas zu essen auf dem Flughafen – russische Hot dogs, aber sie waren für unsere hungrigen Mägen wenigstens besser als gar nichts. Rick hatte immer noch seinen Wasserkocher, darum setzten wir uns anschließend alle gemeinsam in das Hotelzimmer, in dem Rick schlief, und ließen uns von ihm jenen süßen russischen Tee servieren. Am Anfang hatte es Rick sogar geschafft, uns ein paar Kekse oder irgendeine Beilage zum Tee zu organisieren. Doch inzwischen schien sogar Ricks scheinbar unerschöpflicher Vorrat aufgebraucht zu sein, darum tranken wir den Tee eben so.

Ich mußte unbedingt das Büro von EuroVision in England anrufen, es war sehr schwer, die Kommunikation während der langen Wochen aufrechtzuerhalten, in denen ich unterwegs war, und ich brauchte dringend Informationen. Weil Swetlana erschöpft war, nahm ich Jura mit. So gingen wir mit einigen anderen, die noch gerne einen Spaziergang machen wollten, zurück zum Flughafengebäude; ich wußte, daß es dort ein Postamt gab, und ich würde schließlich mein Büro in England anrufen können. Ich brauchte nur den Anruf zu buchen und dann ungefähr eine Stunde warten, bis die Verbindung hergestellt wäre. Ich war sehr müde und hoffte, daß ich dort keine lange Schlange und auch sonst keinen Grund für eine Verspätung vorfinden würde, denn ich wollte unbedingt ein wenig schlafen.

Als ich endlich am Flughafenterminal angekommen war, fand ich am Schalterfenster eine Nachricht vor, daß die einzige diensthabende Beamtin essen gegangen sei und daß der Telefonschalter erst in einer Stunde wieder öffnete. Eine Wartezeit von mindestens noch zwei Stunden war für mich nicht mehr vorstellbar. In England war es gerade erst Mittag, aber hier in Irkutsk war es schon 22.00 Uhr abends. Schließlich war ich in der vergangenen Nacht zum größten Teil gereist und hatte höchstens zwei Stunden geschlafen. Deprimiert ging ich zurück zum Hotel in der Hoffnung, daß meine Frau in England und das Büro verstehen würden, wie schwierig es war, von Sibirien aus zu telefonieren.

Gegen 7.30 Uhr am nächsten Morgen kämpften wir uns mit all unserem Gepäck vom Hotel zum Flughafen zurück. Wir hatten keine Möglichkeit gehabt, im Hotel irgend etwas zu frühstücken, nur der Luxus von Ricks Morgentee war uns beschieden. Den brauchten wir alle auch dringend, schließlich waren wir früh aufgestanden und hatten uns, so gut es ging, in der Unbequemlichkeit dieses schmutzigen Hotels gewaschen und angezogen.

Wir warteten endlos in der Intourist-Abteilung des Flughafengebäudes auf Informationen wegen des Charterflugs. Trotz all meiner Anfragen konnten wir keine Einzelheiten erfahren, wann wir mit dem Einchecken beginnen könnten. Man sagte uns lediglich, man würde uns mitteilen, wenn das Flugzeug bereit sei. Als ich um 9.00 Uhr immer noch keine Nachricht erhalten hatte, machte ich mir langsam Sorgen, besonders weil ich gezwungen worden war, den Charterflug schon am Abend vorher zu bezahlen. Als ich diesbezüglich Bedenken äußerte, hatte man mir gesagt, nur wenn ich im voraus zahlte, könnte man für den zeitigen Abflug des Flugzeugs am frühen Morgen, um den ich gebeten hatte, garantieren.

Jetzt erhielt ich jedoch nur noch diverse unglaubwürdige Entschuldigungen, z.B. das Wetter sei an unserem Bestimmungsort in Krasnokamensk schlecht oder die Maschine müsse noch aufgetankt werden, oder es gäbe Probleme mit unserer Entrichtung der Flughafensteuer. Doch noch immer gab es keine Nachricht über unsere Abflugszeit. Ich hatte inzwischen jeden einzelnen Menschen gefragt, der mir begegnet war, darum war ich sehr erleichtert, als man uns schließlich um 10.00 Uhr aufrief, uns dem furchtbar ermüdenden Prozeß zu unterziehen, den man hier Einchecken nannte. Alles wurde zweimal gewogen und durch einen Röntgenapparat geschickt, die Soundanlage, die Lautsprecher und das Gepäck, dann mußten wir herausfinden, wo der Transportbus versteckt war und den Fahrer überreden, ihn näher an die Tür zu fahren, damit wir die Ausrüstung und das viele Gepäck nicht so weit zu schleppen brauchten. Zum Glück hatten wir eine AN 26 gechartert, eine Transportmaschine, darum konnten wir hinten die Laderampe benutzen und relativ einfach alles aus dem Bus und an Bord bringen. Schließlich waren wir abflugbereit.

Ich wartete angespannt darauf, daß sich die großen mächtigen Düsentriebwerke endlich in Bewegung setzten und schaute durch die Fenster zu, wie sich erst der eine, dann der andere Propeller langsam bewegte, um in kürzester Zeit in rasende Aktivität zu geraten. Schließlich konnten die Piloten das Flugzeug an die Startposition manövrieren, und der dreistündige Flug begann.

Als der Landeplatz von Krasnokamensk durch die Seitenfenster in Sicht kam, bewegte sich die große, laute Maschine langsam nach unten. Noch wurde sie von den weiten Tragflächen in der Luft gehalten, aber dann drosselten die Piloten die Triebwerke, und sie wurde langsamer, bis sie sich schließlich noch einmal aufbäumte und zur Landung ansetzte. Bald waren die lärmenden Triebwerke verstummt, und die Piloten öffneten die Kabinentür, so daß wir plötzlich von einer neuen Welt totaler Stille eingehüllt wurden. Anfangs schien der Flugplatz völlig verlassen zu sein, doch dann wurde die Ruhe gestört durch die Ankunft des Flughafenpersonals, das noch einige Papiere und den Rest der ausgehandelten Geldsumme von mir verlangte. Ich kletterte mit den anderen die Rampe hinunter, und wir wurden vom örtlichen Pastor und von Richard, dem Leiter des Hilfsteams, empfangen.

Ich verließ als letzter den Flughafen. Während ich noch den Rest der Charterkosten bezahlte, hatten die anderen bereits unser gesamtes Gepäck in die bereitstehenden Fahrzeuge verladen. Ich habe nie herausgefunden, warum wir jedesmal, wenn wir ein solches russisches Flugzeug charterten, einen Teil des Geldes im voraus bezahlen mußten, während der letzte Teil erst nach unserer Landung entrichtet werden mußte. Dieser Rest entsprach dem Preis für die Menge von „avgas" (Treibstoff, den die Flugzeuge verbrauchten), die nötig war, um die Maschine wieder vollzutanken, und er konnte angeblich erst nach der Landung berechnet werden. Selbst wenn wir unterwegs zur Treibstoffaufnahme zwischenlandeten, mußte ich diesen Rest am Schluß bezahlen, obwohl er immer schon im voraus errechnet wurde! Anscheinend hatte Aeroflot selbst auf den eigenen Flughäfen kein Kreditsystem, alles mußte bar bezahlt werden!

Bevor wir den Flughafen verließen, versuchte ich vergeblich herauszufinden, ob wir nach dem Gottesdienst am Mittwoch abend noch einen Flug bekommen konnten, um diesen Ort wieder zu verlassen. Mischa hatte uns gewarnt, daß wir am Donnerstag morgen um 8.00 Uhr in Tschita sein müßten, sonst würden wir den planmäßigen Anschlußflug nicht mehr erreichen, für den er uns Tickets gebucht hatte. Es war der einzige Flug, mit dem wir die Möglichkeit hatten, rechtzeitig zu unserer letzten Evangelisation in Bratsk zu kommen. Der Flughafen in Krasnokamensk war sehr klein, es gab überhaupt nur sehr wenig Flüge nach anderen Orten! Mit Sicherheit gab es keine Charterflugzeuge. Wir mußten unbedingt am Mittwoch direkt nach dem Gottesdienst aufbrechen, aber wie? Es waren überhaupt keine Flüge zu bekommen!

Zum Glück konnte ich mich einige Stunden ausruhen und mich auf die Eröffnungsveranstaltung dieser Evangelisation vorbereiten. Die Unterkunft war angenehm, es war immer besser, bei Mitgliedern der jeweiligen Ortsgemeinden untergebracht zu sein, als in jenen Schlafsälen der sogenannten Hotels zu wohnen. Ohnehin war es wegen dem überaus hektischen Programm schwer genug für mich, Zeit mit dem Herrn zu finden, um mich vorzubereiten. Besonders wenn ich ein Zimmer mit drei oder vier anderen teilen mußte, war es praktisch unmöglich. Immerhin kochten uns diese warmherzigen und freundlichen Gläubigen wunderbare Gerichte, was uns eine Menge Zeit sparte. In den Herbergen fielen die Mahlzeiten sehr häufig ganz aus, wenn wir nicht genügend Zeit hatten, um etwas zu essen einzukaufen. Zudem gibt es in diesen Städten nicht viele Restaurants oder Cafés, manchmal überhaupt keine. So oft es möglich war, versuchten wir mit den Hilfsteams gemeinsam zu essen. Sie waren in einer besseren Lage als wir, weil sie schon eine Woche an dem jeweiligen Ort verbracht hatten und ihre Gruppe groß genug war, um ein oder zwei Mitglieder damit zu beauftragen, für die Einkäufe und das Kochen zu sorgen.

Das Ehepaar, bei dem ich untergebracht war, hatte ein eigenes Auto, so konnten sie mich rechtzeitig vor der Veranstaltung schnell hinunter zum Stadion bringen. Diese Stadt war recht klein, aber es waren bereits alle Plätze in Erwartung des Kommenden besetzt. Es sollte niemand enttäuscht werden, denn wieder fiel die Kraft Gottes auf die Veranstaltung. Leider funktionierte die Soundanlage nicht sehr gut. Inzwischen waren unsere mitgebrachten Lautsprecher durch das ständige Reisen stark beschädigt, aber die Musikgruppe war wunderbar und führte in besonderer Weise in die Gegenwart Gottes. Es war leicht, diesen Dienst zu tun, und die Reaktion der vielen Menschen machte das deutlich.

Wieder einmal war es begeisternd zu sehen, wie praktisch jeder Ungläubige auf den Aufruf zur Bekehrung reagierte. Mehr als 2000 Menschen nahmen Christus an. Zusammen mit dem Pastor sprach und betete ich mit ihnen und machte sie auf das Nacharbeitsprogramm aufmerksam, das sie in die örtliche Gemeinde führen würde. Als die Musikgruppe noch einmal spielte, rief ich die Kranken und Verkrüppelten auf, nach vorne zu kommen und für sich beten zu lassen. Während ich für alle gemeinsam betete, wurden bereits etliche geheilt, aber die eigentlichen Wunder schienen erst zu geschehen, als ich zu jedem einzelnen hinging und voller Mitgefühl und Anteilnahme persönlich betete.

Eine der ersten, die quer durch die Menge von mehreren Hunderten nach vorne gebracht wurde, war eine alte Frau, sie war linksseitig gelähmt und hatte große Schmerzen, beides wurde augenblicklich geheilt. Wenn die Menschen das erste Wunder sehen, wird in ihnen der Glaube freigesetzt. Die nächste war eine jener vielen Babuschkas; sie hoppelte an ihrem Stock nach vorne und klagte über Schmerzen am ganzen Körper und in den Augen. In ihrem Bein und ihrer Hüfte hatte sie Arthritis, aber als ich den Herrn anrief, wurde sie augenblicklich frei, genauso wie das taubstumme Mädchen nach ihr. Ein Kranker nach dem anderen wurde geheilt. Sieben Mädchen, ein Junge und eine Babuschka, die alle schlechte Augen hatten, wurden durch die Kraft Gottes geheilt. Und viele andere wurden von Arthritis, Rückenproblemen und Taubheit befreit.

Am nächsten Morgen rief ich das Hauptteam zur Fürbitte zusammen und erinnerte daran, daß dies zwar fast schon das Ende unseres großen sibirischen Evangelisationsprogramms war, in Wirklichkeit aber erst der Anfang. Danach nahm uns der Pastor mit zu einem Grillplatz am Fluß nahe der chinesischen Grenze. Einige Fischer waren dort, sie erkannten mich wegen der Poster und der Werbekampagnen, die in dieser kleinen Stadt durchgeführt worden waren. Es war faszinierend, so dicht an China zu sein. Die Fischer hatten ein kleines Schlauchboot und boten uns an, uns auf die andere Seite des kleinen Flußarms überzusetzen. Ich hatte schon vorher in Blagoweschtschensk an der chinesischen Grenze gestanden und für dieses Land gebetet. Gott hatte mir recht deutlich gemacht, daß meine Berufung und Vision Rußland galt und danach dem restlichen Europa. Andere sollen sich auf China konzentrieren. Ich sehe so sehr Rußland sowohl in persönlichen als auch in biblischen Prophetien und darf diese Vision nicht verwässern oder Gottes Anspruch auf mein Leben ausweichen. So blickte ich nach China und betete für die Errettung dieser Nation, aber wandte mich dann wieder Rußland, meiner ersten Liebe, zu.

Nach den Wundern des vergangenen Abends hatte sich die Besucherzahl in dem kleinen Fußballstadion zu dieser letzten Veranstaltung hin fast verdoppelt. Viele mußten auf dem Rasen stehen, während das Lobpreisteam mit großer Vollmacht sang und Zeugnis gab. Es war leicht zu predigen. Ich sagte: „Heute ist der Tag, an dem Gott Rußland segnet. Es gibt eine offene Tür, eine Freiheit das Evangelium von Jesus Christus zu predigen, die ihr seit 70 Jahren nicht mehr hattet, und wir möchten das jetzt tun und diese Möglichkeit nutzen.“

Wir sahen die gleichen Segnungen wie am vorhergehenden Abend. Alle, die noch nicht gerettet waren, strömten nach vorne auf den Platz. Die Tatsache, daß allein an einem Abend fast 3000 Menschen in dieser kleinen Stadt sich zu Christus bekannten, würde die ganze Gegend verändern und jedem zeigen, wer Jesus ist. Selbst wenn einige in ihre alten Verhaltensweisen zurückfielen und Christus nicht treu blieben, wie auch Jesus in seinem Gleichnis vom Sämann einräumte, so hatten sie doch wenigstens die Herrlichkeit Gottes gesehen und erfahren. Was letztlich daraus würde, war eine Sache zwischen dem Heiligen Geist und ihnen. Gott will seine Macht demonstrieren und den Namen Jesu verherrlichen. Die Bibel sagt nicht, daß alle Welt gerettet wird, sondern daß „alle Welt voll werden soll von der Herrlichkeit des Herrn“, 4. Mose 14,21. Dies wird geschehen, wenn wir unter der Vollmacht und Salbung des Geistes Christus vor den Menschen verherrlichen, indem wir predigen und in seinem Namen die Kranken heilen. Das war Christi Auftrag in Lukas 9 und 10, als er die Jünger berief, das Evangelium zu predigen und die Kranken zu heilen.

Ich setzte den Dienst fort, indem ich die Kranken nach vorne rief zum Gebet. An diesem Abend hatten wir nur begrenzt Zeit, weil wir um 20.30 aufbrechen mußten. Mischa hatte für uns ein Charterflugzeug organisiert, das kommen und uns holen würde. Obwohl die Zeit nur kurz war und meine treue Protokollantin andere Aufgaben hatte, weil sie alles für unseren raschen Aufbruch vorbereiten mußte, sah ich außergewöhnliche Wunder, die ich später selber niederschrieb. Die Mutter von zwei jungen Mädchen bezeugte, daß beide von einer Rückgratverkrümmung geheilt worden waren. Eine große Menschenmenge von vielen Hunderten drängte nach vorne, um geheilt zu werden, besonders weil wegen all der Wunder am Abend vorher der Glaube gewachsen war. Die Menschen wurden auch geheilt, einer nach dem anderen, viele von Blindheit und Augenproblemen, auch ein Junge, der taubstumm war, und ein Mann der unter Herzproblemen gelitten hatte. Es war nicht einfach für mich, abzubrechen und die Kranken zu verlassen. Ich bete sehr gerne um Heilung im Namen Jesu und demonstriere seine Herrlichkeit, aber zum Glück beteten die Mitglieder des A-Teams unter der Leitung von Richard Wood weiter, als ich schon in das Auto des Pastors einsteigen mußte und wir so schnell wie möglich zu dem kleinen Flugplatz davoneilten.

Die Sonne ging im Westen bereits unter und hielt uns damit auf ihre Weise zur Eile an. Wir waren gewarnt worden, daß es auf diesem Flugplatz keine Beleuchtung gab, darum mußte das ankommende Flugzeug sowohl landen als auch wieder starten, bevor das Tageslicht verschwunden war. Das bürdete dem Piloten eine große Verantwortung auf, weil wir schon jetzt die Zeit bis an die Grenze ausgereizt hatten. Waren alle anderen Mitglieder der Gruppe, die mit dem Gepäck vorausgefahren waren, schon an Bord und warteten, bis Swetlana und ich endlich eintrafen? Würde der Pilot aus Angst vor dem dahinschwindenden Tageslicht ohne mich starten? Würde es in Tschita eine Landebeleuchtung geben? Ich wußte, daß die Rollbahnen noch nicht fertiggestellt waren und daß wir schon früher Schwierigkeiten mit nächtlichen Landungen in Tschita gehabt hatten.

Alle diese Fragen schwirrten mir im Kopf herum, während mich der Pastor schnellstens die paar Kilometer zum Flugplatz fuhr, wo hoffentlich das Flugzeug immer noch auf uns wartete. Schließlich war uns die Nachricht, daß Mischa ein Charterflugzeug organisiert hatte, durch ein Teammitglied überbracht worden, dessen Englisch recht begrenzt war.

Der Anblick der großen AN 24 auf dem Boden war eine Erleichterung für mich und eine wahre Gebetserhörung. Doch als wir auf das Rollfeld fuhren, direkt auf das Flugzeug zu, kam zu meiner großen Freude Mischa selbst aus der Flugzeugtür heraus! Er lächelte und war offenbar recht guter Dinge, denn außer daß er uns „gerettet" hatte, sah ich, als ich mich umschaute, wie um mich her einige Gemeindemitglieder aus Tschita damit beschäftigt waren, jene ungefähr zwei Tonnen Neue Testamente auszuladen, die für die Neubekehrten in Sibirien bestimmt waren. Mischa hatte sie dem Pastor hier in Krasnokamensk mitgebracht, damit er an jeden Neubekehrten das Wort Gottes austeilen konnte!

Es war bereits dunkel, als alle Neuen Testamente ausgeladen und unsere ganze Ausrüstung und unser Gepäck an Bord genommen waren. Doch unsere Piloten waren Russen, sie zögerten nicht, und wir beteten inständig, als sich die Maschine langsam an den Anfang der Startbahn manövrierte. Noch einmal winkten wir dem Pastor und unseren neuen Freunden durch die erleuchteten Kabinenfenster zum Abschied zu, dann spürten wir, wie die Maschinen volle Kraft aufdrehten, und das Flugzeug beschleunigte. Als das Ruckeln aufhörte, wußte ich, daß Gott ein weiteres Wunder vollbracht hatte; wir waren in der Luft und fühlten uns wie auf Engelsflügeln getragen.

Ich konnte immer noch ein wenig von der Landschaft erkennen, als wir schon fast zwei Stunden in Richtung Tschita unterwegs waren. Als wir aufstiegen, während die beiden starken Triebwerke durch die ruhige Nachtluft schnitten, wurde es heller. Der Boden unter uns schien wie von einer dunklen Decke eingehüllt zu sein, die nur gelegentlich von dem Lichtschimmer einiger Gebäude in den Dörfern und Außenposten unterbrochen wurde, über die wir hinwegzogen. Hier oben in der Luft war die Sonne noch einige Minuten länger sichtbar und färbte den Himmel mit wunderschönen Farben von Orange über Rot, bis sie schließlich ganz unserem Blick entschwand. Jetzt waren wir allein in dieser von Menschen erbauten Maschine, irgendwo zwischen Himmel und Erde, eine Gruppe von geisterfüllten Gläubigen, die sich an der Herrlichkeit ihres Gottes erfreuten und der Tatsache, daß sie seine Sache vorantrieben, das Evangelium predigten und im Gehorsam gegenüber seiner Berufung die Kranken heilten.

Ich spürte so viel Frieden und Freude, die nicht nur meine Seele, sondern mein ganzes Wesen durchfluteten. Er hatte mich nach Sibirien gerufen und versprochen, daß er mir die Leute, das Geld und die Ausrüstung geben würde. Viele hatten daran gezweifelt, daß eine solche Mission jemals erfüllt werden könnte. Viele dachten, daß entweder das Geld ausginge oder ich der Anspannung eines so intensiven Programmablaufs nicht gewachsen wäre, mit neun Wochen pausenlosem Predigen und Reisen unter den schwierigen Bedingungen Sibiriens.

Aber Gott verherrlichte sich, hier war ich, auf meinem Weg nach Bratsk, nur noch eine Evangelisation stand aus, und das ganze Abenteuer war vollendet, jede Verheißung Gottes erfüllt. Ich wußte von Anfang an, daß er, der uns beruft, auch die Berufung erfüllt, trotz aller Angriffe, die gegen uns gerichtet waren, und dem Aufbäumen des Teufels, dessen Wut gegen uns entbrannt war. Nichts konnte mich aufhalten, und ich freute mich noch mehr, als ich in der Ferne die Lichter der Stadt Tschita unter uns aufleuchten sah und die große, von Gott gelenkte Maschine ihren langsamen Abstieg aus den Gefilden der Herrlichkeit Gottes in die Realität einer Welt begann, die den Angriffen Satans ausgesetzt ist. Erfüllt mit der Kraft des Heiligen Geistes verließ ich das Flugzeug. Wie mein alter Namensvetter David werde ich nicht rasten, bis Satan besiegt ist, seine Kraft gebrochen und die Menschen von ihren Ketten der Sünde und Krankheit befreit sind. Christus hat alle Kraft und alle Autorität, und er hat sie mir gegeben, damit ich in seinem Namen die Werke des Teufels zerstören kann und werde.

Kapitel 20

BRATSK – NUR DER ANFANG VOM ENDE

Diese Nacht verbrachte ich in einer Wohnung, die einem Gemeindeglied aus Tschita gehörte. Um 6.00 Uhr morgens stand ich auf und verließ den Komfort dieses inzwischen wohlbekannten Quartiers, in dem ich schon mehrfach untergebracht gewesen war, damit ich früh genug zum Einchecken für den Flug um 8.00 Uhr morgens in Bratsk am Flughafen war. Leider hatte der Sawtra-Geist in Form verschiedener Verzögerungen schon wieder zugeschlagen, so daß dieser Linienflug letztendlich erst um 16.00 Uhr startete. Als wir dann schließlich auf dem Flughafen von Bratsk landeten, hatte sich das Wetter verschlechtert, und wir merkten, daß der kurze sibirische Sommer schon bald von dem strengen Winter abgelöst würde. Es regnete in Strömen aus schwer beladenen Wolken.

Wir waren gemeinsam mit dem Rest unseres Hilfsteams in einem großen Wohnheim untergebracht. Die meisten Räume waren für zwei oder vier Personen, doch ich bekam ein Einzelzimmer mit einem eigenen Bad. Nun, es war ein kleines Zimmerchen mit einem Waschbecken, einer Toilette – diesmal hatte sie sogar eine Brille – und etwas, das eine Dusche sein sollte. Diese Einrichtung war kaputt, aber meinem Vorgänger war es gelungen, mit Hilfe eines Plastikschlauchs, den er an der Wand befestigt hatte, Wasser aus den Hähnen am Waschbecken hinaufzuleiten und zu sammeln. Wenn ich unter dieser barbarischen Robinson-Konstruktion stand, floß tatsächlich über mir Wasser herab, folglich konnte man sie als eine Dusche bezeichnen. Natürlich eine kalte Dusche, heißes Wasser gab es nicht. Weil die meisten anderen nur einen gemeinsamen Duschraum hatten, der irgendwo hinter einem Wirrwarr von Fluren und Verbindungsräumen lag, war das ein besonderes Privileg für mich. Unsere Mahlzeiten erhielten wir in der Wohnung eines Gemeindemitglieds, wohin wir entweder 20 Minuten laufen oder ungefähr drei Stationen mit einem überfüllten Stadtbus fahren mußten. Weil es meistens naß war und mich der Pastor nur manchmal abholte, nahm ich gewöhnlich den Bus.

Es war gut, hier mit den Gruppen Gemeinschaft zu haben. In der Tat war es der Anfang vom Ende dieses ersten Teils unseres sibirischen Abenteuers. Ich nutzte die Gelegenheit und rief die ganze Gruppe zusammen, um sie nicht nur daran zu erinnern, warum wir hierher gekommen waren, sondern um ihnen auch mitzuteilen, daß wir im nächsten Jahr wiederkämen.

Die Sommerzeit neigte sich ihrem Ende zu, und damit auch unsere Veranstaltungen im Freien. Es schien, daß der sibirische Winter, der so lange zurückgehalten worden war, schließlich doch über das Land hereinbrach. Während der ganzen vergangenen neun Wochen hatte ich von der strengen Kälte und den extremen Bedingungen gehört, die diese ganze Region unterjochten. Obwohl die Stadt, in der diese Evangelisation stattfinden sollte, nicht im Norden lag, sie befand sich in der Nähe des Baikalsees und war am weitesten westlich gelegen, hatten Kälte und Feuchtigkeit, die den beginnenden Frost und Schnee des Winters ankündigten, hier bereits begonnen.

Der strömende Regen, der unaufhörlich und bedrohlich niederprasselte, hinderte uns daran, die Eröffnungsveranstaltung im Stadion durchzuführen. Es war erst das zweite Mal innerhalb dieser zehn Wochen, in denen sich die Teams in Sibirien befanden, daß wir unsere Pläne wegen des Wetters ändern mußten. Das erste Mal war der Eröffnungsabend in Magadan. Uns blieb keine Wahl, wir mußten die Veranstaltung in der Sporthalle unterhalb des eigentlichen Stadions durchführen. Es kamen nicht sehr viele Menschen, aber über 200 entschieden sich für Christus. Das war bemerkenswert, wenn man an die Umstände dachte. Wir erlebten auch eine erstaunliche Anzahl von Heilungen. Katie verzeichnete über 25 außergewöhnliche Wunder.

Weil der Regen unvermindert andauerte, wurde die Veranstaltung am Samstag in ein Kino verlegt. Die Teilnehmerzahl war ungefähr dieselbe, aber diesmal bekehrten sich 300 zu Christus. Ein Chor, junge Leute aus der örtlichen Gemeinde, sang mit großer Traurigkeit, sie hatten Angst zu lächeln. (Doch nach der Veranstaltung baten sie unser Lobpreisteam, ihnen unsere lebendigen Lieder beizubringen und auch, wie man lächelt und seine Freude in Christus zum Ausdruck bringt.)

Nach dem Lobpreis betete ich für die Menschen: „Vater segne diese Stadt. Vater, wir wollen, daß du die Traurigkeit von Rußland hinwegnimmst und neuen Segen, neue Freude und neues Glück hineinträgst. Ich bete, daß diese Stadt die Freude kennenlernt, die aus einer echten Beziehung zu Jesus Christus erwächst." Dann begann ich zu predigen:

> Gott möchte einen neuen Segen freisetzen und ein geistliches Erwachen bringen, das Rußland verändern wird. Ihr befindet euch in einem Zeitfenster – eine Periode voller Schwierigkeiten liegt hinter euch und eine andere Periode voller Schwierigkeiten und Nöte liegt vor euch –, aber jetzt, in dieser Zeitspanne, wird Gott Rußland heimsuchen, und er wird das Erscheinungsbild eurer ganzen Nation verändern. Das ist ein überwältigendes Wunder.
>
> Ihr seht, Gott liebt Rußland, er möchte sich ausstrecken und euch segnen wie nie zuvor, und ich möchte euch zeigen, wie. Ich durfte den Herrn lieben und ihm dienen, seit ich acht Jahre alt war, und ich habe gesehen, wie Gott das Leben von Menschen verändert. Jesus Christus lebt auch heute. Es gibt keine andere Hilfe für Rußland. Schirinowski war in Magadan und hat dort vor unserer Evangelisation eine politische Kundgebung durchgeführt. Er hat nicht wie wir das Evangelium gepredigt. Er sprach von Krieg und Tod und vielen anderen Dingen.
>
> Warum heile ich im Namen Jesu die Kranken? Ich möchte nur eines, euch Jesus vorstellen. Jesus kommt wieder! Und die Bibel sagt, wenn er wiederkommt, wird jeder Mensch ihn sehen, jeder Mensch in Rußland, jeder Mensch auf der ganzen Welt. Ich werde meinen geliebten Jesus sehen, der mich selber von Krebs geheilt und mir meine Sünden vergeben hat! Er kommt bald wieder – aber er kommt nur für die, die ihn lieben.
>
> Wenn ihr keine Vergebung für eure Sünden empfangt, werdet ihr die Ewigkeit mit den Stalins und Schirinowskis

> verbringen. Jetzt lacht ihr darüber. Oder wollt ihr die Ewigkeit lieber doch mit Jesus verbringen? Wie? Glaubt an das Wunder, daß Jesus lebt, daß er gestorben ist, um eure Sünden zu vergeben. Ich habe 30 Jahre darauf gewartet, nach Bratsk zu kommen, um euch zu sagen, wie sehr euch Jesus liebt und wie sehr er möchte, daß ihr ihn liebt.

An diesem Abend schien der Schwerpunkt der Heilungen auf den Augen zu liegen. Mindestens sieben Menschen wurden entweder von Blindheit oder sehr schlechter Sehfähigkeit geheilt. Ich war besonders bewegt, als ein alter Mann zufrieden und mit Nachdruck seine Brille in die Jackentasche steckte. Er brauchte sie jetzt nicht mehr! Am Ende kam eine junge Frau zu mir, sie war Mitglied unseres Hilfsteams hier, ein Mädchen, das ich schon seit seiner Kindheit kannte und das in meiner Stadt aufgewachsen war. „David“, sagte sie, „du hast das nie gewußt, aber ich bin seit meiner Geburt auf dem rechten Auge blind. Der Sehnerv war noch nie mit dem Gehirn verbunden, aber heute abend habe ich Glauben, wenn du betest.“ Für Gott war das kein Problem. Sie war augenblicklich geheilt! Sogar der Sehnerv wurde verbunden.

Am nächsten Morgen, es war ein Sonntag, mußte ich mich entscheiden, ob ich lieber in einer lebendigen charismatischen Gemeinde predigen oder zu einer anderen fahren wollte, die etwas weiter entfernt und recht traditionell und tot war. Ich wählte die letztere, weil ich den Eindruck hatte, daß sie die Botschaft dringender brauchte. Ich sagte:

> Ich glaube an das Feuer und die Kraft Gottes. Ich habe eine Last für euer Land – denn Gott spricht heute mehr zu Rußland als zu jedem anderen Land der Welt. Gott möchte über Rußland seinen Heiligen Geist ausgießen. Ich sehne mich danach zu sehen, wie die Kraft und die Herrlichkeit Gottes herabkommt. Ich glaube an Wunder, an die Kraft Gottes, ja, ich erlebe die Kraft Gottes. Ich bin total begeistert über das, was Gott in eurem Land tut. Wir werden sehen, wie Hunderte und Tausende in das Königreich Gottes kommen, wie sie von der Hölle errettet und zu Christus geführt werden.

Ich werde hier weiterarbeiten, bis jeder von euch entflammt ist für Gott. Seit wir hier nach Sibirien gekommen sind, haben wir wahrscheinlich 1000 Menschen gesehen, die durch ein Wunder geheilt worden sind. Es gibt nichts, was Gott nicht tun könnte! Der einzige Weg, diese Erfahrung zu finden, wird in Apostelgeschichte 1,8 beschrieben: Es ist die Kraft des Heiligen Geistes. Wenn ihr mit der Kraft Gottes erfüllt werdet, dann wird Feuer eure Seele und euer Gebein erfassen. „Ihr werdet die Kraft des Heiligen Geistes empfangen und werdet meine Zeugen sein in Jerusalem, Judäa, Samarien und bis an die Enden der Erde."

Das hat Jesus der frühen Gemeinde gesagt! Was geschah, als das Feuer fiel? Es brannte in ihnen! Wir brauchen das Feuer Gottes in Rußland! Habt ihr Hunger nach Gott? Schaut, was den ersten Jüngern widerfuhr; sie erlebten die größten Wunder auf Erden – drei Jahre lang lebten sie mit Jesus zusammen. Nachdem Jesu Leib drei Tage im Grab gelegen hatte, fuhr der Geist Gottes in ihn, und als die Kraft kam, rollte der Stein beiseite, und Jesus kam lebend heraus! Wir sollten völlig überwältigt, völlig begeistert sein!

Was geschah mit der frühen Gemeinde? Sie hatte Jesu Leben und Sterben gesehen, sie hatte die Auferstehung erlebt – aber sie versammelte sich in einem höher gelegenen Raum, verschloß die Tür, verriegelte die Fenster und fürchtete sich 50 Tage lang vor der Geheimpolizei! Ich finde keinen Bericht, in dem es heißt, daß jemand gerettet oder geheilt worden ist. Alle waren traurig, bis Pfingsten kam.

Dann fiel das Feuer und die Kraft brannte in ihnen, und an diesem Tag zerbrachen sie die Tür, kletterten hinauf auf das Dach und verkündeten in der Kraft des Heiligen Geistes das Evangelium in der Sprache jedes einzelnen, der sie hörte. An diesem Tag rettete Gott 3000 Menschen. Das ist die Kraft Gottes.

In diesen letzten Tagen wird Gott eine noch größere Ausgießung des Heiligen Geistes schenken! Gott hat eine brennende Vision in mein Herz gelegt. Er hat die russische Nation erwählt, die mehr Leiden und Verfolgung erlebt hat, als jede andere Nation auf der Welt. Gott möchte euer Land und euer Volk entfachen. Jesus kommt wieder! Warum möchte Gott ein zweites Pfingsten schenken? Warum steht euer Volk einfach herum und tut nichts? Jesus kommt wieder!

Als Jesus vor 2000 Jahren auf der Erde gelebt hat, kannte ihn niemand. Er begann zu predigen und heilte die Kranken. Zuerst berief er zwölf und dann 72 Jünger und sprach zu ihnen: „Geht hin und predigt in meinem Namen das Evangelium, heilt die Kranken, laßt Tote auferstehen." Rüttelt die Menschen auf, macht sie brennend, damit sie wissen, wer ich bin, wenn ich komme. Gebt den Menschen Freude, Glück, vergebt ihre Schuld und heilt sie von ihrer Krankheit, ihren Schmerzen und Leiden. Das hat Jesus gesagt! „Bevor ich wiederkomme, predigt das Evangelium, heilt die Kranken, tut Wunder." Jesus kommt wieder! Glaubt ihr wirklich, was die Bibel sagt? – Nein, ihr tut es nicht!

Jesus kommt wieder, aber in Rußland weiß niemand, wer er ist und daß Gott alle Menschen liebt. Wenn Jesus morgen wiederkäme, würde ihn niemand erkennen. Jesus sagt euch: „Bevor ich komme, möchte ich, daß ihr in jede Stadt, in jedes Dorf, in jeden Wohnblock geht, und weil sie euch nicht glauben werden, sollt ihr die Kranken heilen."

Habt ihr das getan? Niet! Nein! Warum gibt es leere Plätze in eurer Gemeinde? Es sollten 100 000 Menschen heute hier sein! Die Menschen in Bratsk wollen Gott kennenlernen. 400 Menschen sind trotz des strömenden Regens am Freitag gekommen und waren bereit, in einem nassen Stadion zu stehen, so groß war ihr Hunger nach Gott. Es sind eure Nachbarn, eure Leute, die Hunger haben nach Gott. Wie viele Stunden predigt ihr das Evangelium? Wie viele sind in der letzten Woche durch euch gerettet worden? Wie viele habt ihr geheilt? Ihr sagt, ich kann das Evangelium nicht predigen, aber Jesus sagt, wenn der Heilige Geist kommt, werdet ihr die Kraft empfangen, das Evangelium zu predigen. In Markus 16 heißt es, daß alle, die glauben, Dämonen austreiben werden, sie sprechen in neuen Sprachen, und sie werden den Kranken die Hände auflegen, und es wird besser mit ihnen werden. Ihr braucht die Kraft Gottes.

Die Erweckung kann innerhalb von Tagen in eurer Stadt beginnen. Gott kann das tun, wenn wir ihn bestürmen. Nichts ist unmöglich. Wenn eure Gemeinde brennt durch die Kraft des Heiligen Geistes, dann gibt es bei euch keine leeren Plätze mehr. Wenn ihr fastet und betet, wenn ihr Gott anruft, wenn ihr auf die Straßen geht, dann wird die Gemeinde voll.

Unsere Straßenevangelisten fahren heute nach Hause. Sie haben in einer einzigen Veranstaltung auf der Straße erlebt, daß sich 50 Menschen bekehrt haben. Die Menschen in Bratsk haben Hunger, Jesus anzunehmen, und ihr seid die einzigen, die sie erreichen können. Wenn ihr nächste Woche fastet und betet, werdet ihr Kraft empfangen und Zeugen sein. Ich fahre morgen nach Hause. Ich verlasse euch, damit ihr die Arbeit fortsetzt, die ich begonnen habe, diese Verantwortung legt Gott euch auf. Gott hat mir verheißen, daß er Evangelisten und Pastoren erweckt, damit die Arbeit, die ich begonnen habe, nicht aufhört, sondern weitergeht.

Als ich meine Predigt beendet hatte, war eine große Stille im Raum. Sie wurde unterbrochen, als einer nach dem anderen reagierte und Gott anflehte im Gebet, diese Salbung zu empfangen, um in der Kraft des Heiligen Geistes handeln zu können.

Als der Sonntag abend kam, hatte Gott unsere Gebete erhört, der Regen hatte nachgelassen, doch es war ziemlich kalt geworden, darum führten wir den Gottesdienst in demselben Kino durch, wie am Abend vorher. Das Kino war voll besetzt, und fast 700 Menschen kamen nach vorne, um Christus anzunehmen. Trotz des Wetters hatten in den drei Tagen, die wir in Bratsk verbracht hatten, mehr als 1200 Menschen auf die Einladung des Evangeliums geantwortet, ich habe mit ihnen gebetet, und unsere Teams haben mit jedem einzelnen Gespräche geführt. Die Kranken, die in dieser letzten Veranstaltung zu Hunderten nach vorne kamen, wurden um Gottes Kraft zu bestätigen wunderbar geheilt

Als wir anschließend gemeinsam zu Abend aßen, erzählte uns der Pastor von einem wunderbaren Ereignis, das vor der Evangelisation stattgefunden hatte. Als er mit Pastor Peter und seiner Frau für die bevorstehende Evangelisation gebetet hatte, war eine Frau zu ihnen gekommen, um ihnen eine Vision mitzuteilen, die sie vom Herrn empfangen hatte. In ihrer Gebetszeit hatte sie ein weites Erntefeld gesehen, das von großen Mähdreschern abgeerntet wurde, und hinterher sammelten Frauen die Überreste der Ernte ein. Der Hilfspastor sagte zu mir: „Bruder, der erste Teil der Vision ist erfüllt!“ Ich glaube, diese Gemeinde wird den zweiten Teil vollbringen!

Als wir an dem Montag gemeinsam im Auto von Pastor Peter zum Flughafen fuhren, bestätigte er uns, daß Gott kraftvoll gewirkt hatte. Die Stadt Bratsk besteht aus zwei Teilen, sie heißen beide gleich, aber sie sind fast 50 Kilometer voneinander entfernt und befinden sich jeweils auf einer Seite eines massiven Damms. Die Veranstaltung am Freitag abend hatte in dem anderen Teil der Stadt stattgefunden, wo sein Vater Pastor war, dort waren alle über das furchtbare Wetter sehr enttäuscht gewesen. Doch am Sonntag morgen hatte die Gemeinde voller Freude festgestellt, daß die Menschen, die am Freitag abend dagewesen waren, alle wiederkamen und ihre ganzen Freunde mitbrachten! Die Gemeinde war voll, und die Kraft Gottes war herabgekommen. Heilungswunder, die am Freitag abend begonnen hatten, setzten sich fort. Die Blinden und die Tauben wurden geheilt. Er bat uns dringend, im nächsten Jahr wiederzukommen, aber nicht nur für drei Tage, sondern wenigstens für vier oder fünf Tage. Und wir sollten bitte bei besserem Wetter wiederkommen!

Weil das Ende unserer großen Sommerkampagne bevorstand, war Mischa den ganzen Weg von Tschita gekommen, um mich hier am Sonntag zu besuchen. Er blieb über Nacht, und wir teilten mein Hotelzimmer. Mit Swietas Hilfe hatten wir alle verbliebenen organisatorischen Einzelheiten geklärt, und durch Gottes Hilfe war genug Geld da, um alle Rechnungen zu bezahlen. Wir freuten uns von Herzen über all das, was der Herr während dieser letzten Wochen vollendet hatte und blickten erwartungsvoll auf das nächste Jahr.

Ich stellte ihm dieselbe Frage, die ich schon früher einmal an ihn gerichtet hatte: „Mischa, hast du noch immer nicht die Nase voll von mir?“ Er verneinte heftig. Dann begann er Pläne für eine größere und noch erfolgversprechendere Operation vor mir auszubreiten, die er für das nächste Jahr vorschlug.

Kapitel 21

UND DIE WUNDER GINGEN WEITER ...

Wir hatten unseren ukrainischen Geschwistern vor einem Jahr versprochen, daß wir mit ihnen zusammenarbeiten würden und mehrere Evangelisationen in der Ukraine im Anschluß an dieses große Programm in Sibirien durchführen würden. Darum waren wir nach einer kurzen Pause von nur zwei Wochen, die wir in unserem Büro in England zur Vorbereitung brauchten, wieder auf der Reise. Die Wunder, die so sehr die Erfüllung der Verheißungen Gottes in Sibirien gekennzeichnet hatten, hörten nicht auf, sondern wurden eher noch stärker. Wir sahen und erlebten nicht nur Heilungen, sondern es geschahen auch weiterhin viele Wunder im Bereich des Natürlichen, ähnlich wie sie Gott gebraucht hatte, um den Einsatz im Sommer zu bestätigen.

Diesmal flog ich nicht, sondern fuhr mit dem Auto. Es war die einzige Möglichkeit, um die großen Entfernungen zwischen den Evangelisationen zu überbrücken und gleichzeitig die neue Lautsprecherausrüstung aus England zu transportieren. Wir hatten die Entscheidung getroffen, unsere ursprünglichen, schweren Lautsprecher bei Mischa in Tschita zu lassen, aber die anderen Bestandteile der Anlage waren in die Ukraine gebracht worden und warteten dort auf uns. Alles klappte prima, wir reisten ohne Schwierigkeiten mit einem großen Volvo-Kombi durch Europa und nach Polen. Das Auto lief gut, obwohl die Ausrüstung extrem schwer war und der Wagen wegen der Überlastung sehr tief auf der Straße lag. Mit dem rechtsgelenkten Fahrzeug aus England sparten wir eine Menge Zeit an der Grenze zwischen Polen und der Ukraine – wir fuhren einfach an den wartenden Ukrainern vorbei direkt bis an die Grenze. Das hatten wir schon öfter gemacht, denn manchmal warten die Einwohner östlicher Länder nicht nur Stunden, sondern Tage auf ihre Einreisegenehmigung, aber wir konnten schnell durchkommen, wenn wir mutig handelten.

Im Anfang ging alles glatt, als wir über die ukrainischen Straßen fuhren. Weil ich schon viele Jahre in diesen Gegenden reise, habe ich mich längst an die Schlaglöcher, den rissigen Asphalt, das langsame

Vorankommen und die total überladenen Laster gewöhnt, die unmittelbar vor einem alles mögliche verlieren, von Nutzholz bis Kartoffeln. Als wir am frühen Abend Kiew verließen und uns eine weitere Nachtfahrt von 800 Kilometern nach Lugansk bevorstand, war noch alles in Ordnung. Meine größte Sorge war die Versorgung mit Benzin. Es war sehr schwer, Kraftstoff zu bekommen, und der schwer beladene Wagen fuhr recht schnell und war daher ziemlich durstig. Die meisten der wenigen Tankstellen, die bis zu 160 Kilometer voneinander entfernt lagen, hatten überhaupt kein Benzin. Wir mußten entweder auf einen (gestohlenen?) Tankwagen zurückgreifen, der am Straßenrand stand mit einer handgeschriebenen Notiz versehen, auf der entweder „92“ oder „76“ stand, was die Oktanzahl des Benzins bezeichnete, das oft für den doppelten Preis wie normal gehandelt wurde, oder auf einen der Privatwagen, die mit ihren schmutzigen 20-Literkanistern darauf warteten, daß ein verzweifelter Kraftfahrer, dem das Benzin ausgegangen war, bereit sein würde, für ein meist recht zweifelhaftes Benzingemisch jeden Preis zu bezahlen, gewöhnlich in Dollar.

Inzwischen war es sehr dunkel, und die Straßen wurden schwerer befahrbar. Es gab keinen ordentlichen Belag, zweispurige Transportstraßen wurden plötzlich und ohne Vorwarnung einspurig, oder noch schlimmer, wegen Bauarbeiten stand für beide Fahrtrichtungen nur noch eine Fahrspur zur Verfügung, ohne daß darauf hingewiesen worden war. Das bedeutete, man wußte in der Dunkelheit nie, wer oder was einem als nächstes entgegenkommen würde. Dazu kam noch, daß die Fahrer sich dort generell weigerten, ihr Licht einzuschalten, manche fuhren ganz ohne Beleuchtung, andere benutzten nur das Standlicht. Radfahrer, Traktoren und einige andere Fahrzeuggattungen hatten überhaupt nichts, was auf sie aufmerksam machte, oder darauf, daß solch ein langsames Vehikel, das man gerade passieren wollte, plötzlich vor einem ausschert, um zu überholen oder vielleicht auch nur, um einem besonders schlimmen Schlagloch auszuweichen.

Als wir wieder einmal an einem am Straßenrand liegengebliebenen Fahrzeug vorbeikamen – vielleicht hatte es eine Motorpanne oder einen geplatzten Reifen –, wandte ich mich an meinen Navigator, der die göttliche Gabe besaß, nicht nur unsere Straßenkarte lesen, sondern auch die kyrillische Schrift auf den Hinweisschildern übersetzen zu können, die zu unserer Verwirrung entweder in russischer oder ukrainischer Sprache abgefaßt waren, und sagte: „Das wäre eine furchtbare Gegend, um liegenzubleiben.“ Es war, als ob der Teufel mitgehört hätte, innerhalb weniger Minuten hörte und fühlte ich eine Erschütterung, als ob das Auto irgend etwas rammte. Obwohl wir gerade fast mit 100 km/h fuhren, brachte ich den Wagen in dem Bewußtsein, daß unser Vorderrad geplatzt war, so behutsam ich konnte zum Stillstand.

Es war die denkbar schlimmste Situation, ein geplatzter Vorderreifen, keine Möglichkeit, das Auto noch etwas weiter von der Straße weg zu manövrieren, totale Dunkelheit und diese lauten, aber fast unsichtbaren Monster, die gefährlich dicht an uns vorbeifuhren. Um an das Ersatzrad und das Werkzeug zu kommen, mußten wir alle Lautsprecher, Stände, Mikrofone, Kabel und andere Utensilien, die wir so sorgsam bei Tageslicht vor einigen Tagen in unserem Büro eingeladen hatten, in den Staub und Schmutz neben der Fahrbahn verfrachten. Unser einziger Schutz vor den vorbeifahrenden Fahrzeugen war, daß der Autobauer Volvo wert legt auf Sicherheit. So war unser Auto von hellen Warnblinklichtern umgeben und einem Ring von Engeln, für die wir beteten, daß der Herr sie schicken möge in dieser Situation, in der wir so verwundbar waren.

Es dauerte eine Stunde, bis wir fertig waren und die Ausrüstung wieder verladen hatten. Wir machten uns sauber, dankten dem Herrn und versuchten, unsere Reise fortzusetzen. Beim Anfahren spürte ich ein Vibrieren und merkte instinktiv, daß durch den Aufprall entweder die Bremsen oder die Lenkung beschädigt worden sein mußten. Diesmal fuhr ich langsam an eine etwas geschütztere Stelle am Straßenrand und stellte sehr bald fest, daß durch den Aufprall des überladenen Fahrzeugs in diesem übergroßen Schlagloch nicht nur die Frontseite des Wagens stark beschädigt worden war, sondern auch das Hinterrad. Erst jetzt wurde ich mir der Tragweite unseres Schadens voll bewußt.

Zwei Räder waren stark beschädigt, nicht nur die Reifen, sondern die ganzen Felgen des Vorder- und Hinterrades, bei einem hatte sich sogar die Kante der Felge vom Zentrum gelöst, und bei dem anderen waren an drei Stellen Vertiefungen entstanden, so daß sie selbst, wenn die Reifen repariert worden wären, den Luftdruck nicht mehr würden halten können. Sogar mit einem eingezogenen Schlauch konnte der Wagen nicht mehr gefahren werden. Das einzige Ersatzrad befand sich nun an der Vorderachse, aber der Wagen selbst konnte nicht mehr gefahren und noch nicht einmal abgeschleppt werden ohne wenigstens ein neues Rad und einen neuen Reifen. Es war ja auch ein Volvo, und mir wurde schnell klar, daß kein russisches Auto Räder hatte, die auch nur annähernd passen würden. Inzwischen war es 21.00 Uhr abends, wir befanden uns 160 Kilometer östlich von Kiew, abseits jeglicher Zivilisation, kein Dorf oder Gehöft war in der Dunkelheit erkennbar, es gab kein Telefon, wir waren 640 Kilometer von der Evangelisation entfernt, die am nächsten Tag begann, unsere Übersetzerin Swieta war mit der Gruppe im Bus vorausgefahren und entspannte sich bereits in Lugansk. Und es gab keinen Notdienst und keine Pannenhilfe in der Ukraine. Während der zehn Stunden, die wir dort zubringen mußten, hielt niemand an. Wenn doch nur jetzt die Polizei vorbeigekommen wäre!

Die Stunden der Dunkelheit verbrachten wir abwechselnd mit Beten und der praktischen Erkenntnis, daß auf natürlichem Wege keine Hilfe kommen würde. Anders als in einem westlichen Land, wo irgendwann ein hilfsbereiter Mensch vorbeikommt, mußten wir hier mit unserer Unfähigkeit, uns verständigen zu können, die Situation erst einmal exakt analysieren und dann in der Lage sein, sobald das Tageslicht anbrach, etwas Sinnvolles zu unternehmen. Aber was?

Als der Morgen dämmerte, sah ich, wie auf der anderen Straßenseite ein Auto kurz anhielt. Erblickte ich wirklich den Blitzstrahl eines Engelsflügels, als ich meine schläfrigen Augen anstrengte, war da nicht das Feuer und der Rauch, als der „Streitwagen" anhielt? Ich wünschte ... ich wünschte ... ich weiß nur noch, daß ich beim ersten Anzeichen von Hilfe einen Satz machte und über die Straße rannte. Der Fahrer sprach kein Englisch und meine wenigen Brocken Russisch reichten nicht aus in dieser Situation, doch als ich ihn hinüberbrachte, und er im ersten blassen Tageslicht das Problem erkannte, reagierte er schnell und wundersam. Als er sein Reserverad auspackte, stellte ich fest, daß dieser Ukrainer ausgerechnet einen großen deutschen Opel Omega fuhr, seine Räder hatten dieselbe Größe wie meine, und er schickte sich an, mein Auto hochzuheben und sein eigenes Rad zu befestigen! Dann machte er mir verständlich, daß ich mit seinem Kollegen warten sollte, sagte verständlich „Polizei“ und fuhr schnell davon. Fünf Minuten später war er wieder da und wies mich an, ihm mit meinem nun fahrtüchtigen Auto und dem kaputten Rad auf dem Dach zu folgen. Drei Kilometer weiter bog er ab in einen Weg, an dessen Ende sich zu meiner unbeschreiblichen Überraschung eine voll ausgerüstete Autowerkstatt mit einem besonderen Reifendienst befand! Er zeigte mir an, indem er mit dem Finger in den Staub auf meiner Heckscheibe schrieb, daß die Leute hier um 8.00 Uhr anfingen zu arbeiten, dann nahm er sein eigenes Rad wieder mit, ließ meinen Wagen aufgebockt auf seinem Wagenheber stehen, und bevor er ging, zog er noch zwei Banknoten aus der Tasche, jeweils ein Coupon über 100 000 Rubel, dann war er verschwunden. Es war gerade 6.30 Uhr.

Nur dreißig Minuten später kamen zwei Mechaniker, als wären sie von einer unsichtbaren Person benachrichtigt worden. Sie nahmen die beiden beschädigten Räder und schafften es tatsächlich, aus diesen beiden ein einziges brauchbares plus Reifen zu fertigen! Schon um 8.00 Uhr hatten sie diese Arbeit beendet, und unsere Ausrüstung war wieder ordentlich eingeladen; ich bot den Männern das Geld an, das ich bekommen hatte, und als ich den Weg zur Hauptstrecke langsam zurückfuhr, dämmerte mir allmählich, daß wir möglicherweise ein weiteres Wunder erlebt hatten. War er wirklich ein Engel? Als wir darüber nachdachten, fiel uns die Ähnlichkeit mit dem barmherzigen Samariter auf. Dieser Mann hatte uns sein eigenes Rad gegeben, uns zu der „Herberge“ gebracht und diese Banknoten herausgeholt. Ukrainischer Engel oder barmherziger Samariter, es war ein wirkliches Wunder, das Unmögliche war geschehen, und alles, was wir getan hatten, war, unseren Vater zu bestürmen. Wahre Not, wahres Gebet. Und um was hatten wir in der Verzweiflung dieser einsamen Nacht gebetet? … Um ein ganz besonders großes Wunder, damit deutlich wurde, daß die Salbung Sibiriens in noch stärkerem Maße auf uns lag.

Und so kam es, daß die Wunder, die in Sibirien begannen, in der Ukraine ihre Fortsetzung fanden. Jetzt bereiten wir uns auf die nächste Phase vor, in der wir nach Sibirien zurückkehren und die „größeren Wunder“ beginnen werden …

Kapitel 22

DAS BESTE KOMMT NOCH

Zwischen Mai und Oktober 1994 haben wir 27 solcher 17-Tage-Evangelisationen durchgeführt in Weißrußland, Sibirien und der Ukraine. Für mich bedeutete das, an fünf Tagen pro Woche zu predigen, enorme Entfernungen zurückzulegen (insgesamt ungefähr 50 000 km), mit einer Truppe von ungefähr 400 Mitarbeitern – Fürbitter, Straßenevangelisten, Bibellehrer, – aus der Ukraine, Bulgarien, der ehemaligen Tschechischen Republik, Ungarn, Deutschland, Nordirland und England. Wir erlebten mit, wie ungefähr 100 000 Menschen gerettet wurden – so viele, wie in den ersten sechs Monaten der walisischen Erwekkungsbewegung 1904 –, und wir dokumentierten schriftlich ungefähr 1300 Heilungswunder so, wie sie geschahen (nicht enthalten sind hierbei die Resultate meiner 400 Mitarbeiter, die unter derselben Salbung Gottes beteten, und die Heilungen, die in Weißrußland geschahen, weil sie dort niemand aufgeschrieben hat). Ich hatte keinen großen finanziellen Rückhalt, aber ich habe Gott vertraut. In nur fünf Monaten vollendeten wir einen der größten, intensivsten und schwierigsten evangelistischen Missionseinsätze, die je von einer britischen Missionsgesellschaft unternommen worden sind.

Warum habe ich das gemacht? Dafür gibt es zwei Gründe:

Erstens, weil ich im August 1992 öffentlich prophezeit hatte, es war nur wenige Tage vor dem Putschversuch Gorbatschows und nur Monate, bevor die damalige Sowjetunion aufhörte, ein kommunistischer Staat zu sein, daß Rußland unmittelbar vor einem Abgrund stünde. Heute steht Rußland immer noch vor diesem Abgrund. In einem Brief vom 4. April 1991 schrieb ich: „Es besteht die Gefahr, daß die Freiheitsbewegung in Osteuropa einen außerordentlichen Rückschlag erleidet, der zu schlimmerer Unterdrückung führen kann, als sie je unter Stalin oder Hitler stattfand.“ Seitdem ist nichts geschehen, was meine Ansicht darüber geändert hätte. Ich glaube, daß die Zeit sehr kurz ist und daß Gott mich auffordert, kein Jona zu sein und nicht wegzulaufen, sondern schnellstens das Evangelium dorthin zu bringen und zu handeln, solange es noch Tag ist.

Zweitens gehe ich, weil mir der Herr verheißen hat, daß hier in Rußland eine größere Ausgießung seines Geistes geschehen wird, als an irgendeinem anderen Ort auf der Welt, – wenn wir jetzt handeln, bevor der Antichrist aufsteht. Es wird einen außerordentlichen geistlichen Kampf geben, und es ist unsere Aufgabe, den Namen Jesu zu erheben, und bevor er wiederkommt, der Welt durch Zeichen und Wunder zu demonstrieren, wer er ist.

Gott zeigte mir das in einer Vision, während ich im Februar 1993 in Bath predigte. Einer Vision, die so stark war, als würde ich schon jetzt auf ihre Erfüllung zurückblicken. Normalerweise prophezeit ein Prophet am Sonntag, was am Montag geschehen wird, aber mir kam es so vor, als sei es schon Dienstag, und ich schaue auf etwas zurück, das schon hinter mir lag, so real kam es mir vor.

Das waren die Worte, die ich damals sagte, als ich über 5. Mose 4,32 predigte:

> „Denn frage nach den früheren Zeiten, die vor dir gewesen sind, von dem Tage an, da Gott den Menschen auf Erden geschaffen hat, und von einem Ende des Himmels zum andern, ob je so Großes geschehen oder desgleichen je gehört sei." Gott ist dabei, etwas sehr Machtvolles zu sagen. Er fordert Moses heraus und das Volk ebenso: „Fangt an zu fragen, fangt an zu forschen, schaut in die Vergangenheit, schaut nach in der gesamten Kirchengeschichte, geht ganz zurück bis an den Anfang der Schöpfung, und stellt diese eine Frage – ob im Himmel oder auf Erden die Welt je geschaut, der Mensch je gesehen, ihr selbst je erlebt habt, was Gott tun wird."
>
> Ich bin begeistert, weil Gott das in den letzten Tagen sagt, seiner Gemeinde heute verkündigt: „Ich bin bereit, etwas Größeres und Gewaltigeres zu tun, als je in der Weltgeschichte und in der Kirchengeschichte geschehen ist – ich werde es jetzt tun!"
>
> Das ist die Herausforderung, Gott ist dabei, die größte Tat, das größte Wunder zu tun, das die Welt je gesehen hat. Er

wird Propheten erwecken, er wird Männer wie Elia erwecken – er wird Männer mit einer Salbung und Kraft des Geistes erwecken, die größere Werke tun werden als Jesus! (Johannes 14,12)

Es wird einen gewaltigen Kampf geben in Europa, in Rußland, und Satan wird besiegt, seine Macht wird gebrochen werden! Ein Geist der Fürbitte und des Gebets und Lobpreises wird die Gemeinde erfassen. Die Gemeinde wird durch den Lobpreis befreit, aber nur, wenn sie auf ihre Knie fällt. Dann wird sich Gott in Kraft und Vollmacht erweisen.

Wenn ihr nur wüßtet, was geschehen wird, dann würdet ihr nicht schlafen. Gott begeistert mich, weil ich in der Schrift sehe, was er jetzt tun wird. Die größte Verherrlichung, die größte Kraft, der größte Dienst, das größte Wunder … wir werden Heilungswunder sehen, wie wir sie unser ganzes Leben lang noch nicht erlebt haben. Ich bin begeistert – wir werden genau das sagen, was in 5. Mose 4 steht: „Frage nach den früheren Zeiten“, geht zurück, befragt die Geschichte, untersucht die walisische Erweckungsbewegung in den Tagen von Smith Wigglesworth und George und Stephen Jeffries – damit wuchs ich auf, – geht zurück bis zum Anfang der Zeiten, bis zu dem Tag, an dem Gott den Menschen auf Erden erschuf, fragt jeden Heiligen und sagt: „Hat Gott jemals so etwas getan, wie das, was er jetzt in der Gemeinde tut?“ Es ist so spannend!

Wir leben in den letzten Tagen, den Tagen der Wiederkunft Christi, den Tagen, an denen wir sehen werden, wie das Feuer der Erweckung auf die Gemeinde fällt, ausgegossen wird über ihr, bis sie dem geistlichen Sieg entgegen lebt und bebt und arbeitet und glaubt und geht – alles als eine Vorbereitung auf die herrliche Wiederkunft Jesu.

Diese Tage werden gipfeln in dem Schall der Trompeten, und dieser Schall wird widerhallen von jedem Gebäude, und die Trompeten werden die Wiederkunft Christi ankündigen, und

> plötzlich wird in einem lodernden Feuer von Herrlichkeit, das den Himmel von Osten nach Westen entzündet, Christus wieder zur Erde zurückkehren, und er wird die Herrschaft übernehmen, Satan binden, ihn für 1000 Jahre ins Gefängnis werfen … Ich sage voraus, was die Propheten 2000 Jahre lang prophezeit haben, ich rufe es einfach aus. Seht ihr, dann werden die Menschen fragen: „Hat es schon jemals so etwas Großartiges gegeben? Hat schon jemand etwas Ähnliches gehört oder gesehen seit Anbeginn der Weltgeschichte?" Ja, ich glaube, das wird Gott jetzt tun! Oh Halleluja, Gemeinde Jesu, laß uns vorangehen!

Dieses Pfingsten suchte ich, als ich vor vielen Jahren, 1961, über Land nach Jerusalem fuhr. Dies ist das Pfingsten, nach dem ich seitdem überall in Europa Ausschau gehalten habe. Ihr Heiligen, es steht unmittelbar bevor, und es wird in Rußland geschehen. Darum gehe ich hin! Darum werde ich immer wieder und wieder hingehen, darum werde ich mein Leben dafür hingeben.

Schlußwort

In den wenigen Tagen, die ich zwischen unseren sibirischen Evangelisationen und unseren Evangelisationen in der Ukraine zu Hause im Büro war, wurde mir ein Exemplar des „European Prayer Link Bulletin" auf den Schreibtisch gelegt. Wie überrascht und ermutigt war ich, als ich folgendes las. Dort stand:

HUDSON TAYLOR „SAH" 1855, WAS HEUTE GESCHIEHT

Hudson Taylor, dem Chinamissionar und Gründer der ersten wirklich interkonfessionellen Auslandsmission, der China Inland Mission, wurde die Gnade Gottes zuteil, vor 140 Jahren einen Schimmer der heutigen Ereignisse zu schauen! Während einem seiner Heimataufenthalte im Jahr 1855 in England hielt Taylor eine Predigt, als er plötzlich innehielt. Für einige Augenblicke stand er mit geschlossenen Augen da. Als er weitersprach, erklärte er:

> ***Ich habe eine Vision gehabt. In dieser Vision sah ich einen großen Krieg, der die Welt umspannte. Ich sah diesen Krieg abflauen und wieder aufflammen, es waren eigentlich zwei Kriege. Danach sah ich viel Unfrieden und Aufstände, die viele Länder in Mitleidenschaft zogen. An manchen Orten sah ich geistliche Aufbrüche.***
>
> ***In Rußland sah ich einen allgemeinen, alles umfassenden landesweiten geistlichen Aufbruch stattfinden, der so groß war, daß nie wieder ein solcher kommen kann. Ich sah, wie sich dieser Aufbruch von Rußland aus auf viele europäische Länder ausbreitete, anschließend folgte das Kommen Christi.***

Aus einem ursprünglich russischen Artikel mit dem Titel *Geistliche Erweckung*, erschienen 1945 in Finnland, nachgedruckt von *Food for Life International*, 1848 Liverpool Road, Suite 253, Pickering, Ontario, L1V 6M3, Canada. Zitiert in *Intercessors for America Newsletter*, Band 21, Nummer 7/8, ebenso im *European Prayer Link Bulletin*, 3. Quartal 1994.

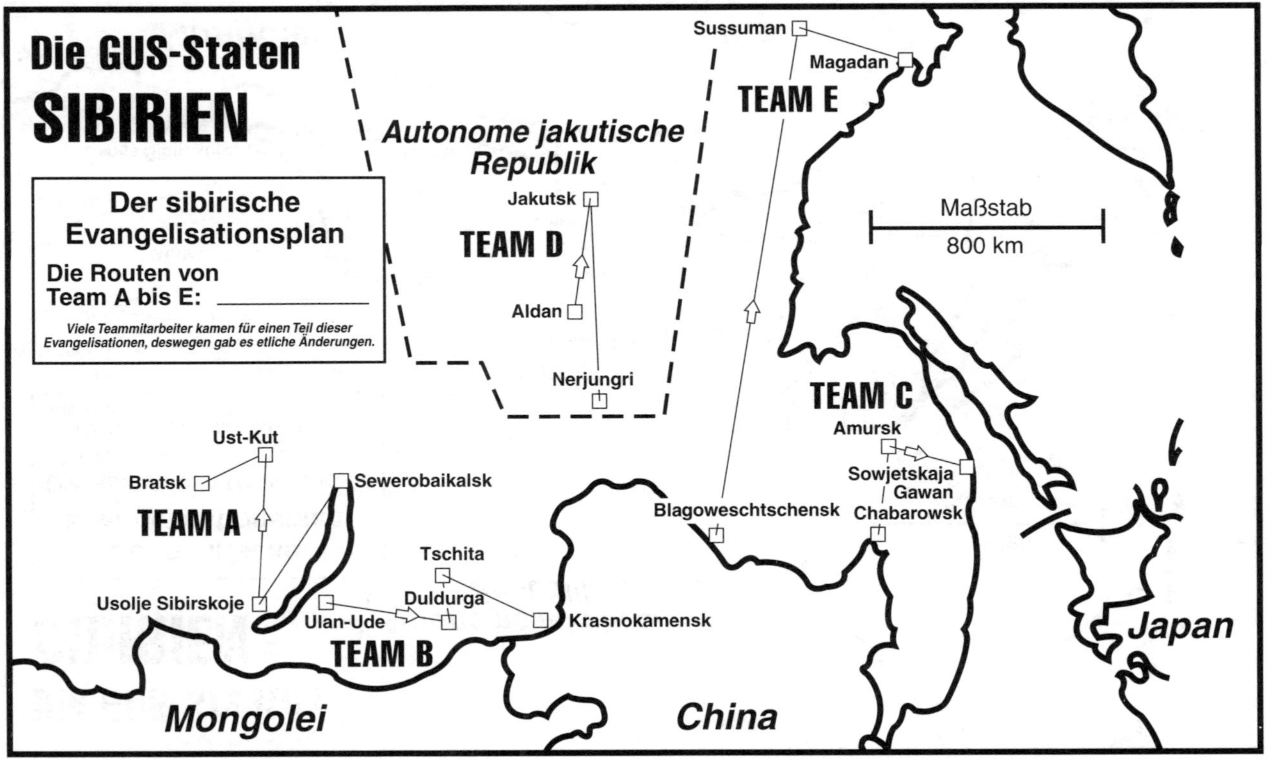
Die GUS-Staten
SIBIRIEN
Der sibirische
Evangelisationsplan
Die Routen von
Team A bis E:
Viele Teammitarbeiter kamen für einen Teil dieser
Evangelisationen, deswegen gab es etliche Änderungen.
Autonome jakutische
Republik
Jakutsk
TEAM D
Aldan
Nerjungri
Sussuman
Magadan
TEAM E
Maßstab
800 km
TEAM C
Amursk
Sowjetskaja
Gawan
Chabarowsk
Blagoweschtschensk
Ust-Kut
Bratsk
Sewerobaikalsk
TEAM A
Usolje Sibirskoje
Tschita
Duldurga
Ulan-Ude
Krasnokamensk
TEAM B
Mongolei
China
Japan

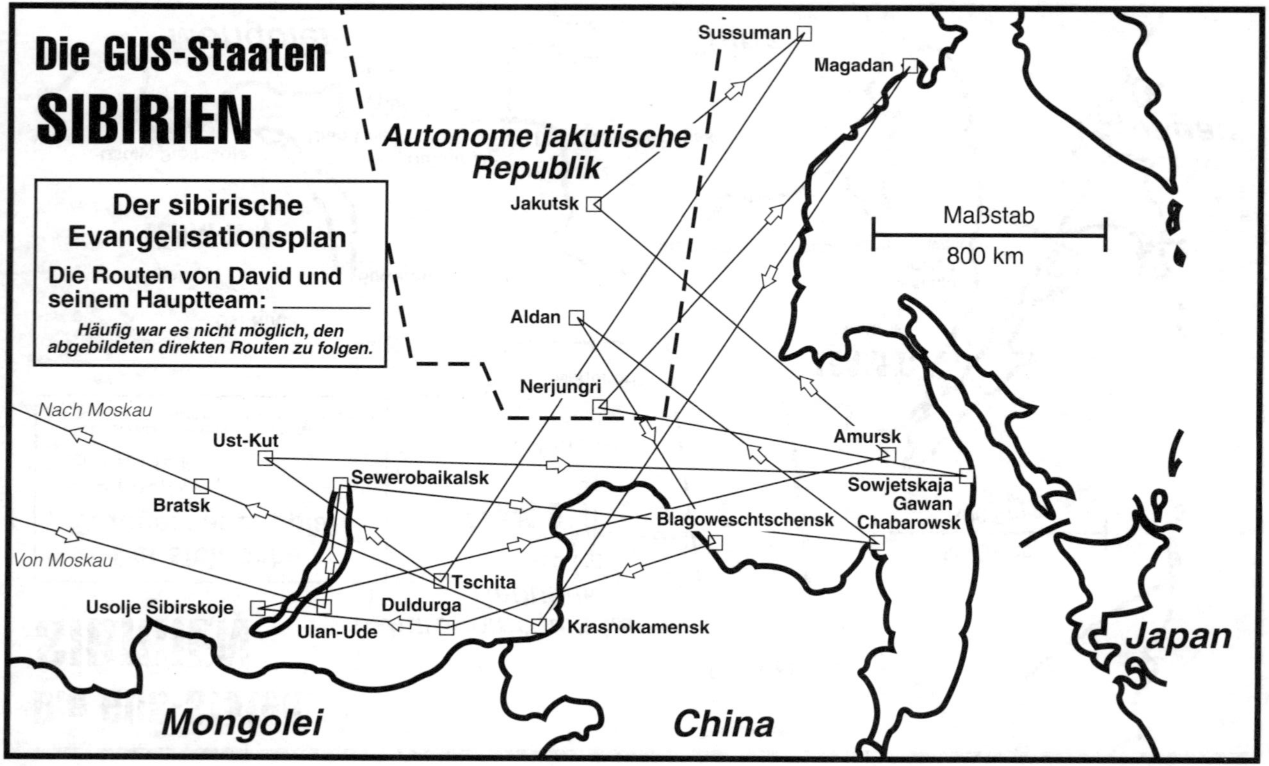

Die GUS-Staaten
SIBIRIEN
Der sibirische Evangelisationsplan
Die Routen von David und seinem Hauptteam: ________
Häufig war es nicht möglich, den abgebildeten direkten Routen zu folgen.
Autonome jakutische Republik
Sussuman
Magadan
Jakutsk
Maßstab
800 km
Aldan
Nerjungri
Nach Moskau
Von Moskau
Ust-Kut
Amursk
Sewerobaikalsk
Sowjetskaja Gawan
Bratsk
Blagoweschtschensk
Chabarowsk
Tschita
Usolje Sibirskoje
Duldurga
Ulan-Ude
Krasnokamensk
Japan
Mongolei
China